Österreich-Ungarn vor dem Ersten Weltkrieg

ALFRED PAYRLEITNER · ADLER UND LÖWE

Alfred Payrleitner

ADLER UND LÖWE

Österreicher und Tschechen
Die eifersüchtige Verwandtschaft

Mit Karten von Wilhelm J. Wagner
und zahlreichen Abbildungen

Kremayr & Scheriau

Für unschätzbare Hilfe bei der Materialsuche
danke ich den Damen Frau Dr. Leopoldine Holzerbauer
und Frau Dr. Monika Streitmann.

Lektorat: Helga Zoglmann
Schutzumschlag: Gerhart Langthaler
Herstellung: Franz Hanns
Satz: Rathausky & Partner
Druck und Bindung: Wiener Verlag, Himberg
ISBN 3 218 00490 X

INHALT

VORWORT

„Es hat den Anschein, als ob in dieser Zeit
die Völker lernen wollten, dies fällt mir auf."

Bruno Kreisky in der „Presse" vom 20. Dezember 1989

Im Bereich des Politischen sind Gefühle so bedeutend wie Armeen, Kapital oder Handelsgüter. Gefühle manifestieren sich in spontanen Handlungen, sie warten nicht auf Zeichen von oben, sie ereignen sich einfach. Gefühle prägen auf diese Weise die Erinnerungen und stellen somit die Weichen für die Zukunft.

So betrachtet, war die erste große Wiederbegegnung der Slowaken, Tschechen und Ostösterreicher zum Jahreswechsel 1989/90 ein kleines Wunder. 70 Jahre nach der Abtrennung der deutschsprachigen Gemeinden Südmährens und mehr als 40 Jahre nach dem Brünner Todesmarsch herrschte trotz Massenandrang und Parkplatzkonkurrenz gelassene Freundlichkeit auf beiden Seiten. Viele Wiener staunten, wie diszipliniert und kulturbeflissen die Besucher aus dem Norden auftraten. Und mancher der Gäste erlebte ein kleines Zeichen gönnerhafter Sympathie.

Zwischen Reinthal in Niederösterreich und Břeclav, dem ehemaligen Lundenburg, vereinigten sich Tausende Menschen zu einer lebenden Kette über die Grenze hinweg. Der neue tschechoslowakische Außenminister mit dem vertrauten Namen Dienstbier meinte, daß diese Trennlinie eigentlich gar nicht existierte, und hoffte, „daß wir 40 Jahre Abweichung von der Geschichte überfliegen werden". Seine Tochter war schon vorausgeflogen, sie lebt seit mehreren Jahren als Österreicherin in Wien.

Welch ein verblüffender Gedanke: Einen Abschnitt der Geschichte überspringen – historische Fehler wegräumen wie Stacheldraht und einfach neu anfangen, diesmal auf richtigem Kurs.

Der erfahrene ehemalige Auslandskorrespondent Dienstbier gab mit der Jahreszahl auch an, welche Periode er am liebsten

auslassen würde – die seit der kommunistischen Machtergreifung 1948. Damit rückte der moderne christlichsoziale Slowake den staatssozialistischen Neofeudalismus auf die gleiche Ebene wie jene Zeit der Finsternis, der „temno“, die im bisherigen Sprachgebrauch der tschechischen Historiker als Bezeichnung für die Herrschaft der katholischen Gegenreformation und des Absolutismus der Habsburger galt.
Aus der Finsternis ins Reich der Aufklärung eines wiedergefundenen mitteleuropäischen Common sense: Es fällt schwer, in solchen Augenblicken nicht an den Jaspersschen Begriff einer Achsenzeit zu denken. Oder an die Vorstellung von einer fortwirkenden Ironie der Geschichte. Denn in historisch kürzester Frist erledigten sich am Beispiel Tschechoslowakei gleich mehrere Grundirrtümer der Epoche, ja eigentlich zweier Jahrhunderte: der Unsinn nationalistischer Überheblichkeit; der Kommandosozialismus der marxistischen Gesellschaftsingenieure; der Aberglaube blutsmäßiger Verbundenheit, wozu ja nicht nur der perverse deutsche Arierkult, sondern auch der alte Traum von der Gemeinschaft aller Slawen zählte; die Mythologisierung des Proletariats; das blinde Vertrauen in die Weisheit und die Protektion ferner Mächte.
Mit solchen Erfahrungen stehen Tschechen und Slowaken freilich nicht allein. Erst durch den fahrlässigst mitverschuldeten Ersten Weltkrieg erwachten die Österreicher aus ihren missionarischen Träumen im Balkanraum. Erst nach dem Anschluß lernte die Mehrheit das Gefühl für Eigenständigkeit schätzen. Erst durch die Niederlage im Zweiten Weltkrieg lernten die Deutschen, daß an ihrem Wesen die Welt nicht genesen würde. Die Wirklichkeit ist voll absurder Lehrstücke. Welche Schlüsse die Nachbarn aus ihren Erfahrungen ziehen werden, das ist vor allem deren Angelegenheit. Für Deutsche, Tschechen, Slowaken und Österreicher bietet sich aber heute erstmals die Chance, die gemeinsame Vergangenheit nicht nach der Methode des wechselseitigen Vorwurfs, sondern nach der Maßgabe einer mitteleuropäischen Familiengeschichte zu betrachten, so verworren und blutig sie auch gewesen sein mag. Denn für uns alle gilt jener Satz des erstaunlichsten Revolutionsführers an der Wende der achtziger zu den neunziger Jahren, Václav Havel, der anläßlich der Verleihung des Friedenspreises des deutschen Buchhandels folgendes sagte: „Worten zu mißtrauen, ist immer angebracht ... Mißtrauen kann viel weniger anrichten als übertriebenes Vertrauen.“

Worte, aufgeblasene große Worte, haben in Mitteleuropa Grauenhaftes bewirkt. Nun stellt ihnen ein Dichter, der Staatspräsident wurde, die Sprache der bürgerlichen Skepsis entgegen. Zum ersten Mal seit Generationen ist es aber kein Zyniker oder Opportunist, sondern ein glaubwürdiger Charakter, ein Mann des erlittenen und bewährten Widerstands, ein Mensch mit ebensoviel Rückgrat wie Intelligenz. Nichts und niemanden haben die jungen Tschechen dringender nötig gehabt.

Beginnen wir also mit einer kleinen mitteleuropäischen Familienchronik. Wer sich mit ihr befaßt, steht vor einem Gebirge an trunken machenden Begriffen, an dümmlichen Klischees und unterschlagenen Wahrheiten. Sehr rasch entdeckt man auch die Züge des vermeintlichen Feindbilds im eigenen Gesicht. Betrachtet man alles, was zwischen 1933 und 1989 geschehen ist – entdeckt man da nicht so etwas wie eine Internationale des Pöbels, der klassischen Canaille, ganz gleich, ob sie in Zivil auftritt oder in Uniform? Oder umgekehrt: Stellt sich nicht Sympathie ohne Grenzen ein, wenn man den Wortlaut Havels aus seiner Silvesteransprache 1989 liest – wahrscheinlich die unkonventionellste Rede, die von einem Staatsmann der Erde aus diesem Anlaß gehalten worden ist?

Nun soll eine gemeinsame Historikerkommission von Tschechen und Österreichern aufarbeiten, was sich vor dem Beginn der zweiten Finsternis von 1948 zwischen den beiden Völkern wirklich zugetragen hat. Hier ist freilich daran zu erinnern, daß darüber längst schon eine Fülle wertvollster Materialien vorliegt. Neben offiziellen Publikationen waren es vor allem Samisdat-Zirkulare tschechischer Autoren, die nach den Ereignissen von 1968 eine Wende vollzogen und das besorgten, was heute auch offiziell gefordert wird – die ganze Wahrheit zu verbreiten.

Unschätzbar ist alles, was Jan Patočka, der erste Sprecher der berühmten Charta 77, geschrieben hat. Dieser viel zu früh verstorbene Mann (sein Tod erfolgte nach einem längeren Polizeiverhör) und sein Werk „Was sind die Tschechen?“ vermittelten mir durch seine Aufrichtigkeit und Klugheit erstmals ein näheres Verständnis für die ganz spezielle Frage der tschechischen Identität.

Meine Motivation als Autor entsprang der Generationserfahrung: eine Großmutter mit slawischem Mädchennamen, frühe Kindheitserinnerungen an Mähren, wo Verwandte lebten, Flüchtlingserzählungen. Danach, in den sechziger Jahren, Ar-

beiten am ersten Dokumentarfilm, den das Österreichische Fernsehen in der ČSSR drehen durfte, anschließend der beglükkende Eindruck des Stimmungsumbruchs einer Nation im Frühjahr 1968. Allerdings stellte sich bei mir schon damals Verwunderung darüber ein, daß man ein derart kurzschlüssiges System wie den realsozialistischen Marxismus nun mit einem „menschlichen Antlitz“ retten zu können glaubte. Mitfühlende Begeisterung, die Höflichkeit des Gasts und die Kürze des Prager Experiments verhinderten aber eine nähere Befassung mit den Ursachen dieser hartnäckigen Fixierung.
Es folgte die Berichterstattung über den Einmarsch der sowjetischen Interventionstruppen, dann die Bestürzung über die geradezu asiatische Widerstandstat des Studenten Jan Palach, als sich dieser aus Protest gegen die Besatzung verbrannte. Vorher und nachher gab es Gespräche mit maßgeblichen Männern der Prager Reformpolitik. Dann trat eine lange Pause ein, bis in den achtziger Jahren Filmarbeiten über die Besiedlung des Donauraums einen neuen Anstoß gaben: Jeder Faustkeil und jede Grabbeigabe, so merkte ich rasch, konnte von einer polemischen Wissenschaft politisch unterschiedlich interpretiert werden. Nirgendwo sonst in Europa war eine derart lang andauernde und derart zornige Rechthaberei zweier Völker festzustellen. Ich lernte, daß man sehr tief graben mußte, um aus dem Schutt der Argumente die Ursachen solch fataler nationaler Ressentiments emporzuholen, stieß aber auch auf den ideologischen Grabenbruch, der mit dem Auftreten des Rassenwahns die vorhandenen Gegensätze ins Fürchterliche steigerte. Deshalb die ausführliche Befassung mit der Geschichte.
Im übrigen konzentriert sich die Darstellung auf den ostösterreichisch-tschechischen Bereich. Hier sind, wie ich aus Publikumsreaktionen und Diskussionen weiß, sehr viele Ereignisse in Vergessenheit geraten. Deren jahrhundertealte Verzahnung summarisch zu schildern, ist die Aufgabe dieses Buchs.

1
DER LÖWE WAR VOR DEM ADLER DA

„Ottokars . . . großes Abenteuer in den Babenbergischen Besitzungen ist mit seinem Tode keineswegs gescheitert. Es hat weiterbestanden bis 1918, wenn auch mit ganz anderen Vorzeichen."

Ferdinand Seibt

Fremde Nachbarn

Am 1. Juli 1938 schrieb Milena Jesenska, die Brieffreundin Franz Kafkas, die eine ganz hervorragende Journalistin war, für die kommunistische Prager Wochenzeitung „Přitomnost" eine Reportage aus den deutschsprachigen Gebieten Böhmens. Es ist fünf vor zwölf, das Sudentenland steht knapp vor dem Anschluß an das Dritte Reich, man ahnt die bevorstehende Katastrophe. Die feinnervige Jesenska bemerkt die absurden Barrieren zwischen Deutschen und Tschechen. Kein Deutscher spricht mehr mit den tschechischen Beamten oder Bahnarbeitern, ihre Frauen werden in den Geschäften nicht bedient. Überall werden weiße Stutzen und Lodenjoppen getragen, sie sind die zivile Uniform eines staatsfremden, feindlichen Volks geworden, dem man seit 1919 ein Nationalitätenrecht „nach Art der Schweiz" vorenthielt, wie es Edvard Beneš als Chefdelegierter bei den Friedensverhandlungen in Paris versprochen hatte. Bei Deutschen wie Tschechen geht die Angst um. Die einen fürchten den ungeschickten Zentralismus Prags, die anderen den Verlust ihres neuen Staats und den offenen Terror der nationalsozialistischen Diktatur. Aufgabe der Stunde wäre die Zusammenarbeit der Gutgesinnten gewesen, ein gemeinsamer Patriotismus der Demokraten. Milena, aus nationaltschechischer Familie, ist zweisprachig. Jahrelang hat sie in Wien gelebt, war mit einem linksorientierten österreichischen Aristokraten verheiratet, nun zählt sie zur journalistischen Avantgarde.

Plötzlich merkt sie, daß diese Sudetendeutschen völlig anders reagieren, wenn man sie in ihrer Muttersprache anredet, und daß es nicht nur Nationalsozialisten sind, die ihr begegnen. Wie eine Erleuchtung entdeckt sie „die Wurzel des Übels", wie sie es selber nennt. „Wir hätten uns früher klar werden müssen, wer diese Menschen sind und was wir eigentlich von ihnen wollen. Wenn wir die hiesigen Deutschen als deutsche Bürger der tschechoslowakischen Republik betrachten ..."
Dann reißt der Bericht im „Přitomnost" ab, denn längst sorgt auch eine tschechische Zensur dafür, daß in militärisch bedrohlichen Zeiten keine unerwünschten Bemerkungen in der Zeitung stehen. „Wir hätten uns früher klar werden müssen, wer diese Menschen sind ..." Dieser Satz ist erstaunlich. Eigentlich hätten Deutsche und Slawen schon seit 1 000 Jahren Zeit gehabt, einander kennenzulernen. Doch auf eine fatale Art haben die beiden Sprachstämme einander nur mühsam verstanden, politisch wie gefühlsmäßig war da meist ein Abstand, eine parallele Kultur, die trotz Nachbarschaft stets neue Fremdheit produzierte. Oder galt es nur für das Grenzland? Zwischen der Welt des Prager Dichterkreises und der Mentalität im sudetendeutschen Reichenberg lag ein literarischer Kontinent.
Die Schwierigkeiten beginnen schon bei den Bezeichnungen: Österreichs Nachbarland im Norden hieß ursprünglich ja Böhmen, nicht Tschechoslowakei, und war seit alters ein Königreich, das verschiedene Gebiete umfaßte. Niemand Geringerer als der Erwecker des Tschechentums, František Palacký, redete noch 1868 von Böhmen als einer „zweisprachigen Nation", was zwar ein Schweizer begreifen kann, aber zwischen Prag und Wien gegen Ende des 19. und im weiteren Verlauf des 20. Jahrhunderts nur als Unterwerfung der einen unter die andere gedacht werden konnte. Die Mehrdeutigkeit stammt allein schon aus der Geographie: Die Deutschen siedelten in den waldreichen Randgebieten des Westens, und die Tschechen hatten in den Flußniederungen von Moldau, Elbe und Eger ihre Kernzonen. Das ebenfalls slawische Mähren ist wieder eine andere Region, ein Durchzugsland, das sich im Norden über die Mährische Pforte zu den Oder- und Weichselgebieten öffnet und im Süden entlang der March zur Donau orientiert ist. Schon früh, 1182, wird Mähren eine eigene Markgrafschaft, bleibt aber immer im Verband der böhmischen Krone. Hier ist alles ein wenig anders, der Dichter Jan Skačel nennt Mähren einen Steg – hier kann man sowohl die Österreicher als auch die Tschechen ver-

stehen, man hat eine eigene Liedkultur, auch gewisse sprachliche Unterscheidungen gibt es, wie ja auch ein Bayer kein Oberösterreicher ist und ein Aargauer kein Tiroler. Mähren verstand es, geschmeidiger mit den deutsch-österreichischen Nachbarn zu leben. 1905 schafft man sogar den berühmt gewordenen Ausgleich mit Wien, die Regelung der leidigen Sprachprobleme, was in Böhmen bis zum Ende der Monarchie unmöglich war. Mähren galt als das Land der Pferde, von dort rückte man seinerzeit zu den Kürassieren ein, in Böhmen zur Infanterie und zur Artillerie. Im Bereich jener Aristokratie des Geists, die nicht nach Abstammung, Rasse und Sprache fragt, lieferte Mähren der Welt einen Ausbund an Genies, von Gregor Mendel und Edmund Husserl bis zu Ernst Mach und Sigmund Freud. Wie stark die Berge und die Flußrichtungen auf die Politik einwirken können, zeigt sich schon früh.
Auf dem Festungsberg von Oberleis im niederösterreichischen Weinviertel findet man einen Aussichtsturm in die Vergangenheit: Nach Norden, zu den Thayaniederungen, spürt man die Tiefe des Herzynischen Walds, mit welcher Bezeichnung die Römer jene unheimlichen Täler und Gebirge bedachten, die den Zugang für ihre Legionen so sehr erschwerten. Im Westen erkennt man eine andere festungsartige Anhöhe, den Manhartsberg. Nach Osten und nach Süden reicht der Blick bis zur March und ins offene verkehrsreiche Donaubecken. Gleich unterhalb des Aussichtsturms zeichnen sich die Umrisse einer römischen Villa ab, vielleicht eine Art lateinische Entwicklungshilfe für die ungebärdigen Barbarenhäuptlinge jenseits des Limes. Daneben liegen die Fundamente eines frühen romanischen Kirchleins. Der Erdwall rings um die Höhenkuppe ist ein wahrer Geschichtsacker. Nach dem Pflügen im Herbst fördert er unentwegt bronzene und eiserne Beweismittel hervor, Figuren und Öllämpchen, Gewandschnallen und Messergriffe. Denn schon seit der keltischen La-Tène-Periode, also seit 2 500 Jahren, haben sich Menschen auf diesen Berg zurückgezogen, haben sie hier geschanzt und den Boden bearbeitet.
Früheste schriftliche Nachricht kommt von Tacitus. Er berichtet, daß die keltischen Bojer aus Gallien nach Germanien gekommen seien und somit auch in den Herzynischen Wald. Aus dieser Sprachwurzel soll sich der Name der „Baiovarii", der Bayern, ableiten, die nach diesen Kelten kamen, und daraus wieder der Begriff Böhmen. Die Bayern heben sich von den anderen germanischen Stämmen deutlich ab, moderne Historiker

nennen sie die „Findelkinder der Völkerwanderung". Sie dürften eine recht bunte Mischung aus germanischen Sueben, Skiren, Alamannen und anderen gewesen sein, die wieder mit Awaren und Slawen zu tun bekamen. 806 wird urkundlich die „Terra Beheim" erwähnt, bei der karolingischen Erbfolgeordnung von 817 werden „Beheimnos et Avaros atque Sclavos" unterschieden, die an das Bayernland fallen sollen.
Hier im Osten, im heutigen Niederösterreich, hielten sich für kurze Zeit auch die germanischen Langobarden auf, 568 zogen sie ab, und danach, so nehmen die Frühgeschichtler an, sei das Land weitgehend leer gewesen. Nur eine Restbevölkerung von Germanen und Slawen soll übriggeblieben sein. Die Mehrheit dürften die Slawen gebildet haben, darauf deuten viele Fluß- und Ortsnamen hin, wie etwa die Liesing (lesnica = Grenzbach) oder Stammersdorf (Stoymirsdorf). Die Enns, später die Melk, gelten als vorläufige Scheidelinien, auch dieser letzte Flußname weist auf eine slawische Sprachwurzel hin.
Ob tatsächlich gegen Ende des 8. Jahrhunderts die „deutsche Kolonisation" im Alpenvorland und an der Donau einen Höhepunkt erreichte, wie Karl Lechner meint, wird inzwischen von anderen Fachleuten schon wieder für fraglich bis unwahrscheinlich gehalten. Das zeigt ein interessantes Phänomen bei den Archäologen und Frühgeschichtlern auf: Mit fortschreitender zeitlicher Distanz zum Geschehen wissen sie immer besser Bescheid, was gar nicht paradox ist, denn ständig tauchen neue Funde auf, überdies verfeinert sich die Untersuchungsmethode. Die alte Dokumentengläubigkeit früherer Jahrhunderte ist längst verflogen, besonders seit man gelernt hat, daß mit der Erfindung der Urkunde auch deren Fälschung auf die Welt kam. Zahllose Pergamente aus Klöstern und Stadtarchiven wurden im frühen Mittelalter verändert, ergänzt oder auch nur beim Kopieren falsch abgeschrieben. Deshalb gibt es Sprachanalysen, Quervergleiche und Gegenproben, vor allem aber die Hilfe der Naturwissenschaft, und Mikroskop und Atommeiler gehören heute zum Rüstzeug der interdisziplinär arbeitenden Archäologen.
Die Forschungen brachten neue Einsichten. Die tatsächliche bayerische Einwanderung nach Niederösterreich dürfte erst mit den Ottonen, also gegen 950, erfolgt sein. Denn vorher finden sich rings um karolingische Kirchenreste große slawische Gräberfelder, von Tulln bis Pottenbrunn zeigt sich so etwas wie eine mönchische Gutswirtschaft, die offenkundig mit ge-

tauften Slawen arbeitete. Später lernten dann alle bayerisch. Nur ein unmaßgeblicher Streit um Kalenderdaten?
Nicht in diesem historisch umkämpften Gelände. Im Museum von Mikulčice, gleich jenseits der Grenze, kann man eine Karte des alten Großmährischen Reichs sehen, das im Süden bis an die Drau reichte. Noch mehr als 1 000 Jahre später sollte dieses Reich die Träume von einer staatlichen Verbindung der Nord- und der Südslawen beflügeln. Österreichische Wissenschaftler weisen aber auch nach, daß die Grabkreuze der Mährer, deren Herrschaftsverband parallel zu dem der Franken entstand, aus bayerischen Gußformen stammen.
Wohin gehören also diese Mährer? Frühgeschichte ist stets auch Politik. In der Streitschrift „Heimat der Sudetendeutschen", erschienen 1967, versuchen die Autoren Starkbaum und Reichenberger die tschechischen Kolonisationstheorien ad absurdum zu führen. Mit detailreichen Angaben zeigen sie auf, daß die „Sudetengermanen" eigentlich Markomannen und Quaden gewesen seien, also noch vor den Slawen nach Böhmen gekommen wären. Da es keine Urkunden über den Abzug dieser frühen germanischen Stämme gibt, schließen Starkbaum und Reichenberger auf das weitere Verbleiben der Markomannen und Quaden. Erst nach diesen hätten sich die Slawen „friedlich eingenistet". Die Autoren nehmen für das 9. Jahrhundert ein deutsch-slawisches Bevölkerungsverhältnis im Sudetenraum von etwa 1:1 an. Die slawischen Wenden sind für sie germanische Vandalen, der in der Fredegar-Chronik erwähnte Franke Samo, der in der ersten Hälfte des 7. Jahrhunderts um Mikulčice ein großes Slawenreich schuf, sei somit der Gründer eines „ostgermanischen" Staats gewesen. Deutlich wird an den Gleichklang von „Sclavi" und „Sklave" erinnert. Immer geht es um den Nachweis, wer denn schon seit frühester Zeit das eigentliche Staatsvolk gewesen sei – denn das bedeutete später auch territorialen und politischen Anspruch. Da sich dies mit der jeweiligen wirtschaftlichen Entwicklung, mit der Arbeitsteilung, mit dem unterschiedlichen Bevölkerungswachstum und den vielfältigen kulturellen Lernprozessen änderte, war die endgültige Zuordnung und Festschreibung eines nationalen Anspruchs gar nicht möglich. So ging der Streit immer weiter: Die Urkunde von den 120 Rindern und den 500 Silbermark, die von den böhmischen Stämmen seinerzeit an Karl den Großen als Jahrestribut geleistet werden mußten, diente 1897 als Argument im Streit darüber, welche Sprache bestimmte Postbeamte

amtlich verwenden sollten. Bei einer Spurensuche, zurück in die Vergangenheit, darf und kann man also nicht übersehen, was all die vielen Fährten letztlich bewirkten.

Am Anfang war Mißtrauen

Am Anfang war profundes Mißtrauen – und florierender Handel. Aus dem Jahr 805 ist etwa das Beispiel eines frühen Waffenexportgesetzes erhalten, das zweite Kapitulare von Diedenhofen. Es wurde von Karl dem Großen veranlaßt und wurde besonders oft abgeschrieben, wohl weil man es für so wichtig hielt. Darin wird den fränkischen Kaufleuten verboten, in den Gebieten der Slawen und Awaren Waffen und Rüstungen anzubieten. Die Qualität der Lanzenspitzen, Schwerter und Panzerschuppen war im Karolingerreich nämlich eine besonders hohe, und erst allmählich verbreitete sich diese Technik auch nach Osten, wobei die Mährer (oder Moravier) gelehrige Schüler waren. Zahlreiche mährische Eisenschmelzöfen sowie Schwertfunde aus dem 9. Jahrhundert, bei denen die Schneiden im Unterschied zum Rest der Klinge bereits eigens gehärtet sind, liefern den Beweis. Ebenso sicher ist auch, daß solche Verbote schon damals wenig halfen, sonst hätte man nicht derart viele fränkische Lanzenspitzen bei Maria Taferl und in anderen slawischen Hügelgräbern dieser Gegend gefunden.
Getauscht und gehandelt wurde überhaupt viel: Die Slawen exportierten Tierfelle, Honig und auch Gefangene als Sklaven (ein damals durchaus üblicher Brauch). Sie bezogen dafür nicht nur die obenerwähnten Waffen, sondern auch frühe Gewerbeprodukte und Schmuck. Besonders gefielen ihnen die karolingischen Glasperlen, köstliche Gebilde in Kobaltblau, Grün und Gelb, die man immer wieder als slawische Grabbeigaben findet. Auch hier entwickelt sich rasch eine eigene, großmährische Glasschmelztechnik, deren Produkte nun an die anderen böhmischen Stämme weiterverkauft werden.
Das Verhältnis dieser Verbände zueinander und zu den fränkischen Nachbarn im Westen sollte dabei nicht heroisiert werden. Es dürfte eine Beziehung blanker Zweckmäßigkeit gewesen sein, geboren aus den Interessen der jeweiligen Stammesführer. Diese lauteten: Wunsch nach Tributzahlungen und Stärkung der eigenen Kriegsmacht, also Beschaffung von Rekruten. Mit Mächtigeren wollte man Frieden halten, daneben

lief der Handel. So kommt es schon früh zu einer Art von diplomatischen Beziehungen: Abgesandte der Moravier erscheinen neben Sorben, Tschechen und pannonischen Awaren 822 auf der Reichsversammlung Ludwigs des Frommen. 845 werden 14 böhmische Stammesfürsten in Regensburg getauft, was immer dieser Akt für den einzelnen bedeutet haben mochte.
Der Wunsch nach Tributpflicht, also nach Machtausdehnung, kennt keine Unterschiede der Kultur oder der Sprache. So versucht in den darauffolgenden Jahren der Stamm der Tschechen in langwierigen, letztlich erfolgreichen Kämpfen, die slawischen Stämme Böhmens zu unterwerfen. Diese vereinten Tschechen geraten dann mit dem Verband der ebenfalls slawischen Mährer in Konflikt. Der Stamm der Franken fällt in Böhmen, der Stamm der Tschechen bei den Franken ein.
Was man für diese Zeiten unter dem Begriff „Stamm" zu verstehen hat, wurde von der Geschichtsschreibung unzählige Male umgedeutet. Von der Definition als „Gottesvolk" bis zum Mythos des alles verbindenden „Blutes" wurde keine Möglichkeit ausgelassen, die Erklärung jeweils politisch zu gebrauchen. Hier soll nur zitiert werden, mit welcher Nüchternheit moderne Geschichtsforscher wie Herwig Wolfram die Lage sehen: „Eine Gens, ein Stamm, entspricht keiner fertigen politischen territorialen Einheit; es handelt sich dabei auch weder um eine biologische Abstammungsgemeinschaft noch um eine abgeschlossene Identität, um keinen Zustand, sondern um einen offenen Vorgang. Diese Stammesbildung wird durch die *Verfassung* geprägt, wie Reinhard Wenskus 1961 in seinem grundlegenden Werk feststellte. Anführer und Repräsentanten von bekannten Sippen, das heißt von solchen Familien, die ihre Herkunft von Göttern ableiten ... stellen die Traditionskerne dar, um die sich die Stammesbildung vollzieht. Ihr Recht ist das Recht des Stammes ... Wenn man diese Einsichten zur Erklärung der entsprechenden Phänomene und Vorgänge innerhalb unseres Raumes heranzieht, dann wirken Feststellungen wie, es habe germanischsprechende Awaren und Slawen, romanische und slawischen Bayern, awarische Slawen und slawische Awaren gegeben, bloß scheinbar paradox."
Besonders kurios wird es, wenn dann noch so etwas wie eine Völkermaskerade hinzukommt. Der Awarenexperte Falko Daim fand nämlich heraus, daß es sich bei den „österreichischen" Awaren eigentlich um Pseudoawaren handelt, die ursprünglich irgendwo am Aralsee ansässig waren, wo sich euro-

pide, mongolide und türkische Einflüsse mengten. Als sie weiterzogen, so meint Daim, hätte der Verband den Vorteil des gefürchteten Awarennamens entdeckt und diesen einfach übernommen, um auf die begegnenden Völker entsprechenden Eindruck zu machen. Also ein Fall von früher psychologischer Kriegführung, die dann auch tatsächlich von Erfolg begleitet war.
Rudolf Turek wiederum will den Stammesbegriff des großmährischen Raums näher an den Ort, an die „civitas" der entstehenden Burggemeinden, binden. „Die Gefolgschaft eines Fürsten ritt – ebenso wie die Gefolgschaften fränkischer und deutscher Herrscher, russischer und anderer slawischer Fürsten – von einem Burgwall zum anderen, verzehrte einen Teil des Ernteertrages der Umgebung und erhob dadurch eigentlich Naturalsteuern." Später seien dann Hofleute mit diversen Funktionen hinzugekommen.
All das sind freilich nur geringe Auffassungsunterschiede. Wesentlich erscheint lediglich, daß sich somit wohl keiner dieser alten Stämme zu besonderer Verherrlichung eignet. Wirkliche Sprengkraft sollte später denn auch ein anderer Begriff gewinnen – jener der Nation –, doch der hat mit den kulturellen Ideen, nicht mit einer spezifischen Abstammung zu tun. Für die Zeit vor der Jahrtausendwende ist die „Nation" jedenfalls nicht zu gebrauchen.
Hingegen trat damals eine neue geistige Kraft auf, die in ihrem Anspruch alle bisherigen Legitimationen in den Schatten stellte: Zum Machtinteresse der regionalen Stammesfürsten gesellte sich die universelle Bedeutung der christlichen Gebote. Der Satz des Apostels Paulus: „Es gibt nicht mehr Juden und Griechen, nicht Sklaven und Freie, nicht Mann und Frau; denn ihr alle seid ‚einer' in Christus Jesus" (Gal. 3,28), wird von reichsstiftender Kraft. Über Sippenregeln und Häuptlingsherrschaft wächst allmählich Königs- und Staatsrecht, schrittweise kodifiziert nach römischem Brauch.
Es ist verblüffend, mit welch sicherem Instinkt die damaligen Machthaber ihre Chance erkennen. Das zeigte sich schon bei der Konstantinischen Wende zu Beginn des 4. Jahrhunderts, als das Verbot des so lange geächteten Christentums aufgehoben und dieses am Ende desselben Jahrhunderts sogar zur Staatsreligion erhoben wurde. Eusebius, der Hoftheologe Kaiser Konstantins, des Herrschers von Byzanz, schließt direkt von der biblischen Heilsgeschichte auf die Geschichte des Römischen

Reichs, die sich nun fortsetzt. Das Römische Reich wird gleichbedeutend mit dem christlichen Gottesvolk auf Erden, die Weltbotschaft des Heilands verbindet sich mit dem antik-heidnischen Kaiserbegriff. „Der Religion des Kreuzes entsprach es allerdings nicht“, kommentiert dazu der Theologe von heute, Kardinal Franz König.
Aber die gewaltgläubigen Stammesführer in den Urwäldern Germaniens, Sachsens und Böhmens erfaßt das Christentum mit ungeheurer Wucht. Als die christlichen Priester die heiligen Eichen fällen und trotzdem kein Blitz vom Himmel fährt, urteilen sie nach Häuptlingsmentalität, dieser Gott müsse also tatsächlich stärker sein – und lassen sich bekehren. Der Mut zum Tabubruch richtet eine neue Herrschaft auf.
Bald heißt die eigentliche Dreieinigkeit Kreuz, Pflug und Schwert. Doch dieses Schwert wird von Männern mit völlig verschiedenen Sprachen geschwungen, das Christentum macht keinen Unterschied. Oder doch?

Das frühe Zwischenreich

Gegen Mitte des 9. Jahrhunderts erlebt der Fürst des inzwischen formierten Reichs der Großmährer, Rastislaw, die Strahlkraft der fränkisch-christlichen Reichsmission. Er erkennt, was für ein starkes Beziehungsgeflecht zwischen den bayerischen Mönchen und ihren slawischen Bauern entsteht, er merkt aber auch, wie nahe der Bischof und die bayerisch-fränkischen Herren einander sind. Rastislaw weiß, daß es im Südosten noch eine christliche Alternative gibt, die Herrscher von Byzanz, das Reich Ostroms. Noch ist es derselbe katholische Glaube, denn erst 1054 kommt es zum Schisma zwischen West und Ost, auch wenn sich diese kirchenrechtliche Trennung mit vielen kleinen Disputen über die Jahrhunderte hindurch vorbereitet.
Bis nach der Jahrtausendwende gilt Byzanz als die weitaus bedeutendere Schutzmacht der Christenheit, mit einem Kaiser, der sich als Stellvertreter Christi auf Erden fühlt, der aber auch stolz auf sein griechisches Erbe ist. Man naht sich ihm mit der Proskynesis, dem großen Fußfall, doch läßt Konstantin den Völkern seines Kirchengebiets immerhin eine gewisse Freiheit, nämlich die eigene liturgische Sprache. Jeder darf beten, wie er will (nicht was er will). Bei den Gedanken Rastislaws half die

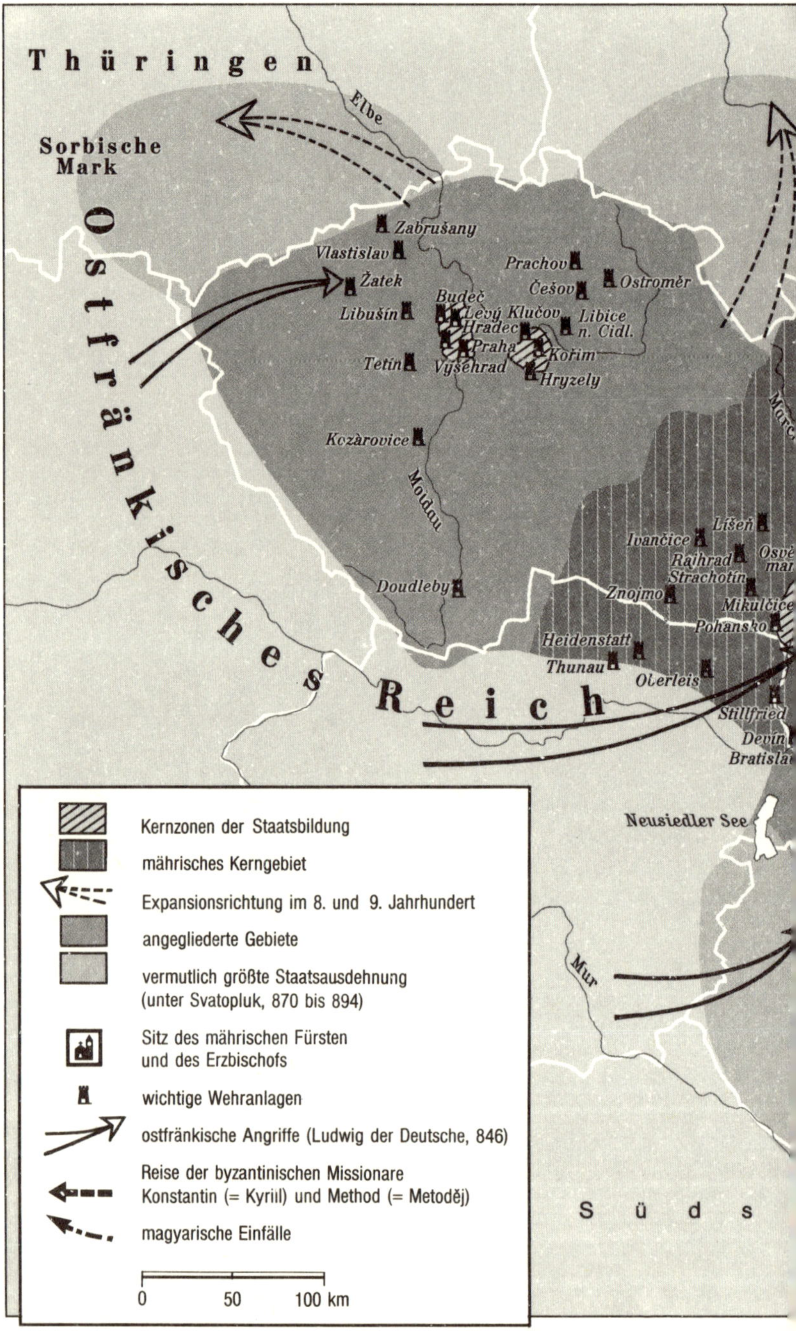
Thüringen
Elbe
Sorbische Mark
Ostfränkisches Reich
Zabrušany
Vlastislav
Žatek
Prachov
Češov
Ostroměr
Budeč
Libušín
Levý Hradec
Klučov
Libice n. Cidl.
Praha
Kouřim
Tetín
Vyšehrad
Hryzely
Kozárovice
Moldau
Doudleby
Líšeň
Ivančice
Rajhrad
Strachotín
Znojmo
Mikulčice
Pohansko
Heidenstatt
Thunau
Oberleis
Stillfried
Devín
Neusiedler See
Mur
Süds
Kernzonen der Staatsbildung
mährisches Kerngebiet
Expansionsrichtung im 8. und 9. Jahrhundert
angegliederte Gebiete
vermutlich größte Staatsausdehnung (unter Svatopluk, 870 bis 894)
Sitz des mährischen Fürsten und des Erzbischofs
wichtige Wehranlagen
ostfränkische Angriffe (Ludwig der Deutsche, 846)
Reise der byzantinischen Missionare Konstantin (= Kyrill) und Method (= Metoděj)
magyarische Einfälle
0
50
100 km

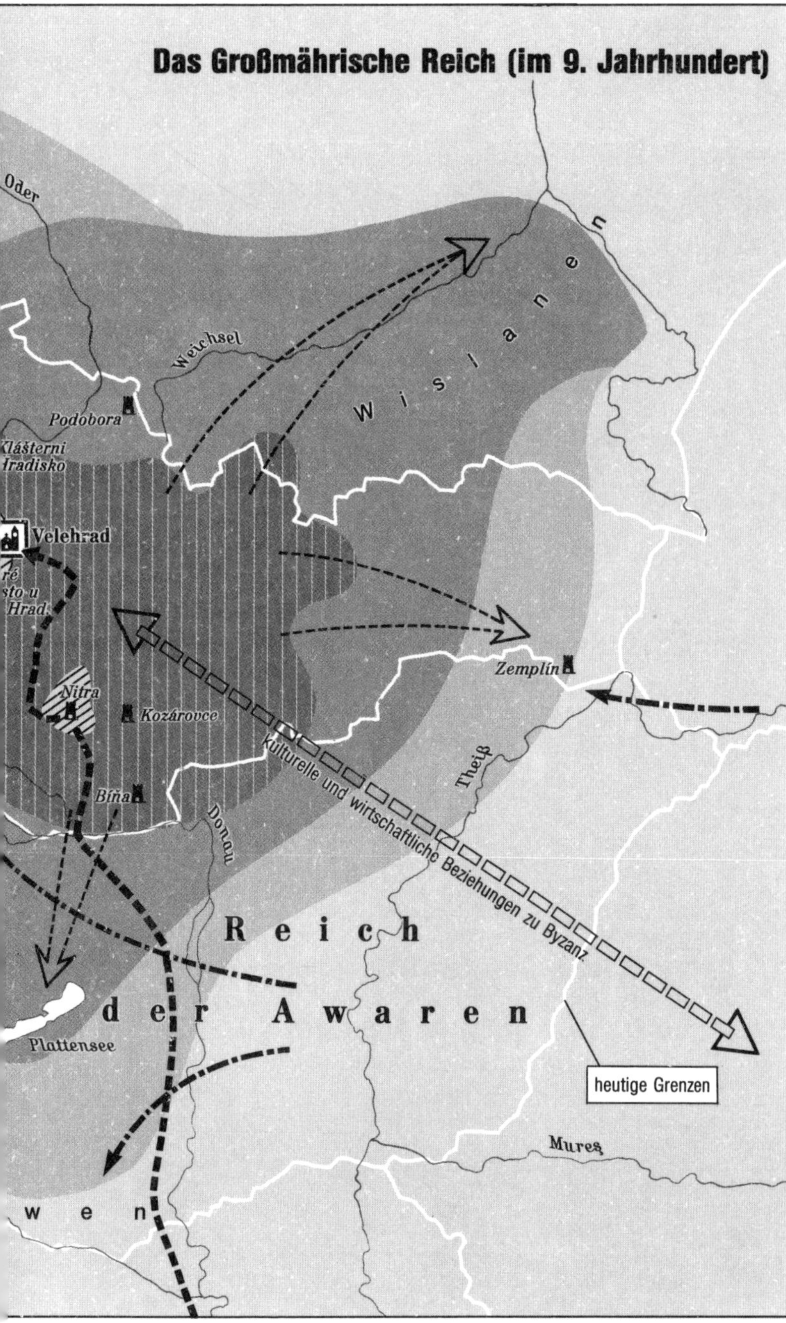
Das Großmährische Reich (im 9. Jahrhundert)
Oder
Weichsel
W i s l a n e n
Podobora
Velehrad
Nitra
Kozárovce
Bína
Zemplín
Theiß
Donau
Kulturelle und wirtschaftliche Beziehungen zu Byzanz
R e i c h
d e r A w a r e n
Plattensee
heutige Grenzen
Mureș

Geographie Mährens mit: Denn das March- und Thayagebiet, die Kernzone der Moravier, entwässert zur Donau, und diese mündet ins Schwarze Meer. Das erwies sich als handelspolitischer Vorteil, da Mährens Exporte ebenso donauabwärts wie ins westliche Frankenreich gehen. Die Tschechen und die anderen böhmischen Stämme hingegen sind auf Moldau und Elbe angewiesen, die in der Ostsee enden. Später, zu Zeiten der Hanse, wird das eine Quelle des böhmischen Reichtums werden, im 9. Jahrhundert ist oben im Norden noch wenig zu holen, sieht man vom Bernstein ab. Rastislaw aber hat den besseren Überblick und trifft deshalb 863 eine Entscheidung von historischer Bedeutung: Er bittet Byzanz um die Entsendung griechischer Missionare, die er auch bekommt. Kyrill und Method, die Slawenapostel, treffen alsbald in Großmähren ein und verbreiten den Glauben in der rasch gelernten Landessprache. Die Bibel wird ins Slawische übersetzt und dabei nach griechischem Alphabet geschrieben, doch mit phonetischen Ergänzungen nach der slawischen Ausdrucksweise – kyrillisch nennt man es deshalb bis heute.

Die beiden Griechen leisten Großes, sind aber keine Aufrührer oder Glaubensspalter, ganz im Gegenteil. Kyrill und Method halten engste Verbindung mit dem römischen Papst, der trotz bayerischer Einwände über ihre Tätigkeit hoch beglückt ist und Method zum Erzbischof erhebt. Rastislaw und sein Nachfolger Swatopluk haben in kurzer Zeit ihre politische Absicht erreicht: In ihrem Reich wächst ein eigenständiges katholisches Christentum heran, das ihnen hilft, trotz wackeliger Tributärabkommen mit den Franken von deren politischer Bevormundung verschont zu bleiben.

Bei den tschechisch-böhmischen Stammesfürsten verhält es sich genau umgekehrt. Sie unterstellen sich bereits 895 auf dem Regensburger Reichstag der fränkischen Oberherrschaft.

Auf die mährische Entwicklung reagiert Bayerns Klerus mit unglaublicher Heftigkeit, man ist lateinischer als der Papst in Rom. Als der eben geweihte Erzbischof Method über die Alpen in seine neue Heimat zurückkehren will, wird er von den bayerischen Bischöfen gefangengenommen und in einem Kloster, wahrscheinlich Regensburg, drei Jahre lang festgehalten (870–873).

Mit einer Reihe von Protesten an den heiligen Vater wehren sich die Bayern weiter gegen die slawische Liturgie im Osten. Päpstliche Bullen werden gefälscht, etwa ein Handschreiben, das angeblich schon von Papst Eugen II. (824–827) stammt und die ursprüngliche Größe des Passauer Bistums beweisen soll. 885 gibt dann Papst Stephan V. mit einem Schreiben an Swatopluk dem bayerischen Drängen nach und verbietet die slawische Kirchensprache, doch das weiß man nur aus einer umstrittenen Abschrift aus dem 10. Jahrhundert, die im Kloster Heiligenkreuz aufbewahrt wird. Aus dem Jahr 900 existiert eine andere Urkunde, worin die bayerischen Bischöfe gegen einen Beschluß Papst Johannes' IX. aus dem Jahr davor Einwände erheben. Rom hatte nämlich die mährische Kirchenordnung erneuert. Es muß also auf jeden Fall ein zähes Hin und Her gegeben haben. Latein, die Kirchensprache, ist damals auch Verwaltungssprache, und die Schenkungsurkunden, die in den Klöstern aufbewahrt werden, sind in diesen Zeiten ohne Grundbuch die wichtigsten Dokumente, um Rechtsansprüche nachzuweisen. Es geht um viel mehr als bloß um Kirchgesang und fromme Gebete.

Der Konflikt wird schließlich von außen gelöst: Infolge des Einfalls der heidnischen Magyaren, 906, zerbricht die mährische Herrschaft. Mit dem Entzug der Machtbasis zerfällt auch die slawischsprachige Mission. Die Priester des heiligen Method werden von den Lateinern verjagt, manchmal sogar in die Sklaverei verkauft.

Geblieben ist eine interessante politische Erinnerung, und zwar an den ersten Versuch, zwischen Großmachteinflüssen von West und Ost im Donauraum ein Zwischenreich zu bilden, das sich dennoch nach beiden Seiten hin offenhält. Ein Versuch, der sich im Lauf der Geschichte noch öfters wiederholen wird. Geblieben ist bei den Slawen aber auch die Erinnerung an eine erste, über bloße Tributrivalitäten hinausgehende Entzweiung zwischen germanisch-deutschem und slawisch-böhmischem Herrschaftsverständnis. Die westlich orientierte Christianisierung Böhmens geht zwar weiter, doch tauchen bis ins 11. Jahrhundert noch altslawische Kirchenbücher auf, werden dort und da ein paar slawische Messen zelebriert. Am tiefsten empfinden die einfachen Leute, sogar mehr als 1 100 Jahre später: Im Juli 1985 strömen im mährischen Velehrad an die 100 000 Menschen zusammen, um an den Tausendjahrfeiern für den heiligen Method teilzunehmen. Sogar der kommunistische Kultusminister ist gekommen, wird aber ausgepfiffen. In Mähren hat man eben ein Gefühl für die Bedeutung von Religion in der Geschichte.

Umgekehrt gab es immer schon viele gemeinsame Interessen mit dem Westen, also mit den Deutschen: Bei der großen Entscheidungsschlacht auf dem Lechfeld bei Augsburg im Jahr 955 gegen die Ungarn kämpfen Germanenabkömmlinge und Slawen Schulter an Schulter. Später, 983, unterwirft der Přemyslide Boleslaw II. im Verein mit den deutschen Ottonen und den polnischen Piastenfürsten die bis dahin noch heidnischen Elbslawen. Seit 973 ist Prag ein eigenes Bistum. Erster Bischof wird Dietmar, ein sächsischer Benediktinermönch, der aber schon lange im Land lebt und daher slawisch zu predigen versteht. Zwar wehren sich die Regensburger Kanoniker gegen den Verlust der reichen böhmischen Gebiete, doch ihr Bischof, der heilige Wolfgang, befürwortet die Prager Gründung „zur Stärkung des Christentums in den noch vielfach heidnischen Landen“, wie es heißt. Laut Cosmas von Prag, dem ersten großen Chronisten Böhmens und Verherrlicher der Přemysliden, sollen die tschechischen Adeligen den neuen Bischof damals deutsch begrüßt haben: „Christe genade, kyrie eleison und die heilige alle helfen uns, kyrie eleison.“ Worauf das umstehende Volk mit seiner Version des griechischen Kyrie eleison antwortete: „Krleš“. Ob Cosmas das so genau wissen konnte, ist fraglich, lebte er doch erst 100 Jahre später – aber die Schilderung gibt ein gutes Bild des Kommenden.
Bereits der zweite Bischof war ein Einheimischer, Vojtech. Freilich bleiben die meisten Machthaber wilde Raufbolde, ungeachtet ihrer Stammeszugehörigkeit. Christliche Mission wird zwar nach außen getragen, doch sind die Herrscher deswegen noch lange keine guten Christen. Immer wieder empören sich die Bayernherzöge gegen ihre deutschen Glaubensbrüder, die Sachsenkönige. Der Vater des obenerwähnten Boleslaw II. ermordet sogar seinen eigenen Bruder, den frommen Herzog Wenzel, womit Böhmen zu seinem Nationalheiligen kommt. Die Wenzelslegende schmückt das Geschehen bald aus und fördert so das frühe Zusammengehörigkeitsgefühl der böhmischen Nation.
Ein Fürst vermag jedoch höheren Rang zu erwerben als alle anderen: Seit 962 ist der deutsche Sachsenkönig Otto I. „imperator christianissimus“, gekrönt in Rom. Damit trägt er nun die Hauptverantwortung für die Verbreitung des wahren Glaubens. In der Gefolgschaft Ottos des Großen befand sich auch Burchard, erster Markgraf der Mark im Osten, die man nun wieder den Ungarn abgenommen hatte. Dort sah es nicht gut

aus: Das Land entlang der Donau war dünn besiedelt, die Menschen christianisiert, doch ausgeplündert und mutlos. Zwar gilt die Schlacht auf dem Lechfeld als Umkehrpunkt für die ungarische Geschichte, da diese Reiternomaden bald darauf seßhaft wurden. Doch das bedeutete nicht, daß sie auch in ihrer Tiefebene geblieben wären. Ständig gab es neue kleinere Einfälle donauaufwärts, wo die alte Heerstraße lockte. Dazu kamen noch innere deutsche Streitigkeiten.
Als Kaiser Otto I. 973 stirbt und sein Sohn Otto der Rote mit 18 Jahren nachfolgt, will der Bayernherzog Otto der Zänker den Jüngling nicht anerkennen. Unvorsichtigerweise schließt sich der Rebellion auch jener Burchard an, gemeinsam mit böhmischen Herren. Der Versuch scheitert, Burchard verliert sein Amt, und der nächste Markgraf, Luitpold, übernimmt 976 die Mark. Er gilt als der Stammvater der Babenberger, obwohl die Historiker da nicht so sicher sind. (Die Babenberger wußten gar nicht, daß sie Babenberger waren. Erst einer der ihren, der Bischof und Chronist Otto von Freising, schmückte zu Beginn des 12. Jahrhunderts sein Geschlecht mit dieser Abstammung aus einem alten Bamberger Haus.)
Mit den Luitpoldingern beginnt ein neues Kapitel des österreichischen Kernlands, dieses Österreichs, das 20 Jahre später, 996, auch tatsächlich, zumindest im Volksmund, so genannt wird, nämlich „Ostarrîchi". Luitpold verdrängt zunächst einen widerspenstigen Gebietsherrn, Sighard, von der günstig gelegenen Melker Burg und führt dann einen beharrlichen Kleinkrieg gegen die streifenden Ungarn, die von Luitpold und seinen Söhnen mit einer Strategie immer weiter vorgetriebener befestigter Stützpunkte zurückgedrängt werden. Das Donautal ist dabei die alles bestimmende Hauptachse: Überall dort, wo von Süden ein Nebenfluß einmündet, entsteht am Westufer eine Wallburg. Das hat schon bei Ybbs und Erlauf begonnen, nun geht es östlich von Melk weiter mit Pielach, Traisen, Perschling, Großer und Kleiner Tulln. Am Beginn des Wienerwalds schanzen dagegen die Ungarn.
Aus den oberen Donaugauen wandern nun immer mehr Bayern ein, meist werden sie von den großen Hochstiften gesandt, ihnen gehört hier seit den Awarenkriegen das meiste Land. Denn alles Gebiet, das von der Reichsarmee und ihren Grafen erobert wird, ist Königsland, das nun wieder an solche, die es verläßlich und systematisch bewirtschaften können, weiterverliehen wird. In der christianisierten Mark selbst findet

Luitpold nur ein einziges Kloster vor, das ursprünglich von Tegernsee gegründete Benediktinerkloster St. Hippolyt beim heutigen St. Pölten. Niederaltaich und Passau, Eichstätt, Metten und St. Emmeram in Regensburg sind die Namen der bayerischen Stammklöster und Hochstifte, die immer wieder in den Schenkungsurkunden aus jenen Zeiten aufscheinen. Diese Klosterbetriebe sind Wehrsiedlungen mit eigener Gerichtsbarkeit, die an den Markgrafen vor allem zwei Arten von Abgaben entrichten müssen: Hafer für die Reiterei und Arbeitskraft für den Festungsbau. Für Verwaltung und Wehrdienst sorgen kirchliche Burgvögte, die sogenannten Ministerialen. Dies ist eine Art von Karriereschleuse für aufsteigende freie Bauern und niedere Adelige. Die unterste Stufe sind die Unfreien, hörige Arbeitskräfte, von denen es immer viel zu wenige zu geben scheint.
Doch nicht alles gehört der Kirche: An den strategisch wichtigen Punkten liegen die Reichsfestungen, königliche Burgplätze wie Ybbs, Pöchlarn, Melk, Krems, Tulln und Hainburg. Auch sie haben eigene Verwalter. Daneben gibt es mächtige Adelsfamilien mit großem Eigenbesitz, die sich dem Markgrafen ebenbürtig fühlen und mit ihm oft genug im Streit liegen, die Kuenringer, die Haderiche, die Chadolder und andere. Die vorläufigen Grenzen dieser ottonischen Mark ziehen sich nördlich der Donau entlang des Wagrams bis in die Höhe von Tulln. 991 schieben die Bayern die Mark bis zur Schwechat und zur Triesting vor, überschreiten also den Wienerwald.
Die alten mährischen Gebiete bleiben wegen ihrer geographischen Offenheit noch etwas länger in ungarischer Hand und werden zunächst sogar polnisch. Denn schon 963 gilt Herzog Mieszko I. als getauft und ist dem Reich tributpflichtig. Die Bündnisse unter diesen Christen wechseln: Unter Otto II. bekriegen Deutsche und Polen gemeinsam die Böhmen, der Kaiser macht den Sohn Mieszkos, den Polenfürsten Boleslaw I. Chrobry, sogar zum „Cooperator imperii“. Dieser träumt erstmals von einem großen Slawenreich, erobert die böhmischen Länder samt Mähren und der Lausitz. Als er sich in deutsche Reichsangelegenheiten mengt, schlägt allerdings die Allianz um, und Bayern und Böhmen marschieren gemeinsam mit dem österreichischen Markgrafen gegen Boleslaw, dessen Herrschaft an inneren Streitigkeiten schließlich zerbricht. Daraufhin können sich 1020 die Böhmenherzöge wieder Mähren holen. Als Dank für geleistete Waffenhilfe kommen erstmals deutsche Siedler auch in dieses Land.

Zu diesem Zeitpunkt der Geschichte ist also die Zukunft der slawischen Staatsentwicklung noch völlig offen. Polen könnte heute ebensogut bis nach Preßburg reichen oder Krakau eine tschechische Stadt sein. Jan Patočka, der westlich aufgeschlossene tschechische Historiker und frühe Sprecher der Charta 77, faßte die amorphe Situation von damals so zusammen: „Gunsterwerbung der westlichen Macht, mit Tributgeldern für Kaiser und Könige, die geradezu phantastisch sind, Regelung der Kirchenverhältnisse, Auseinandersetzung mit östlichen Nachbarn – das ist der Inhalt des böhmischen Geschehens bis in die Zeit der Kreuzzüge hinein."
Im Vergleich dazu hat es die wachsende kleine Mark der Bayern im Süden leichter: Man muß zwar kämpfen, weiß aber genau, wohin das Land kulturell und politisch gehört. Das Herrschaftsgebiet wird schrittweise vergrößert, Zeit genug, damit sich eine eigene Identität herausbilden kann. Die Sprache bleibt dank des bayerischen Zustroms eine gemeinsame, Priester, Herren und Volk reden mit gleicher Zunge. Allerdings liegt Ostarrîchi bei den äußeren Symbolen der Eigenständigkeit noch weit zurück – das ist der Preis für die enge Bindung an die Hochstifte und Klöster am oberen Donaulauf. Auf eigene Bistumsrechte oder gar den Herzogshut müssen sie lange warten. Wohin sich aber die Stimmung der Leute neigte, läßt sich anhand sehr profaner Beweismittel feststellen: In diesen Jahren nehmen nämlich jene Urkundenfälschungen zu, die beweisen sollen, daß die betreffenden Gebiete niemals zu dem als übermächtig empfundenen Erzbistum Passau gehört hätten. Doch es sprießt langsam, dieses donauösterreichische Eigenbewußtsein.
Demgegenüber vollzieht sich die Aufwertung der Nachbarn im historischen Eiltempo. Schon um 1001 macht Papst Silvester II. den frischgetauften Ungarnfürsten Stephan zum ungarischen König, Gran, das ungarische Esztergom, wird um die gleiche Zeit zu einem Erzbistum, ebenso wie das polnische Gnesen. Schon seit dem 11. Jahrhundert gibt es auch in Böhmen Fürsten, die sich als Könige bezeichnen. Bei den österreichischen Markgrafen hingegen dauert es noch weitere 150 Jahre bis zur Herzogswürde, Wien wird gar erst 1135 zur Residenzstadt.
Um so beachtlicher erscheint die politische Leistung der bayerisch-österreichischen Markgrafen bei dieser Aufholjagd, denn sie gelten als angesehen und reich, lange bevor sie im Titel avancieren. Sie treiben ein unentwegtes diplomatisch-dynastisches

Spiel, mit Heiraten als wichtigstem Mittel der Außenpolitik, gleich nach dem Kriegführen. So hielten es damals zwar alle Fürsten und Herren, die Babenberger und später die Habsburger dürften es aber besonders geschickt beherrscht haben. Im Grunde ist es ein heidnischer Brauch, weil er Machtansprüche aus einer aristokratischen Eigenschaft des Bluts ableitet.

Von Friede kann allerdings noch lange keine Rede sein: Die Landesgrenzen werden mit Schwert und Axt gezogen. So entscheidet sich das künftige Schicksal des Weinviertels etwa in den Kriegsjahren 1039 bis 1041: Da ist Kaiser Heinrich III. zugleich Herzog von Bayern. Nach Karl Lechner ist ihm „die endgültige Sicherung und Erweiterung der Ostmark gegen Böhmen und Mähren einerseits, gegen Ungarn andererseits zu danken".

Herzog Břetislaw von Böhmen betreibt damals die Ausdehnung des Prager Bistums nach Süden mit dem Ziel, ein Erzbistum zu werden. Die bayerische Mark dagegen sucht Raum nach Norden. Den Böhmen kommen die Ungarn, diesmal der König Peter, ein Neffe des heiligen Stephan, zu Hilfe.

Im Mittelpunkt der wechselvollen Kämpfe steht Thunau am Kamp. Die Festung auf der Kuppe wird zunächst von den Böhmen gestürmt, dann vom Sohn des Markgrafen Luitpold zurückerobert. Es gibt ein Massaker: Die restlichen Slawen, ob Mann oder Frau, werden über die Felsen gestürzt. Břetislaw unterwirft sich und leistet 1041 in Regensburg dem Kaiser den Vasalleneid. Seit diesen Tagen gilt die Thaya als österreichisch-böhmische Grenze.

Doch inzwischen sind 1042 wieder einmal die Ungarn eingefallen und stoßen beiderseits der Donau vor. Die eine Truppe plündert erfolgreich bis zur Traisen und kehrt wieder um. Ihr nördlicher Heerbann wird vom jungen Luitpold im Marchfeld gestellt und vernichtet. Im Gegenstoß drehen sich die Bündnisse um: Ein Reichsheer unter König Heinrich trifft ein, bei dem diesmal auch Herzog Břetislaw und seine Böhmen mitmachen. Er bricht in Ungarn ein und erobert Preßburg und Hainburg. Ähnliches wiederholt sich im nächsten Jahr, die Kaiserlichen dringen sogar bis Gran vor, worauf endlich Friede geschlossen wird. Als sein Ergebnis schiebt sich die bayerische Grenze von der Fischa zur Leitha vor, auch hier errichten die Bayern nun eine kleine Mark, die ungarische oder Neumark. So soll es im wesentlichen bleiben. Noch viele Male wird es Krieg geben, noch viele Male werden sich die Herren bald mit dieser,

bald mit jener Partei verbünden und ihren Vorteil suchen. Doch wie ein Lehrstück der Geschichte formt sich eine zweite Erfahrung heraus, die sich in Hinkunft stets aufs neue beweisen soll. In diesem Teil Mitteleuropas kann sich nur der gegen Ost oder West auf Dauer behaupten, der im Machtvieleck der Bayern, Ungarn, Böhmen, Polen und Österreicher über die breiteste Allianz verfügt.
Leopold III. von Babenberg, den die Historiker als den eigentlichen Begründer der späteren Größe und Unabhängigkeit Österreichs betrachten, ist ein gutes Beispiel für eine derart vorausschauende Bündnispolitik, vor allem gegenüber den slawischen Fürsten: Seine Schwester Gerbig verheiratet er mit Bořiwoy, dem Sohn König Wratislaws von Böhmen, einem alten Gegner. Eine Tochter Agnes geht an den Piastenherzog Boleslaw von Polen-Schlesien, eine andere Tochter, Gertrud, an den späteren Přemyslidenkönig Wladislaw II. Sein Sohn aus zweiter Ehe und Nachfolger, Leopold IV., bekommt umgekehrt eine böhmische Herzogstochter, Maria. Solche Familienverträge lohnen sich auch: Als wieder einmal die Ungarn einbrechen, hilft Schwager Bořiwoy, als Polen die Böhmen bedrängen, senden ihm die Babenberger Unterstützung.
Babenbergertöchter als fürstliche Ehefrauen dürften überhaupt sehr beliebt gewesen sein, ob sie nun heiraten wollten oder nicht. Der obenerwähnte Herzog Břetislaw von Böhmen raubte die seine, Judith von Schweinfurth, gar aus dem Kloster. Diese böhmischen Herzoginnen holten natürlich ihre Freundinnen und ihr Gesinde nach, für ihre Kinder deutsche Lehrer, und bildeten somit eine deutschsprachige Oberschicht am Fürstenhof zu Prag, gemeinsam mit dem deutschen Klerus. Denn nicht der Papst, sondern der Kaiser setzte in diesen Tagen die Bischöfe ein, auch im fernen Böhmen. Das entsprach der starken Stellung des germanisch-westlichen „Adelschristentums", wie es Patočka nennt. Die deutschen Sitten machen auf die slawischen Eliten einen gewaltigen Eindruck, man imitiert den Stil des Fortschritts, der aus Mainz, Regensburg und Trier nach Böhmen weht. Dazu kommt das Problem der Verständigung. Westslawisch ist schwer erlernbar, und deshalb nimmt man in Böhmen „zwar vom übrigen Europa geistig viel ein, gibt aber aus diesen Sprachgründen sehr wenig zurück" (Patočka).
Das ist der Grund für eine erste emotionale Spaltung zwischen oben und unten, für eine Entfremdung zwischen den Herren in der Prager Burg und dem als barbarisch empfundenen Volk.

Dem böhmischen Selbstbewußtsein sollte dies noch furchtbare Probleme bringen. Für die Jahrhunderte nach der Zeitenwende bedeutete es für die Přemyslidenherrscher jedenfalls einen argen Leistungsdruck: Entweder müssen sie selber „Kaiser werden oder untergehen – und sie gehen groß unter" (Patočka). Im Land der Babenberger hat man solche Probleme nicht. Durch kluges Heiraten und durch Ausnützen einer heiklen Lage des Kaisers haben sie den Boden der Macht so weit bereitet, daß Heinrich Jasomirgott 1156 endlich von Friedrich Barbarossa das berühmte Privilegium minus und damit die Unabhängigkeit erhält. Der neue Herzogshut für Österreich wird erblich, und zwar in männlicher wie in weiblicher Linie, bei Kinderlosigkeit darf Babenberg die Herrschaft weitergeben, an wen immer es will. Kriegsdienste sind dem Kaiser nur bei Feldzügen ins benachbarte Ausland zu leisten. Es ist der Böhmenherzog, der beim Hoftag in Regensburg diesen wichtigen Reichsbeschluß verkündet. Wie es sich in diesem Jahr bezüglich der Macht- und Prunkentfaltung verhalten haben mag, zeigt das Zahlenverhältnis,das eine Chronik für eine kaiserliche Veranstaltung zu Pfingsten 1184 in Mainz nennt: Da kommt der Herzog von Österreich mit 500, der Herzog von Sachsen mit 700, der Herzog von Böhmen aber mit 2 000 Rittern herbeigezogen. Böhmen muß also schon damals zu den wohlhabendsten Ländern des Reichs gehört haben.

Offene Tore für Ottokar

36 Jahre nach dem Privilegium minus, 1192, kommt es für die Babenberger zu einem anderen politisch enorm bedeutsamen Schritt. Durch sorgfältig vorbereitete Garantien für den steirischen Adel (Georgenberger Handfeste) gewinnen die Herzöge von der Donau das Herzogtum Steiermark hinzu. Nun sind sie die Fürsten von Österreich-Steier. Zur West-Ost-Kolonisation des Hauses tritt nun die Nord-Süd-Erweiterung, die Herrschaft der Babenberger überspringt den Semmering. Das verleiht den Inhabern dieser Hausmacht derartiges Gewicht, daß es sogar die Begehrlichkeit des Stauferkaisers im fernen Sizilien reizt. Ohne es zu ahnen, haben die Babenberger auch Vorarbeit für die Přemysliden geleistet, für Ottokar, der später eine ähnliche politische Stoßrichtung verfolgen wird. Schon 1212 werden Böhmens Könige Kurfürsten des Reichs.

Friedrich II., der letzte Babenberger, verdient dann wahrlich seinen Beinamen „der Streitbare". In einem hektischen Taumel von Feldzügen, Gebietsstreitigkeiten, Heiratsgeschäften und Konspirationen zwischen Kaiser und Papst legt er sich selbst mit dem Staufer Friedrich II. an, der ihn schließlich ächten läßt. Ächtung bedeutet: Verlust der Reichslehen Österreich und Steiermark. Der Böhmenkönig Wenzel kann völlig legal eindringen und erobert kampflos Wien, der Babenberger muß auf die Festung Starhemberg im Süden zurückfallen. Kaiser Friedrich kommt selber an die Donau, hält hier einen Hoftag ab (1237), läßt seinen Sohn, den Knaben Konrad, zum König krönen und erhebt Wien zur reichsunmittelbaren Stadt.
Doch irgendwie vermag der streitbare Friedrich all das zu überstehen, ja kann sogar zum Gegenangriff übergehen. Schließlich versöhnt er sich mit dem Staufer, der im Süden andere Sorgen hat, und versucht nun, Babenbergs größtes Wunschziel zu erreichen: die Königswürde für Österreich. Wie immer geht es um ein Geschäft. Der Kaiser möchte nämlich Gertrud, die junge Nichte des Babenbergers, heiraten, um damit nach dem Tod des kinderlosen Herzogs Österreich für die Staufer als Hausmacht zu erwerben. Die Gegenleistung wäre die Königskrone. Aber die geplante Staatsheirat wird zu einer politischen Farce mit tragikomischem Ausgang: Schon wurde dem Herzog der symbolische Königsring übersandt, schon sind für den Hoftag in Verona alle Vorbereitungen für das große Doppelfest, für Krönung und Hochzeit, getroffen, da bricht abermals der schon seit langem schwelende Konflikt zwischen Papst und Kaiser mit voller Wucht aus. Innozenz IV. ist aus Italien überraschend nach Frankreich geflohen und beruft ein Konzil nach Lyon ein. Nun wird der Staufer angeklagt: Weil dieser angeblich ein Ketzer sei, Sakrilege begangen, Meineide geschworen und den Frieden gebrochen habe. Die Zeiten haben sich gewandelt – nach der absoluten Dominanz des Kaisers laut byzantinischem Reichsverständnis und nach der Betrachtung von Päpsten und Bischöfen als eine Art germanisch-aristokratische Großfamilie hat sich ein neues Eigenbewußtsein der Kirche entwickelt. Das Pendel schlägt zurück. Zunächst war es nur die Zwei-Schwerter-Theorie, wonach weltliche und geistliche Macht einander gleichberechtigt gegenüberstehen. Dann entwickelte Bernhard von Clairvaux den Gedanken der Unterordnung, wonach das Schwert dem Kaiser vom Papst verliehen sei, der Herrscher also nur über eine abgeleitete Macht verfüge.

Später geht es bereits um einen weltlichen Herrschaftsanspruch der Päpste, als Schiedsrichter in allen politischen Angelegenheiten. Längst verfügt der Papst auch schon über eigene Truppen, über eine Armee.
Der Streit lähmt das Reich jahrhundertelang, wird zu einem gesamteuropäischen Ärgernis. Doch der päpstliche Mythos hat eine solche Kraft, daß sich König um König verzweifelt bemüht, aus Rom die Kaiserkrone und damit die höchste Anerkennung zu bekommen. Allmählich wird dieses Streben zum Anstoß werden, aus dem sich so etwas wie ein deutsches Nationalgefühl entwickelt. Und fortan werden beide getrennt als „heilig" gelten – der Papst in Rom und auch das kaiserliche Imperium, das ebenso mythenumsponnene Reich.
Friedrich II., der Mann, den die junge Babenbergerin Gertrud heiraten sollte, mußte für sie von geradezu unheimlicher Exotik gewesen sein. Vom Vater her Staufer – der Großvater war Friedrich Barbarossa –, von der Mutter her Normanne, erregte dieser Friedrich schon zu Lebzeiten das „Staunen der Welt", wie sein Beiname lautet. In Palermo aufgewachsen, wo es damals mehr Moslems als Christen gab, war dieser Halbdeutsche eher Wissenschaftler als Christ, eher Weltkaiser als Schwert der Kirche, eher Diplomat als kampfwütiger Kreuzfahrer. Er beherrschte nicht nur Latein, sondern auch fließend Arabisch und brachte das Kunststück zuwege, sarazenische, also mohammedanische Bogenschützen gemeinsam mit christlichen Rittern auf einen katholischen Kreuzzug nach Palästina zu führen, den er auch noch erfolgreich beendete. Als erster nach Gottfried von Bouillon befreite Friedrich II. Jerusalem, samt einen Korridor zum Meer für die Pilger aus dem Abendland – und das alles nur durch Verhandlungen. Sein Königreich Sizilien machte Friedrich zu einem bewunderten Musterstaat mit Berufsbeamten und einem neuzeitlichen Verwaltungssystem, nie wurde dort seither besser regiert. Dennoch und gerade deshalb standen die Päpste in Todfeindschaft zu diesem Mann, der wie ein Vorbote von Aufklärung und Renaissance ins Mittelalter ragt. Als Kaiser lebt der Staufer im vollen Bewußtsein seiner Sendung, persönlich ist er kunstsinnig und genußfreudig: Im Morgenland hatte er die nützliche Einrichtung des Harems kennengelernt und auch daheim in Sizilien eingeführt. Für den Vorgänger des Innozenz, Papst Gregor IX., galt Friedrich schlicht als der „Antichrist", auf dessen Kommen die Menschen des Mittelalters ohnedies voll Schrecken warteten. Schon

Gregor hatte den Kaiser daher mit Interdikt und Exkommunikation belegt, für damalige Verhältnisse ein unerhörter Skandal. Im Hintergrund ging es um Kirchengüter und um die wahre Vorherrschaft in Italien.

Die Nachricht von der beabsichtigten Vermählung des Kaisers mit der Babenbergerin mußte auf Innozenz wie ein Alarmsignal wirken: Denn damit hätte die staufische Partei nach Sizilien im Norden eine weitere Hausmacht hinzugewonnen, und Rom wäre in der Zange gewesen. So wird Friedrich der Staufer auf dem Lyoner Konzil abermals gebannt und feierlich ausgestoßen – was bedeutet, daß kein Christ ein Rechtsverhältnis mit ihm eingehen darf, daß kein Vertrag mehr gilt.

Man kann sich vorstellen, welchen Eindruck solch päpstliches Donnergrollen auf die fromme Gertrud an der Donau machte. Überdies war der Kaiser schon 51 Jahre alt. Und so faßte dieses Mädchen, vielleicht in einer Mischung aus christlichem Respekt und jugendlichem Trotz, einen sensationellen emanzipatorischen Entschluß: Sie verweigerte einfach die Reise nach Verona, wo ihr Onkel schon sehnlichst auf sie wartete. Der Familienvertrag zwischen den Staufern und den Babenbergern war geplatzt.

Geplatzt war damit freilich auch die Chance Österreichs, nach Ungarn und Böhmen das dritte Königreich in Mitteleuropa zu werden. Erst viele Jahrhunderte später, 1804, als die gesamte Habsburgermonarchie in die Krise gerät und die deutsche Kaiserwürde nicht mehr zu halten ist, nimmt Franz II. einen solchen Titel an. Dann erst gibt es ein „österreichisches Kaisertum“, das als Begriff auch nur 61 Jahre Bestand haben und schon ab 1867 „Österreich-Ungarn“ heißen wird.

Ein Entscheid für Böhmen

Auf jeden Fall wurde dieses Österreich nach dem unerwarteten Schlachtentod des letzten Babenbergers – Friedrich fällt 1246 ohne Testament im Kampf gegen die Ungarn – ein überaus begehrtes Erbe. Sowohl Bayern als auch Böhmen und Ungarn wollen es haben. Hier soll nur auf die Grundkräfte eingegangen werden, die dabei auftreten: Es scheint, als hätte der Nachbar im Norden von Anfang an als logischer Nachfolger gegolten. Gertrud, die einen Kaiser ausgeschlagen hatte, wählt nämlich einen Böhmenprinzen, Wladislaw, den Sohn König Wenzels I.,

zum Mann. Davon erhofft man sich offenkundig einen reibungslosen Übergang der Macht. Wieder erkennt man einen Kreuzweg der Geschichte Mitteleuropas: Wären dieser Ehe Kinder entsprungen, so wäre das Herzogtum Österreich vielleicht zu einem Bestandteil der böhmischen Krone geworden und damit der spätere Aufstieg Habsburgs nicht möglich gewesen ...
Doch dieser junge Mann stirbt sehr bald nach der Hochzeit, und erst nun entscheidet sich Gertrud, dank päpstlicher Heiratsvermittlung, für einen Deutschen, den Markgrafen Hermann von Baden. Allerdings kann sich dieser in Österreich nicht recht durchsetzen, ebensowenig wie die vom Stauferkaiser eingesetzten Reichsstatthalter. Es wird gestritten und gekämpft, bis die Statthalter aufgeben, und der Tod auch das Leben des deutschen Markgrafen Hermann beendet. Es ist das gleiche Jahr, 1250, in dem auch der Stauferkaiser Friedrich II. stirbt. Für das Reich beginnt das Interregnum.
Nur ein Jahr darauf, im November 1251, haben die österreichischen Stände, die Versammlung des hohen und des niederen Adels und des Klerus, die Wirren satt. Sie wenden sich mit der Bitte um einen starken Herrn nach Norden, nach Böhmen – so wie vorher Gertrud bei der Wahl ihres ersten Bräutigams. Dort gibt es noch einen zweiten jungen Přemysliden, einen Bruder des verstorbenen Wladislaw, den Kronprinzen Ottokar.
Natürlich kommt der Böhme mit Freude. Er hat schon als Knabe mit 14 Jahren gegen seinen Vater geputscht, kann es also gar nicht erwarten. Um sicher zu gehen, heiratet der Achtzehnjährige nur wenige Monate nach der Aufforderung der österreichischen Stände die andere Babenbergerin, die noch gewisse Erbrechte vertreten kann, Margarete, die Tante Gertruds und Schwester des gefallenen Friedrich des Streitbaren. Margarete ist bereits Witwe nach einem König, dem Sohn Kaiser Friedrichs II., dem Staufer Heinrich (VII.), und mehr als doppelt so alt wie Ottokar. Als die Staatsehe mit ihr kinderlos bleibt und es für den Böhmenkönig immer zwingender wird, mit den rivalisierenden Ungarn zu einem Ausgleich zu gelangen, läßt sich Ottokar nach neun Jahren wieder von Margarete scheiden und verbindet sich mit einer ungarischen Prinzessin. Der Papst billigt und versteht alles.
Seit diesen Ereignissen wird das österreichische Geschichtsbewußtsein vom Melodram dieser verlassenen Frau bestimmt, besonders hochstilisiert in der biedermeierlichen Habsburgerver-

herrlichung „König Ottokars Glück und Ende". Darin schildert Franz Grillparzer den Böhmenkönig als einen leidenschaftlichen Usurpator, der sich bedenkenlos über Recht und Anstand hinwegsetzt, um dem Traum von der Krone nachzujagen. Wenn Margarete im Dialog mit Rudolf in die Klage ausbricht: „Ich wollte diese Krone nicht", so widerspricht dies allerdings der historischen Wahrheit. Denn Tante Margarete und ihre Nichte Gertrud lagen jahrelang in einem haßerfüllten Wettstreit um die österreichische Herrschaft, zeigten also höchst reale Machtinstinkte. Und was Kinderlosigkeit nach den dynastischen Praktiken der Zeit bedeutete, war allen Beteiligten sicher völlig bewußt. Ganz abgesehen davon, daß es ja Österreichs Stände selber waren, die Ottokar gewählt hatten. (Die Steiermark gelangte erst später, 1260, nach einem ungarischen Zwischenspiel, das mit einem Aufstand der Steirer endete, an Ottokar.)

Grillparzer wählte einfach jene dramatische Konstellation, die ihm künstlerisch am attraktivsten erschien. Das Historische, so schrieb er selber, gelte ihm nur als „Staffage" und als „Ideenkram". Auch hatte sich der schreibende Beamte vor einem anderen Beamten in acht zu nehmen, dem Chef der Metternichschen Zensurbehörde, dem böhmischen Hofrat Sedlnitzky. Immerhin sollte es zwei Jahre dauern, bis der „Ottokar" zur Aufführung freigegeben werden konnte.

Heute, nach mehr als 700 Jahren, darf man die habsburgische Hauslegende ruhig beiseite lassen. Der Größe Rudolfs, der sich letztlich als der überlegene Staatsmann und Diplomat erwies, tut das keinen Abbruch. Um so deutlicher tritt dafür die Besonderheit der spezifisch ottokarischen Vision hervor. Gerade deutsch-böhmische Autoren von heute, wie etwa Ferdinand Seibt, bewundern das „selbstbewußte, kühne und späteren Großraumbildungen weit vorauseilende politische Gedankenwerk dieses Herrschers".

Die „maßlose Herrschsucht", die dem Böhmenkönig vorgeworfen wird, entspricht dem Stil der Zeit, in der auch von den Habsburgern bedenkenlos Urkunden gefälscht werden wie später das berühmte Privilegium maius, oder sogar Verwandtenmorde möglich sind (Johann Parricida an seinem Onkel, dem deutschen König Albrecht I. von Habsburg). Ab einer gewissen historischen Distanz beginnt Recht oder Unrecht zu einer bloß relativen Frage zu werden.

Zwar trifft es zu, daß Ottokar die Regeln der deutschen Kö-

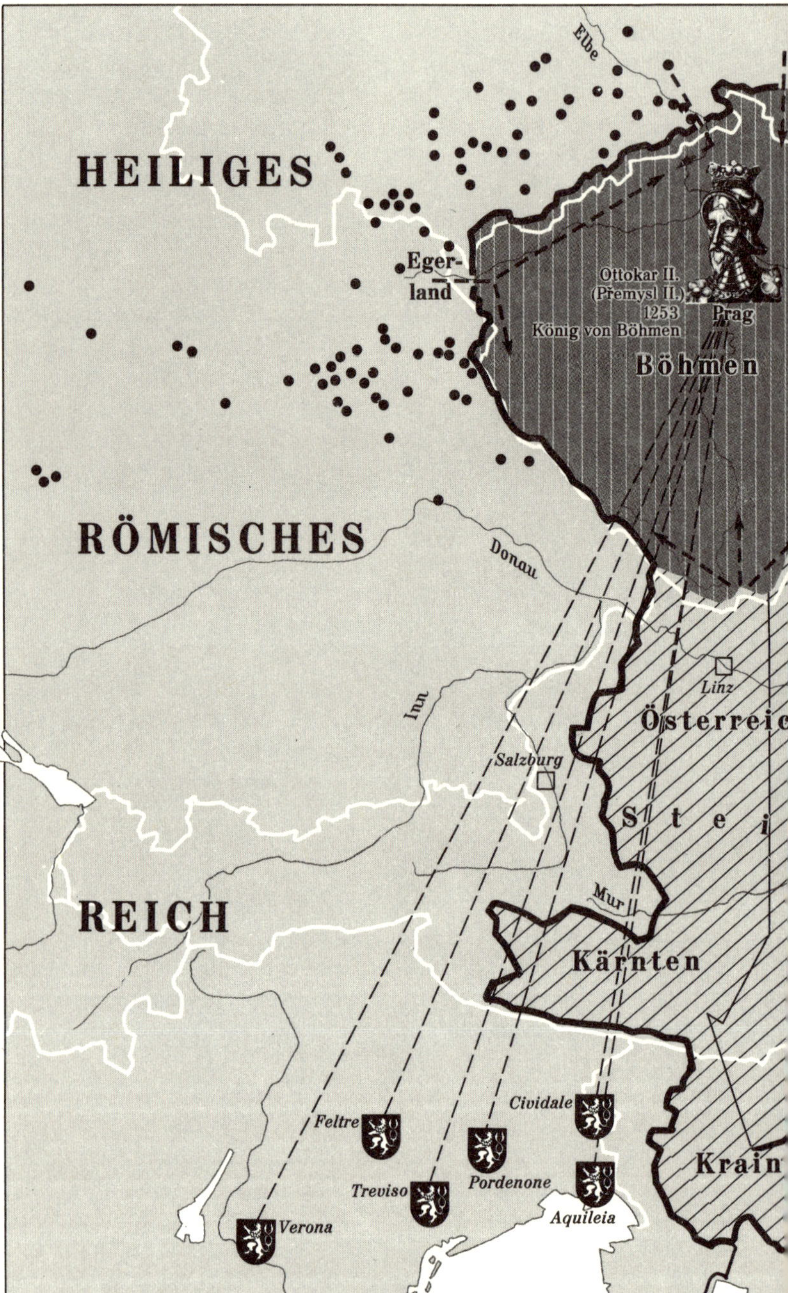
HEILIGES
RÖMISCHES
REICH
Elbe
Eger-
land
Ottokar II.
(Přemysl II.)
1253
König von Böhmen
Prag
Böhmen
Donau
Inn
Linz
Österreic
Salzburg
S t e i
Mur
Kärnten
Krain
Cividale
Feltre
Pordenone
Treviso
Aquileia
Verona

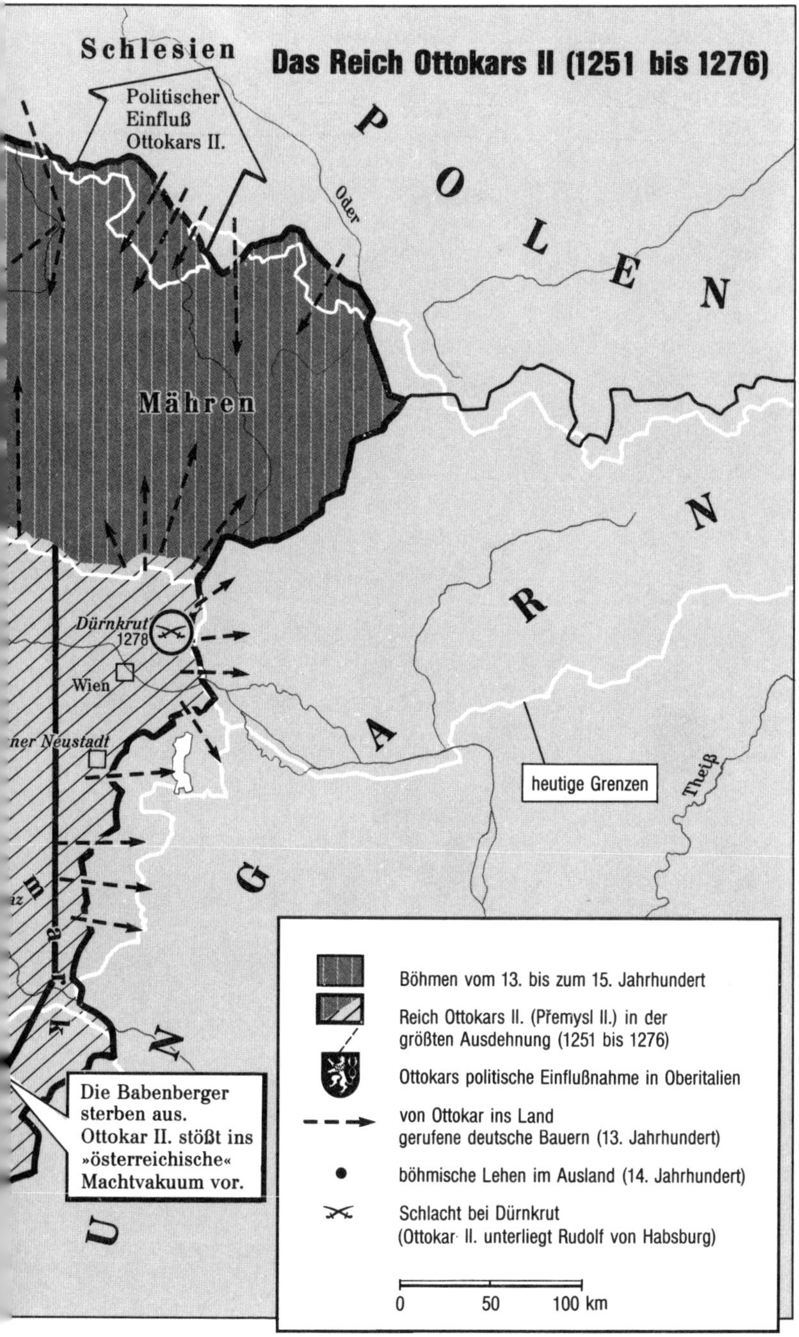
Das Reich Ottokars II (1251 bis 1276)
Schlesien
Politischer Einfluß Ottokars II.
POLEN
Oder
Mähren
UNGARN
Dürnkrut 1278
Wien
heutige Grenzen
Theiß
Die Babenberger sterben aus. Ottokar II. stößt ins »österreichische« Machtvakuum vor.
Böhmen vom 13. bis zum 15. Jahrhundert
Reich Ottokars II. (Přemysl II.) in der größten Ausdehnung (1251 bis 1276)
Ottokars politische Einflußnahme in Oberitalien
von Ottokar ins Land gerufene deutsche Bauern (13. Jahrhundert)
böhmische Lehen im Ausland (14. Jahrhundert)
Schlacht bei Dürnkrut (Ottokar II. unterliegt Rudolf von Habsburg)
0
50
100 km

nigswahl nicht ganz ernst nahm, genauso wie er anfangs auch den habsburgischen Grafen Rudolf unterschätzte, der nun auf einmal die Krone des Reichs trug. Doch solche Mißachtung war nach vielen Jahren des Interregnums kein Wunder. Es hatte Könige und Gegenkönige gegeben, auch ein Holländer und ein Engländer waren darunter. Einer von ihnen, Richard von Cornwallis, hatte Ottokar nachträglich mit Österreich und der Steiermark belehnt. Nun wurde dem Böhmenkönig, nach 23 Jahren faktischer Herrschaft, von Rudolf das Recht auf diese Gebiete aberkannt. Hätte Ottokar nachgegeben, so wäre damit seine gesamte politische Konzeption zusammengebrochen, die ein universalistisches Staatsgebilde vom Riesengebirge bis zur Adria plante. Beinahe war er schon soweit: Nach Österreich und der Steiermark hatte er durch Erbverträge Kärnten, Krain, die Windische Mark und Pordenone in Oberitalien hinzugewonnen. Gleichzeitig drängte er auch im Norden bis ans Meer und beteiligte sich an Kriegen des Deutschen Ritterordens gegen die Heiden; ihm zu Ehren nannten die deutschen Herren den von ihnen gebauten festen Platz Königsberg. Ottokar mußte also der deutsche Fürstenspruch wie ein politischer Auslegungsstreit erschienen sein, der nach den Erfahrungen der damaligen Staatenwelt noch immer von den jeweils Stärkeren entschieden zu werden pflegte.

So kam es zum Kampf mit Rudolf, bei dem Ottokar allerdings die wichtigste Regel dieses Donauraums mißachtete: für eine geschlossene Front seiner Anrainer zu sorgen. Weder vermochte Ottokar die Ungarn zu besiegen, noch konnte er sie auf seine Seite ziehen, dazu überwarf sich der Böhmenkönig noch mit dem Papst. Das Königs-Schach bei Dürnkrut 1278 war somit das logische Ende eines großen Spiels.

Für den weiteren Verlauf der deutsch-böhmisch-österreichischen Geschichte erscheint jedenfalls nur relevant, was von Ottokar an Neuem eingebracht wurde – und was davon blieb. Es ist nicht wenig: Zum ersten Mal war hier so etwas wie ein multinationaler, mitteleuropäischer Staatenverband entstanden. Ob deutsch oder tschechisch, das spielte bei den Überlegungen des Přemysliden und seines Sohns Wenzel nur insofern eine Rolle, als sie einfach nach jenen Bürgern suchten, die ihr Handwerk verstanden, um die Städte reich und das Land fruchtbar zu machen. Das waren vor allem die benachbarten Deutschen, neben den Spezialisten aus Italien und natürlich den Juden. Die deutsche Einwanderung nach Böhmen hatte schon im 11. Jahrhun-

dert begonnen, nun wurde sie zu einem stetigen, mächtigen Zufluß. Böhmen war ein offenes Land.
Vom Norden kommen Sachsen, über das Erzgebirge Thüringer, von Eger Franken. In Prag erhalten die deutschen Kaufleute einen Sonderstatus: Sie gelten als Freie, im Unterschied zu den meist hörigen Slawen, und werden seit 1178 nach ihrem eigenen, deutschen Recht behandelt. Es ist zunächst das Nürnberger, dann das Magdeburger Stadtrecht. Sie unterliegen weder der Gemeinbürgschaft – der Gesamthaftung einer Gemeinde bei einer Straftat, wenn der Täter nicht zu eruieren ist –, noch müssen sie Kriegsdienst im Ausland leisten. Kein Wunder, daß die Deutschen eine enge Beziehung zum Königshaus entwickeln, auch wenn das von den benachteiligten tschechischen Nachbarn mit Mißtrauen gesehen wird. Aber nicht alle Einwanderer gehören zu diesem Typus des vornehmen Prager Stadtpatriziats.
Noch gab es riesige unbesiedelte Flächen in Böhmen, vor allem im Nordosten und im Südwesten. Sie waren mit Wäldern bedeckt, deren Ausmaß und Dichte sich nur vorstellen läßt, wenn man bedenkt, daß man damals, wenn man wollte, vom Ural bis zu den Pyrenäen wandern konnte, ohne jemals den Schatten der Bäume zu verlassen. Darin gab es Wild, das man heute nur noch in den Tiergärten findet, von Auerochsen über den europäischen Elch bis zu Bären und Bibern und selbstverständlich Wölfen. Alle Chroniken berichten, daß noch im 14. Jahrhundert in sehr kalten Wintern ganze Wolfsrudel auf Nahrungssuche nach Paris eindringen und dort sogar Menschen anfallen konnten. Für einen Westeuropäer wie Shakespeare erscheint selbst im 16. Jahrhundert der europäische Kontinent im Inneren noch dermaßen urtümlich bewachsen, daß der Dichter alles Geheimnisvolle wie das Geschehen im „Sommernachtstraum“ in diese Wälder verlegt oder seine Perdita im „Wintermärchen“ irgendwo an „Böhmens Küsten“ stranden läßt.
Diese Naturgebiete sind die großen Wachstumsreserven des Reichs. Ihre Erschließung wird durch verschiedene Umstände begünstigt: Da ist zunächst, wie sich durch Beobachtungen am Gletschereis und an Jahresringen beweisen läßt, zwischen dem 9. und dem 13. Jahrhundert ein leichter Anstieg der Durchschnittstemperaturen in Mitteleuropa um zwei Grad zu vermerken. Damit verschieben sich auch die Anbaugrenzen für Getreide und Wein nach Norden, den Wikingern erlaubt es sogar die Teilbesiedlung Grönlands und die Hochseeschiffahrt

bis nach Nordamerika. Erst im 14. Jahrhundert tritt wieder eine Temperaturumkehr ein, und ein norwegischer Priester berichtet vom gefährlichen Treibeis, das die alten Routen bedrohe.

Zum anderen locken die Wälder aber auch all jene, die frei sein wollen: Böhmische und mährische Grundherren, gleich ob Deutsche oder Slawen, machen günstige Angebote. Wer kommt und siedelt, soll die sogenannte Rodefreiheit genießen. Damit können aus mittellosen Leibeigenen zumindest Grunduntertänige werden. Der Unterschied liegt in der Verfügbarkeit des Besitzes. Man gehört zwar zu einem bestimmten Grundherrn, dem man militärdienstpflichtig ist, an den auch bestimmte Abgaben zu leisten sind, doch kann man innerhalb dieser Dienstmannschaft den Boden weitervererben oder verkaufen. Stirbt der Grundherr ohne Nachkommen, so erlischt das Dienstverhältnis überhaupt, und der Bauer wird frei. Die neuen Dorfgemeinschaften erhalten eine eigene Niedergerichtsbarkeit, meist wählen sie auch ihre eigenen Pfarrer.

Das sind freilich keine allgemeingültigen Regeln, denn in der Konkurrenz um die Neulandgewinnung kommt es darauf an, wie stark und wie zuverlässig der jeweilige Vertragspartner ist. Im Westen ziehen Lokatoren, Werber, durchs Land, die viel versprechen und oft nur wenig halten können. Im Böhmerwald, wo abgesehen von der frühen Goldwäscherei kein schnelles Geld zu machen ist, entsteht bei den Salzsäumern, Waldbauern, Glasmachern und Bergleuten eine regionale Lebensform von zäher Eigenart. Mitten unter ihnen, in Goldenkron, stiftet der Přemyslide Ottokar II. ein Zisterzienserkloster. Die wirtschaftskundigen Mönche, wahre Kolonisierungsspezialisten, holt er aus dem österreichischen Heiligenkreuz. Die Klöster sind auch hier Modellbetriebe: Im Rodungsland lassen sich systematisch alle Erfahrungen mit dem Fruchtwechsel, mit Vieh-und Lagerhaltung auswerten. Große Gemeinschaften sind naturgemäß bevorzugt, weil sie von Anfang an planmäßig die Dreifelderwirtschaft betreiben können. Denn Weizen läßt sich damals nur zwei Jahre nacheinander anbauen, dann ist der Boden erschöpft, und es muß anderswo gesät werden. In den fruchtbaren Flach- und Hügelgebieten Böhmens entsteht auf diese Weise allmählich ein überaus üppiger Großgrundbesitz in der Hand von Kirche und weltlichem Adel, die Ursache späterer Revolutionen. Die alten Flurformen verschwinden, und Weiler und Haufendörfer werden von Stra-

ßendörfern mit ihren regelmäßigen Ackermustern, den sogenannten Gewannfluren, abgelöst.
In Mähren und in Österreich, wie überhaupt entlang der Donau, erfolgte eine solche Umwandlung schon früher. Meist sind es hier aber bescheidenere Größenordnungen, Bauernwirtschaften mit rund 30 Joch, die das Gelände bestimmen. Gemeinsam mit der Notwendigkeit einer ständigen Wehrbereitschaft, die auch eine selbständige Wehrverfassung bewirkt, trugen sie viel dazu bei, daß die soziale Stellung dieser Bauern zwischen dem 12. und dem 14. Jahrhundert wesentlich besser war als jene im Süden, etwa in der Steiermark. Bis tief ins Waldviertel hinauf findet man um diese Zeit freie Bauerngemeinden, Leibeigenschaft dürfte eher die Ausnahme gewesen sein. Karl Lechner kommt überhaupt zu dem erstaunlichen Schluß, daß damals die Zustände im österreichischen Kernland an der Donau für die Bauern wesentlich günstiger gewesen seien als irgendwo anders, abgesehen von Tirol. So pflegten arme Rittertöchter reiche Bauern zu heiraten, was sich auch mit Beispielen aus der Dichtkunst belegen läßt. Dies sind die Jahre der Dorfmeister und der Wehrgenossenschaften mit ihren ummauerten Kirchen, mit Turmhöfen und ländlichen Wallanlagen.
In Böhmen hingegen fehlen solche Zwischenstrukturen. Dafür dominiert die ungehinderte Weite der Landschaft und damit auch die Größe der wirtschaftlichen Chance. Für unternehmerische Existenzen, für adelige Kaufleute und merkantil denkende Grundherren ist es ein Land der scheinbar unbegrenzten Möglichkeiten.
Seit Ottokar II. wird Böhmen für unternehmungslustige deutsche Einwanderer tatsächlich zum „Kalifornien des Mittelalters“, wie Oskar Schürer es sieht. Schon unter Ottokar, aber noch stärker unter dessen Sohn Wenzel entfaltet sich eine hektische Blüte: Von Iglau bis Kuttenberg explodiert der Silberbergbau, aus ganz Mitteleuropa strömen Bergleute, aber auch Abenteurer herbei. Italienische Juristen entwerfen das Bergrecht von Iglau, das als beispielhaft gilt – einige seiner Bestimmungen werden noch im 16. Jahrhundert ins Spanische übersetzt und auch in der amerikanischen Kolonie der Habsburger zur Norm gemacht. Die Münzreform von 1300 schafft eine neue Geldeinheit, Fachleute aus Florenz prägen den Prager Groschen, der wegen seiner Güte überall als beliebtes Zahlungsmittel gilt. Wenzel II. wird sogar polnischer König und erwirbt schließlich für seinen Sohn auch noch die ungarische

Krone. Längst schon sind die Přemysliden Kurfürsten des Reichs, von ihrer Stimme hängt ab, wer zum deutschen König gekrönt werden soll.
All dies fördert eine Entwicklung, die seltsam verfrüht erscheint: Könige, die auf eine mächtige Stadtkultur bauen und dabei logischerweise in Konflikt mit dem einheimischen tschechischen Adel geraten. Als erster erfährt dies Ottokar, der „goldene und eiserne König". Sein großer Endkampf mit dem ersten Habsburger in der Schlacht bei Dürnkrut wird nicht nur durch das Bündnis Rudolfs mit den Ungarn, sondern auch durch die Gegnerschaft der eigenen Herren entschieden. Denn ähnlich wie der letzte Staufer hatte Ottokar versucht, die Macht des zänkischen Adels auch in der Steiermark durch die Einsetzung von königlichen Landrichtern zu brechen. Eine Zentralgewalt, verkörpert durch eigene Beamte, sollte der Herrlichkeit der lokalen Stände ein Ende bereiten. Ottokar läßt die Burgen der aufsässigen steirischen Adeligen schleifen; ähnliches geschieht im Stammland Böhmen. Das Resultat ist ein Interessenbündnis der steirischen und der österreichischen Herren mit ihren böhmischen Standeskollegen: Als es am 26. August 1278 zur Entscheidungsschlacht gegen Rudolf von Habsburg kommt, verläßt der slawische Graf Milota von Diedicz, Kommandeur der Reserveeinheiten, kaltblütig die Front – gerade dann, als ein Eingreifen für den Přemysliden von größter Wichtigkeit gewesen wäre. Denn für Milota ging es um die Freiheiten des böhmischen Adels, nicht um die Krone des Reichs. Eine spätere Geschichtsschreibung bemühte sich freilich auch hier um die Herausarbeitung gewisser nationaler Gegensätze, aber gerade die sind bei dieser Schlacht von Dürnkrut gar nicht so deutlich auszumachen. Zwar kämpften für den Habsburger viele deutsche Edle, Liechtensteiner, Kärntner und Steirer ebenso wie der Burggraf von Nürnberg, der Graf von Tirol, Friedrich von Zollern und viele andere, während bei Ottokar die Slawen überwogen. Doch gleichzeitig gab es auf habsburgischer Seite neben den ungarischen Bundesgenossen auch mongolische Kumanen, Steppenreiter, die noch Heiden waren, selbst wenn sie sich mit dem Schlachtruf „Christus" ins Getümmel warfen. Und für Ottokar fochten Deutsche aus Thüringen, Meißen und Magdeburg, ebenso wie der mächtige deutsche Markgraf Otto mit dem Pfeile von Brandenburg und ein bayerisches Hilfskorps. Wie die zweifellos deutsche Stadt Wien in diesem Konflikt stand, das hatte sich schon zwei Jahre zuvor

gezeigt, als sie sich beim ersten Feldzug Rudolfs fünf Wochen lang verbissen gegen eine Belagerungsarmee Rudolfs gewehrt hatte, allen voran der Bürgermeister Paltram, von dessen anfeuernden Reden zugunsten Ottokars die Chroniken zu berichten wissen.
Als Ottokar schließlich fällt, ist es ein deuscher Dichter, Ulrich von Eschenbach, der dem Toten in der Königsgruft des Prager Veitsdoms das letzte Preislied singt:

Der hoeste Kunig
der unter Krone je ward bekannt
von Behaim Ottokar genannt
das beste Glit der Kristenheit ...

Nein, mit nationalen Klischees ist den damaligen Verhältnissen nicht beizukommen. Waren diese Přemysliden nun germanophile Tschechen, slawische Staufer- und Babenbergermischlinge oder einfach böhmische Europäer? Die Antwort dürfte einfach sein: Natürlich waren sie all das zusammen, und die adeligen Herren des Landes wetteiferten, um es ihnen gleichzutun. Teils waren sie selber deutschen Ursprungs, wie die Witigonen, die Rosenberg – teils ließen sich tschechische Edle von deutschen Baumeistern gotische Burgen nach französischem Vorbild bauen, deren Bezeichnungen sie dann als neue Geschlechternamen trugen, wie die Riesenburg und die Sternberg, die Wartenberg, Rotstein, Michelsberg oder Waldstein. Deutsche Ritter wurden zu slawischen Adeligen, und slawische Herren verwendeten deutsche Vornamen. Auch an ihren Höfen traten deutsche Dichter auf, Sprachprobleme existierten für diese Böhmen nicht – nur solche des sozialen Unterschieds, die wahrlich schwer genug wogen.
Ein Neffe Ottokars, Wladislaw, kann 1265 Erzbischof von Salzburg werden, ein Peter von Breslau übernimmt das Bistum von Passau. Aus dieser kulturellen Oberschicht beginnt allmählich jenes böhmische Landesbewußtsein zu wachsen, das sich eher um die Interessen des geographischen Raums, als um die jeweilige Herkunft kümmert. Ein Deutscher, Peter von Zittau, wird zum Chronisten der Přemyslidendynastie, er schreibt die lateinische „Chronica Aulae Regiae". Selbst tschechische Literaturwissenschaftler von heute attestieren ihm, daß er die „Landesinteressen höher stellte als fremde" (Patočka). Ist er damit nun ein „Peter von Zittau" oder ein „Petr Žitavsky", wie

ihn ein Prager Geschichtswerk von 1963 nennt? War der Deutsche Peter von Aspelt, zunächst Propst am Prager Domkapitel, dann Kanzler des jungen Königs Wenzel III. und noch später Erzbischof von Mainz, ein Rheinländer oder ein Böhme? Dieser Peter von Aspelt wird zu einem erbitterten Gegenspieler der Habsburger (man munkelt sogar, er hätte zum Mord an König Albrecht angestiftet) und vermittelt schließlich eine neue Dynastie, die Luxemburger, in sein Heimatland, als dort die Přemysliden in der Manneslinie aussterben.

2
VIELERLEI TRÄUME VOM OSTREICH

„Utrum lubet" – „Wie's beliebt."

Wahlspruch Rudolfs I. von Habsburg

„Plus ratio, quam vis" –
„Besser durch Vernunft als mit Gewalt."

Leitgedanke der jagellonischen Könige

Das „goldene Zeitalter" Prags

Mit der raschen Entfaltung des Geschlechts der Luxemburger bestätigt sich abermals, daß sich dieses Zentraleuropa ganz vorzüglich zur Machtbasis eignet. Für Böhmen beginnt alsbald das „goldene Zeitalter". Da sich im Bewußtsein vieler Österreicher nach Rudolf und dessen ermordetem Sohn König Albrecht oft eine historische Erinnerungslücke einstellt, seien hier kurz die politischen Verhältnisse und Problemlagen nach der Schlacht bei Dürnkrut dargestellt. Sie entbehren nicht einer gewissen Ironie: Denn bald nach der Niederlage Ottokars leidet Rudolf an ähnlichen Schwierigkeiten mit dem deutschen Adel, wie sie der Böhme vorher mit dem seinen erlebt hatte. Der zutiefst ernsthafte Habsburger will die römisch-deutsche Kaisermacht tatsächlich wiederherstellen. Deshalb liegt er bald mit den selbstherrlichen Grundherren des Reichs im Krieg, läßt Dutzende Burgen brechen und widerspenstige Ritter hinrichten. Die Aufgaben im Westen beschäftigen ihn so sehr, daß er nur wenig Zeit findet, sich um den Donauraum zu kümmern. Gegen Ende seines Lebens reitet Rudolf nach Speyer, um dort zu sterben und begraben zu werden, wohl ein eindeutiges Bekenntnis seiner politischen und geographischen Vorlieben. Rudolfs womöglich noch energischerer Sohn Albrecht hat die gleichen Schwierigkeiten, er muß sogar im eigenen Land, in der

Steiermark, einen Adelsaufstand niederwerfen. Als er die Steuerfreiheit des Klerus aufhebt und mit den willkürlichen Zöllen und Abgaben am Rhein aufräumt, erheben sich dort die Kurfürsten, womit Albrecht jedoch ebenfalls leicht fertig wird, ähnlich wie mit einem Gegenkönig, Adolf von Nassau. Wie zuvor schon seinem Vater, helfen auch Albrecht dabei die befreundeten Ungarn. Erst als er Böhmen für seinen Sohn erwerben will, verläßt ihn das Glück – denn dieser junge Rudolf stirbt gleich nach der Krönung zum böhmischen König, und bald darauf, 1308, wird Albrecht I. ermordet.

Im 14. Jahrhundert beginnt dann die große Zeit der böhmischen Geschichte, mit Prag als glänzender Hauptstadt des Reichs, der ersten überhaupt. Bis dahin mußten dessen Herrscher praktisch aus dem Sattel regieren, als ambulante Monarchen mit Hofschreibern, Kriegskasse und Archiv im Gefolge, von Hoftag zu Hoftag und von Pfalz zu Pfalz ziehend. Der erste dieser böhmischen Luxemburger, Johann, steht noch ganz in der Tradition des ausklingenden Mittelalters, ein Ritter ohne Furcht und Tadel. Die Luxemburger sind eine westdeutsche Familie, mit Besitzungen am Rhein und mit Erfahrungen als Erzbischöfe von Trier. Sie sind oft Verbündete französischer Könige, weshalb Johann auch auf deren Seite an der berühmten Schlacht bei Crécy 1346 gegen die Engländer teilnimmt. Obwohl durch ein Augenleiden praktisch schon erblindet, reitet er im vollen Bewußtsein des Risikos gegen die feindlichen Linien und stirbt einen damals höchst bewunderten Heldentod. Sein Königreich hat er jeweils nur für wenige Monate gesehen, so verstrickt war Johann in auswärtige Angelegenheiten. Am Beginn seiner Regentschaft wollte er noch Böhmen und Mähren gegen die Rheinpfalz eintauschen. Für die moderne tschechische Geschichtsschreibung ist Johann ein ziemlich unbegreiflicher Fremder, dem die böhmische Krone allerdings einen bedeutenden Gebietszuwachs zu verdanken hat – Schlesien, deren Fürsten Johann zur Lehnspflicht überreden konnte.

Doch schon Johanns Sohn, der nachmalige deutsche König und Römische Kaiser Karl IV., zeigt, was es bedeutet, im Land selbst und von einer Přemyslidentochter geboren zu sein. Mit einem Schlag verfliegt die Ambition, aus Gründen bloßer Ehre oder dynastischer Eitelkeit mit der halben Welt Krieg zu führen, Augenmaß und Nüchternheit kehren ein. Der Europäer Karl geht zunächst an die Sanierung der zerrütteten Finanzen, überläßt gegen gutes Geld und eine möglichst flotte Kaiserkrönung Italien dem Papst und den eifernden Städten, er bevorzugt die Diplomatie und manövriert innere Gegner lieber aus, anstatt Kriege zu führen. Der Erfolg ist überzeugend. Unter Karl wird die enge Feudal- und Zunftordnung des Mittelalters aufgesprengt. Wissenschaft und Kunst des Humanismus entfalten sich auch in Zentraleuropa, in Prag wird 1348 die erste Universität nördlich der Alpen gegründet. Architektur und Malerei erleben einen märchenhaften Aufschwung. Ähnlich wie der letzte Staufer vor ihm ist der Luxemburger bei aller Gläubigkeit ein Mann der Ratio, eine Herrschergestalt, die in die Moderne vorgreift und deshalb von der Heroengeschichtsschreibung etwas vernachlässigt wird. Als ihm der am Kaiserhof geschätzte Dichter Francesco Petrarca diese Rechenhaftigkeit vorwirft – denn auch der Italiener war enttäuscht, erwartete er doch von Karl endlich die politische Einigung Italiens –, gibt der nüchterne Monarch eine geradezu klassische Antwort: „Die alten Zeiten, welche Du erwähnst, kannten noch nicht die schwierigen Bedingungen der Gegenwart. Freund, es tut not, mit den Lebenden über das Entschwundene nachzudenken. Vor dem Griff zum Stahl ist jeder andere Weg zu versuchen. So wollen es die Ärzte und so haben es die Kaiser gelernt . . ."

Als derselbe Petrarca als Gast später nach Prag kommt, ist er von dem unglaublichen Fortschritt in diesem Land des für ihn düsteren Nordens völlig verblüfft: „Ich bekenne, daß ich niemals ein Milieu gefunden habe, das weniger von Barbarei und mit mehr Humanismus erfüllt gewesen wäre, als dies am Hofe des Kaisers der Fall war . . . es sind wirklich vortreffliche und gebildete Menschen von so feinen und angenehmen Sitten, als wären sie in Attika geboren."

Dieser Herrscher war also kein Kaiser, der daneben in Böhmen regierte, sondern ein Böhmenkönig, der von dort aus auch die Reichsgeschäfte besorgte. Ein Deutscher, Johann von Neumarkt, ist sein Kanzler, ein hoher tschechischer Adeliger wird Erzbischof in Prag. Für seinen kaiserlichen Nachfahr Maximilian I., den „letzten Ritter", galt Karl IV. deshalb als der „Erzstiefvater" des Reichs, obwohl gerade dieser Habsburger mit seiner verlotterten Finanzwirtschaft und seinen überdehnten Kräften wenig Grund zu einem derart kritischen Urteil gehabt hätte. So fremdartig schien aber damals der Gedanke, Europa von seiner Mitte aus zu regieren.

Mit dem gleichen Sinn für das jeweils Machbare läßt Karl IV. am Reichstag zu Nürnberg 1355 die Regeln der deutschen Königswahl kodifizieren. Es sind im wesentlichen die auch schon bisher bekannten Vorrechte der sieben Kurfürsten – doch diesmal festgeschrieben in Form der berühmten „Goldenen Bulle". Formell hält diese Regelung bis zur Niederlegung dieser Königswürde durch Franz II. auf Druck Napoleons im Jahr 1806. Von der Notwendigkeit einer päpstlichen Zustimmung zur Königswahl ist in ihr keine Rede mehr. Dafür vermittelt dieses Dokument in einem Satz von wunderbarer Klarheit, wie das mittelalterliche Reichskonzept gegenüber seinen Völkern angelegt war: „Das Heilige römische Reich besteht aus verschiedenen Nationen mit ihren Sitten, Lebensformen, verschiedenen Sprachen und Gesetzen." In der späteren Donaumonarchie sollte dieser Gedanke noch bis 1918 nachwirken.

Die Bände über den damaligen Aufschwung Böhmens, über die Entwicklung eines spezifischen Stilgefühls wie beim Bau der prachtvollen Burg Karlstein bei Prag, über Namen wie Peter Parler und Matthias von Arras füllen ganze Bibliotheken. Doch bleibt im Rückblick bei Tschechen und Deutschen eine gewisse Unsicherheit spürbar, auch wenn der Luxemburger zu seiner Zeit ein hochgeachteter und geehrter Landesherr war. Für nationale Zwecke ist Karl IV. eben nur schwer zu gebrauchen. Halb Deutscher, halb Slawe, erzogen in Paris und Bologna, beherrscht er mühelos fünf Sprachen: Deutsch, Tschechisch, Französisch, Italienisch, Latein. Der Mann, der an das Heil durch Bildung glaubt, verkörpert eine geradezu bestürzende Selbstsicherheit – und eben an dieser sollte es den Nachkommenden mangeln. Dieser Kaiser will Zentrum sein, er denkt in den Achsen eines Welthandels Venedig–Prag–Brügge und plant gar eine Kanalverbindung zwischen Elbe, Moldau und Donau. Renaissancestimmung und christliche Universalität lassen ihn hoch über den einzelnen Völkern stehen, so daß man heute nur mit Neid auf die Konstruktion blicken kann, die Karl für die Prager hohe Schule – es ist eine Reichsuniversität – entwerfen ließ. An ihr gab es bei letztlich 2 000 Hörern vier Landsmannschaften: die böhmische, die alle Einheimischen umfaßte, gleich ob es Deutsche, Ungarn oder Tschechen waren; die bayerische, zu der alle Süddeutschen inklusive der Österreicher zählten, die damals in Scharen nach Norden zogen; die polnische, die ebenfalls Slawen und Deutsche umschloß; und schließlich die sächsische, zu der alle Norddeutschen gehörten. Jede Nation wählte mit einer Stimme, es konnte also keine zahlenmäßige Majorisierung geben, und alle zusammen, auch die

Studenten, bestimmten den Rektor, der im Turnus der Landsmannschaften wechseln mußte.
Die Leistungen der Luxemburger werden zum herausfordernden Beispiel der Nachbarn. Zu Beginn von Karls Regierungszeit herrscht in Österreich noch Herzog Albrecht II., der es verstanden hatte, durch Erbvertrag Kärnten zu erwerben. Es ist jener Habsburger, der als Vorbereiter des späteren Wiederaufstiegs seines Hauses gilt (erst 1985 wurden seine Gebeine in die Kartause zu Gaming in Niederösterreich umgebettet). Albrecht ist als „der Weise", aber auch als „der Lahme" bekannt – war er doch seit seinem 32. Lebensjahr an den Beinen behindert, was der Sänftenbenützer bewundernswert zu meistern verstand. Seiner Ehe mit Johanna von Pfirt entstammen zahlreiche Kinder, darunter vier Söhne; sein Nachfolger wurde später der Erstgeborene, Herzog Rudolf der Stifter. Dieses 14. Jahrhundert scheint geradezu ein Übermaß an politischen Begabungen hervorgebracht zu haben, denn ungefähr zur gleichen Zeit regieren in Polen Kasimir III. der Große, in Ungarn Ludwig I. der Große, und im Norden erlangt der Deutschordensstaat unter dem Großmeister Winrich von Kniprode seine größte Bedeutung.
Sie alle sind vom Wirken Karls beeindruckt. Rudolf der Stifter hat zwar nur noch wenig Zeit und spürt das auch – er ist lungenkrank –, tut aber alles, um seinem Schwiegervater (Rudolf ist mit Katharina, einer Tochter des Kaisers, seit Kindertagen verheiratet) nachzueifern. Auch er saniert zunächst die Finanzen durch Entprivilegierung von Hochadel und Klerus, führt die erste Massensteuer ein (es ist eine zehnprozentige Getränkesteuer) und gründet 1365 die Wiener Universität als drittälteste in Mitteleuropa, nach Prag 1348 und Krakau 1364. Nach der furchtbaren Pest in Wien gewährt Rudolf seiner Stadt viele Vergünstigungen, er fördert den Zuzug von Neubürgern und beginnt 1359 mit dem Bau des Südturms des Stephansdoms – ganz nach den Beispiel des Prager Veitsdoms.
Mit Karl IV., dem vielfachen Städtegründer, kann sich dennoch keiner messen. Halten wir fest, was ein moderner Tscheche wie Patočka heute über diesen Kaiser zu sagen hat: „Die Verlegung der Machtbasis in den Osten des Reiches, der vollständige Rückzug aus Italien bedeutete zugleich einen Verzicht auf Unhaltbares und die Fortsetzung eines universaleuropäischen Schemas, entsprechend den Gedanken der letzten Přemysliden. Die slawischen Völker erhielten in diesem Schema eine europä-

ische Mission, aber keine exklusive, ja nicht einmal präponderante ... Karls Slawismus ist vollkommen westlich."
Eine solche Politik dürfte auch letztlich die Spannungen zwischen tschechischem und deutschem Element aufgefangen haben. Denn vom Anfang des 14. Jahrhunderts ist die Dalimil-Reimchronik überliefert, ein in tschechischer Sprache geschriebenes Geschichtswerk, das sich polemisch mit den zugereisten Fremden befaßt. Sie wurde sogar ins Deutsche übertragen, wenn auch in einer entschärften Fassung. Ottokar, so heißt es darin anklagend, „liebe nur die Deutschen", wobei in der Übersetzung zwischen bereits eingesessenen Zuwanderern, den „Tutschin", und den besonders unsympathischen eigentlichen Fremden unterschieden wird.
Immerhin fällt auf, daß mit dieser Chronik die tschechische Literatursprache ein sehr kräftiges Lebenszeichen – selbst in dieser Periode einer deutschen Kulturdominanz – gab. Daneben kannte man tschechische Volksstücke, tschechische Liebeslyrik, epische Gedichte über klassische Stoffe sowie seit Karl IV. zahlreiche Bibelübersetzungen und slawische Meßbücher. Beobachtungen wie diese waren es auch, die den bedeutenden tschechischen Historiker Josef Pekař noch vor dem Ersten Weltkrieg zur Einsicht brachten, daß zwischen Deutschen und Slawen in Böhmen kein naturhafter Gegensatz herrschen müsse, mit jeweiligen „Missionen" samt kultureller Überwältigung und entsprechender Abwehr, sondern daß man genausogut von einem Wechselspiel der Anregungen, von einem fruchtbaren „challenge and response" ausgehen könne. Pekař befand sich damit in einem Dauerstreit mit Tomáš Masaryk, dem späteren Präsidenten der Tschechoslowakei, der in der Nachfolge eines František Palacký ganz vom Bild der kämpferischen Sendung eines ständig bedrohten Slawentums ausging.
Doch bis zu einer derartigen Erkenntnis sollten noch mehr als 500 Jahre vergehen. Sie sind immer wieder von gewaltigen Umbrüchen und geistigen Erschütterungen geprägt, die bis heute wie Denkmäler des Mißverstehens zwischen den beiden Nationen aufragen.
Als der große Luxemburger 1378 stirbt, geht auch das goldene Zeitalter der Böhmen – und der Deutschen – zu Ende. Karls Nachfolger Wenzel IV. (der „Faule") ist ein politisch unbegabter, trunksüchtiger Lavierer, obwohl man ihm wohl zugute halten muß, daß die Fülle der Probleme vielleicht auch Größere überfordert hätte. Sie zeichneten sich schon in der späten Re-

gierungszeit Karls ab: Im Westen gab es Krieg mit den deutschen Städten, die es satt hatten, ständig vom Reich verpfändet oder von den regionalen Fürsten erpreßt und bedroht zu werden. Der alte Feudalismus und die aufstrebende Kraft des modernen Bürgertums gerieten in einen unlösbaren Konflikt. Die Städte, wie etwa der Schwabenbund, besaßen genügend Mittel, um sich eigene Söldnertruppen, darunter mehr und mehr Schweizer, leisten zu können. Auch der kaiserlichen Autorität wurde Paroli geboten – besaß der Kaiser doch im Reich und gegenüber dem Hochadel selber zuwenig Macht, um der ständigen Jagd auf die „Pfeffersäcke“ und der absurden Fehdewirtschaft der Herren Einhalt zu gebieten.
Trotz aller sonstigen Erfolge war es Karl IV. auch in Böhmen nicht gelungen, ein neues einheitliches Landrecht durchzusetzen. Das bedeutete freie Hand für den jeweils Stärkeren, lokale Kleinkriege auf Kosten der Bevölkerung und allmähliche Erschütterung des Vertrauens in die Obrigkeit. Für sich allein genommen hätte all dies wahrscheinlich nicht ausgereicht, um jene Eruptionen zu bewirken, die Böhmen alsbald bewegen sollten. Doch nun verknüpften sich in fatalster Weise mehrere Motive. Im nachhinein wirkt alles wie zwangsläufiges Geschehen, was zur Zeit der damals Lebenden wohl nur ein mächtiger Gefühlsstrom, eine Mischung aus Angst vor dem gefürchteten nahen Weltuntergang, Sorge um das eigene Seelenheil, Wut auf die reichen Herren da oben und Abneigung gegen die bevorzugten Fremden gewesen sein mochte. Das Resultat war der Hussitismus, die böhmische Revolution, in der religiöse, soziale und kulturelle Antriebe in eins verschmolzen. Es war die Geburtsstunde der tschechischen Nation.

Die unheimlichen Hussiten

Die Bürger und Bauern Österreichs im Wald- und im Weinviertel, die Priester und Mönche von Zwettl bis Altenburg erlebten diese Hussiten zu Beginn des 15. Jahrhunderts freilich in Form von Verheerung und Brandschatzung, von gewaltsamer Bekehrung und Massenmord. „Die Hussiten kommen“, das ist bis in spätere Jahrhunderte ein Ausdruck des Schreckens geblieben. Ihr Bild wird heraufbeschworen, wenn es im österreichischen Reichsrat der achtziger und neunziger Jahre des 19. Jahrhunderts um die Regelung von Sprachenfragen geht, an sie wird manchmal heute noch erinnert, wenn deutsche Vertriebene aus dem Sudetenland bei Wiedersehensfeiern von den alten Zeiten reden. Nationen leben von ihren Feindschaften und bösen Erinnerungen mehr als von den Gemeinsamkeiten mit ihren Nachbarn. Allerdings droht dabei die Gefahr der Einäugigkeit: Denn die Hussitenbewegung läßt sich auch als die erste Hinwendung zu einem überzeugten Laienchristentum deuten, als den erfolgreichen Versuch, gegen eine zynisch gewordene Hierarchie die einfache Wahrheit, den Glauben an das Wort Gottes und dessen Verpflichtungen durchzusetzen. Böhmen war um diese Zeit, wie Patočka schreibt, wahrscheinlich das christlichste Land Europas überhaupt, voll tiefer, manchmal geradezu wütender Frömmigkeit. Während draußen in der Welt drei Päpste und drei Gegenpäpste einander als Antichrist verfluchten und Kaiser und Könige bei diesem Spiel mitmachten, besann man sich in Prag und später in Südböhmen auf den ursprünglichen Kern der Heilsbotschaft. Wenn Klerus und Herren die Heilige Schrift verrieten, dann war es Sache des Volks, die Botschaft wieder ernst zu nehmen. In Böhmen sollte das Gottesreich auf Erden zur Wirklichkeit werden. Wenn es sein mußte, auch mit Gewalt.

Das war die Stunde der ersten Ideologen. Der Prediger Johannes Hus, Magister an der Prager Universität, Beichtvater der Königin, greift Gedanken des Oxforder Reformtheologen John Wyclif auf, der die Herrschaft des Rechts als einzige Legitimation für Kirche und König hält und dem der weltliche Besitz des Klerus ein Ärgernis ist. Solche Lehren mußten in Böhmen, wo die Kirche über ein Drittel des gesamten, von Leibeigenen bewirtschafteten Bodens verfügte, wie ein Blitzschlag zünden. Denn sehr viele dieser Kleriker sind dazu noch Fremde, sind Deutsche. Christliche Moral darf sich nun mit nationaler Aggression verbinden.

Für Hus geht es „Wider die Unzucht, wider die Völlerei, wider den Ämterkauf, wider die Mönche, wider unwürdige Weltpriester, wider den Wucher, wider die Lüge und auch immer wieder und immer wieder für die Wahrheit, für die Wahrheit, für die Wahrheit!“ So predigt er wörtlich. Hus verfaßt seine Schriften sowohl in lateinischer als auch in tschechischer Sprache. Der Titel einer dieser Schriften erklärt sich selbst: „Zur Erlösung der treuen Tschechen“, heißt er, und darunter steht: „Die Tschechen sind elender als Hunde, da der Hund, wenn ihn ein anderer Hund verjagen will, seine Lagerstätte verteidigt, aber

uns unterdrücken die Deutschen und nehmen uns die Ämter weg, und wir schweigen ..."
Beim Konzil in Konstanz 1414 versucht sich auch der deutsche König und spätere Kaiser Sigismund, ein Halbbruder Wenzels IV., an der Regelung der Verhältnisse zwischen Papst und Reich. Denn 36 Jahre lang dauert schon das große Schisma, die Kirchenspaltung. In Konstanz soll nun versucht werden, was nach so langem Streit fast unmöglich erscheint: die Absetzung der drei Parallelpäpste und die gemeinsame Wahl eines vierten. Zu diesem Zweck hat Sigismund als Schirmherr des Konzils eine diplomatische Meisterleistung zustande gebracht: Erstmals stimmen die hohen geistlichen Herren nach Nationen ab, unabhängig von der Zahl der Kardinäle und Bischöfe hat jede Nation nur eine Stimme. Es gibt deren fünf: Italiener, Deutsche, Franzosen, Engländer und Spanier. Charakteristisch ist übrigens, daß damals zu den Deutschen auch die Ungarn, Schotten, Polen, Dänen und selbstverständlich auch die Böhmen zählten.
Der Magister Hus aus Prag mit seinen häretischen Ansichten ist für Sigismund nur eine Randfigur, die zusätzliche Schwierigkeiten bedeutet. Die politische Hauptaufgabe des Königs ist es ja, den Problempapst Johannes XXIII. loszuwerden. Dieser Johannes ist kaum etwas anderes als ein besonders gerissener neapolitanischer Schurke, ein Expirat, Wucherer, Nonnenschänder und Stadttyrann und steht noch dazu unter dem dringenden Verdacht, zwei seiner Vorgänger gewaltsam beseitigt zu haben. Die Kirche hat ihn später aus ihren Annalen gelöscht, so groß war die Schande. Am Konzil gelingt es tatsächlich, Seine Heiligkeit zur Abdankung zu zwingen. Der neue Papst heißt Martin V. Nichts konnte man weniger brauchen als eine neuerliche Spaltung.
In diese Stimmung gelangt der selbstbewußte Johannes Hus aus Prag, als er zur Verhandlung seines Falls auf Einladung und Schutzversprechen Sigismunds nach Konstanz kommt. Angesichts der wachsenden Fremdenfeindlichkeit im Land hat Wenzel IV. inzwischen das Kuttenberger Edikt erlassen. Darin kehrte er die Machtverhältnisse an der Prager Universität gründlich um. Ab sofort bekommen die Tschechen drei Stimmen gegen eine der Ausländer, die Balance Karls IV. ist aus dem Gleichgewicht. Der deutsche Rektor legt daraufhin sein Amt zurück, in weiterer Folge kommt es zum Auszug der deutschen Professoren und Studenten aus der Goldenen Stadt. In Leipzig

gründen sie eine neue, eigene hohe Schule. Hus übernimmt in Prag die Rektorenwürde. Nun hat sein Wort noch mehr Gewicht, die hussitische Lehre greift rasch um sich.
Das weitere ist bekannt: Nach längeren fruchtlosen Disputationen wird Hus in Konstanz gefangengenommen, vor ein kirchliches Gericht gestellt und schließlich wegen Ketzerei zum Tod verurteilt. Ein König hatte, aus vermeintlicher Staatsräson, sein Wort gebrochen.
Am 30. Mai 1416 wird Johannes Hus auf dem Scheiterhaufen verbrannt, sogar die Gnade des vorangehenden Erdrosselns wird ihm verweigert. Die Nachricht von diesem Geschehen löst in Böhmen Wut und Entsetzen aus. Das ganze Land fühlt sich herausgefordert, zwischen Adel, Bürgern und Bauern entsteht eine neue Art von Gemeinschaftsbewußtsein. Mit der Verbrennung des Jan Hus wurde der Hussitismus nicht mitverbrannt, im Gegenteil, nun wurde er erst richtig angefacht. Im Grunde, so schreibt Christian Willars-Kostrba, ein böhmischer Patriot, Aristokrat und eminent sachkundiger Historiker von heute, loderten die Flammen am Konstanzer Rheinufer noch weitere 500 Jahre. Denn für viele Generationen von Tschechen wurde dieses Ereignis zum Symbolfall der Trennung zwischen Slawen- und Deutschtum, zwischen Böhmen und dem Westen schlechthin. „Das Jakobinertum des tschechoslowakischen Staates zwischen den beiden Weltkriegen, der schwere Stand der katholischen Kirche in Böhmen und ihr herabgesetztes Widerstandspotential gegenüber dem Kommunismus haben im Konstanz des beginnenden 15. Jahrhunderts ihre Wurzeln."
In der Folge geschieht alles, um die Bewegung noch mehr zu stärken. Die dauernde Aufsässigkeit der Böhmen, die weiterhin in ihrer häretischen Praxis leben und nun darangehen, die Kirchengüter einzuziehen, wird im Reich als unglaublicher, der gottgewollten Ordnung von oben und unten hohnsprechender Skandal gewertet. Insgesamt sechs Kreuzzüge werden von Reichsheeren nach Böhmen geführt, um mit der Ketzerei aufzuräumen. Viele ziehen über Österreich, wo der Habsburgerherzog Albrecht herrscht. Er ist mit Elisabeth verheiratet, einer Tochter Sigismunds, der keinen männlichen Erben hat. Deshalb will sich Albrecht besonders reichstreu erweisen, hofft er doch, dereinst die drei Kronen zu gewinnen, die deutsche, die böhmische und die ungarische. 15 Jahre lang tobt ein Krieg, der angesichts einer böhmischen „levée en masse", eines total motivierten und dabei taktisch ungemein beweglichen Volksheers

mit immer neuen, blamablen Niederlagen für die Kreuzfahrer endet. Böhmen steht zwar gegen ganz Europa, aber es kann nicht gebrochen werden. Mit seinen Lehren strahlt es, 100 Jahre vor Luther, sogar gefährlich aus: Denn trotz aller nationalen Gegensätze machen bei diesem Aufstand des Ketzergeists auch viele Deutsche mit, primär geht es trotz allem um Religionsfragen. „Christus weiß, daß ich einen guten Deutschen mehr liebe als einen schlechten Tschechen", lautet ein Ausspruch des Jan Hus. Allerdings soll die deutsche Oberschicht zurückgedrängt werden, das Tschechische soll Gerichtssprache werden, und überhaupt sollen Tschechen im Land das Vorrecht haben.
Ein Nikolaus von Dresden versucht, die neue Lehre in Obersachsen zu verbreiten und endet dort ebenfalls auf dem Scheiterhaufen. Daneben gibt es viele andere deutsche Namen unter diesen Ketzern, wie Peter Turnau, Johannes Drändorff, Bartholomäus Rautenstock und Ulrich Grünsleder; ein Friedrich Reiser brennt für die neue Lehre in Straßburg, und Stephan von Basel, der an der Donau die hussitischen Lehren predigt, findet schließlich 1468 in Wien den Flammentod. Wenig bekannt ist auch, daß selbst der gefürchtete Heerführer der böhmischen Feldbrüderschaften, Prokop der Große, ein Deutscher war, Abkömmling eines Prager Patriziergeschlechts, also keiner aus dem wilden Haufen der tschechischen Bauernsoldaten.
Erst nach dem fünften erfolglosen Kreuzzug gegen die Hussiten (die sich selber nie so genannt haben) treten die Angegriffenen zum Gegenstoß an, erst dann brennen auch in Niederösterreich die Klöster, wird Altenburg geplündert, Zwettl zerstört. 1428 gelangt ein Hussitenheer über Stockerau bis vor Wien, Nußdorf wird beschossen. Schon 1425 war Retz heimgesucht und erobert worden, 1 000 Menschen kamen dort ums Leben; auch Litschau im Waldviertel muß später leiden. Eggenburg wird erfolglos belagert. Der Krieg bekommt seine Eigengesetzlichkeit, so wie es immer ist. Bei der Bestürmung von Komotau werden von den Hussiten keine deutschen Gefangenen gemacht. Umgekehrt werden gefangene Hussiten von den Kaiserlichen zu Hunderten in die Schächte der Silbergruben gestürzt.
So geringfügig die äußeren Kriegsgründe für heutiges Empfinden klingen – Säkularisierung des Kirchenbesitzes, Verabreichung der Kommunion in beiderlei Gestalt, also in Form von Brot und Wein, weshalb der Kelch ein wirksames Symbolbild der Hussiten ist, freie Predigt und Rücknahme der Bezeich-

nung „Ketzer" –, so spürbar wird die faktische revolutionäre Gewalt. Sie entspringt einer radikalen Ethik.
Da heißt es etwa in den chiliastischen Artikeln der Taboriten, der extremen Fraktion der hussitischen Bewegung, daß „diese Zeit nicht mehr die Zeit der Gnade und des Erbarmens, auch nicht der Barmherzigkeit gegenüber bösen Menschen ist, die dem göttlichen Gesetz zuwiderhandeln", sondern daß dies „die Zeit der Rache und Vergeltung durch Feuer und Schwert" sei, so daß die Taboritenbrüder ausgesandt sind, „um jegliches Ärgernis und alles Böse aus dem Königreich Christi auszukehren, die Bösen von den Guten zu scheiden und aus der Heiligen Kirche hinauszufegen ..." Dann aber, so wird versprochen, würden endlich alle zu „Gleichen werden, alle Brüder und Schwestern" sein. Das ist die Sprache der totalitären Raserei, die Totschlag-Moral. Am schlimmsten brannten die Scheiterhaufen in den Köpfen, gleich, wo die Fronten liefen.
Das Ende des Kriegs kam aus purer Erschöpfung auf beiden Seiten und wegen innerer Spaltung bei den Hussiten, wo Bürger und Adelige den Kurs der Radikalen nicht länger mitmachen wollten. Bei Lipany werden die Taboriten von einem Heer der gemäßigten Hussiten besiegt. Böhmen erledigen Böhmen. Bei einem weiteren Konzil in Basel werden die sogenannten Kompaktaten beschlossen: Darin wird die Kirchenenteignung sanktioniert und den Böhmen eine gewisse Religionsfreiheit zugestanden. Für die hussitische Partei spricht übrigens wieder ein deutscher Theologe, Ulrich von Znaim, als einer aus der donauländischen Nachbarschaft. Kaiser Sigismund kann als Gegenleistung endlich auch in Prag die Krone Böhmens entgegennehmen, erfreut sich dieser Würde aber nur kurze Zeit: Er stirbt auf dem Rückweg von der Krönung. Damit geht die Rechnung Herzog Albrechts V. auf. Er übernimmt als nächster die deutsche, die ungarische und die böhmische Krone. Als neuen Ideenträger einer donaueuropäischen Monarchie kann man aber auch ihn nicht bezeichnen, denn auch dieser erste Habsburger, der nach Rudolf, Albrecht I. und dem Intermezzo Friedrichs des Schönen zur deutschen Königswürde aufsteigt, hat nur eineinhalb Jahre Zeit. Dann stirbt er bei einem Feldzug gegen die Türken in Ungarn.
Von Albrecht V. bleibt nur noch eine makabre Tat aus der Region zu berichten: der Mord an den reichen Juden Wiens, den er 1420/21 veranstalten ließ, um an deren Geld zu kommen. Doch das Verbrennen und Kopfabschlagen Andersgläubiger war ja in

diesen Zeiten durchaus nichts Außergewöhnliches. So stellt auch ein böhmischer Chronist, Bartoš von Drahonitz, Albrecht ein gutes politisches Zeugnis aus, allerdings mit deutlich nationaler Spitze: „*Obwohl* ein Deutscher, war er gut, tapfer und mild ..." Wahrscheinlich standen Drahonitz dabei die Basler Vereinbarungen vor Augen, die Albrecht bei seiner Krönung bestätigt hatte.
Bleiben wir bei den Verhältnissen in Böhmen: Mit Toleranz im modernen Sinn, mit Einsicht nach Art der Aufklärung hatten diese Basler Kompaktaten nichts zu tun. Es war nur ein Waffenstillstand auf Zeit, bis wieder neue Kräfte wuchsen. Zwischen Rom und den Hussiten, auch wenn sich diese inzwischen zu gemäßigten Utraquisten entwickelt hatten, konnte es keinen Frieden geben. Das Papsttum war ja doppelt getroffen: einerseits durch den Anspruch der Oberhoheit seitens des Konzils, der in Basel noch einmal bekräftigt worden war, und zum anderen durch den Triumph der gemäßigten hussitischen Häresie, mit der man nun in Böhmen auf gleicher Ebene diskutieren mußte. Die Bedeutung eines solchen Kompromisses für die damalige Christenheit läßt sich heute kaum vorstellen. Mit einem Schlag gab es also Getaufte im Westen, die sich der päpstlichen Autorität in Rom entziehen durften, die auch weder Zehent noch sonst eine Abgabe an die Kirche entrichten mußten. Viel radikaler als die deutschen und die französischen Könige vor ihnen hatten es die Böhmen gewagt, den Primat des Papsts in Frage zu stellen, ja zu verwerfen. Damit war die Grundlage nicht nur für die spätere Reformation in Deutschland, sondern für die Nationalisierung und Säkularisierung der Kirchen überhaupt gelegt. Roms Autorität war zutiefst erschüttert.
Deshalb wird auch der Krieg, der mit dem Schwert nicht zu gewinnen war, mit diplomatischen Mitteln fortgeführt. Juristen streiten um Auslegungsfragen. Ein Mann, der damals noch Berater des Albrecht-Nachfolgers Friedrich III. als deutscher König ist, später aber selbst Papst werden wird, der Humanist Äneas Silvius Piccolomini, kommt auf Besuch nach Prag. Er rät dem Volkskönig Georg Podiebrad zur Versöhnung mit der Kirche. Podiebrad ist tschechischer Utraquist und Patriot, steht aber vor einer neuen Situation: Adel und Städte haben sich ihren Anteil an der Kirchenbeute geholt, sind also zu keiner neuen Auseinandersetzung zu motivieren. Ein beachtlicher Teil der Stände ist katholisch geblieben, es müssen also ständig Kompromisse geschlossen werden. Und die Unterstützung der

Kirche ist trotz aller Schwächung noch immer viel wert, nach außen wie nach innen. Die Herren im Land könnten mit ihrer Hilfe diszipliniert, den Nachbarn der Grund zu einer Einmischung genommen werden. Soll der Böhmenkönig den Ausgleich mit Rom versuchen?
Da wagt Georg Podiebrad einen Schachzug, wie Swatopluk 600 Jahre vor ihm: Er schickt eine Gesandtschaft nach Konstantinopel, ob nicht eine Vereinigung des Utraquismus mit der oströmischen Kirche möglich wäre. Schon predigen wieder einige griechische Priester in Prags Teynkirche. Doch wie vorher die Magyaren machen diesmal die Türken einen Strich durch diese Rechnung. 1453 fällt Konstantinopel, das Reich von Byzanz hat aufgehört zu existieren.
Als Podiebrad 1458 zum König gewählt wird, muß er, um die heilige Salbung zu erlangen, geheime Zugeständnisse an Rom machen. Katholische Bischöfe kehren ins Land zurück, allmählich wird, mit stiller Duldung des Königs, der utraquistische Einfluß zurückgedrängt.
Bereits 1462 erklärt ein neuer Papst, Pius II. – es ist Äneas Silvius Piccolomini –, die mit den Hussiten getroffenen Vereinbarungen für nichtig und entbindet alle katholischen Herrscher von ihren Vertragsverpflichtungen. Obwohl das Volk nur langsam begreift, wird damit in Böhmen die nächste tiefe Entfremdung zwischen Herrscher und Nation begründet, ja zwischen zwei fortdauernden nationalen Fraktionen überhaupt. Nach Podiebrad kamen zwar wieder fremde Könige zum Zug, Ungarn, Polen und schließlich die Habsburger. Doch „im Grunde war es immer dasselbe, die Adelsherrschaft mit zwei Cliquen, einer katholischen und einer hussitisch-utraquistischen“.

Die Idee einer EG auf böhmisch

Zunächst freilich versucht König Podiebrad mit verblüffender Phantasie, sich vom päpstlichen Einfluß freizuspielen. Ständig vom Kirchenbann bedroht, startet er eine diplomatische Offensive. Ein italienischer Ratgeber hat ihn zum Vorschlag eines christlich-abendländischen Völkerbunds inspiriert, der weit über die bisherigen Strukturen des römisch-deutschen Reichs hinausgehen soll. Unter Teilnahme Frankreichs soll es eine gemeinsame Bundesversammlung geben, mit einem gewählten Kanzler, einem Schatzmeister, einem international zusammen-

gesetzten Beamtenstab und einem eigenen Bundesgericht, bestehend aus den wichtigsten Fürsten. Dann könne man, meint Podiebrad, erfolgreich in den Krieg gegen die Türken ziehen. Der Vergleich mit den Grundgedanken der Europäischen Gemeinschaft von heute, der EG, liegt nahe. Auch wenn es nur eine diplomatische Flucht nach vorne gewesen sein mochte – allein die Kühnheit der vorauseilenden Gedanken besticht. Fast hat es den Anschein, als wollte Europas slawische Mitte in diesem 15. Jahrhundert alles an spiritueller Macht aufbieten, bevor sie wenige Jahrzehnte später in Resignation versinkt. Selbstverständlich bleibt der Föderationsplan bloßes Pergament; würde er doch den Führungsanspruch des Papstes in Kreuzfahrangelegenheiten in Frage stellen und so manche Souveränitätsrechte bedrohen.
Trotzdem hinterläßt aber die Bewegung der Hussiten tiefe geschichtliche Spuren. Bei den Landtagen erreichen die Städte eine Vertretungsstärke, wie sie in Mitteleuropa, sieht man von Oberitalien und den Eidgenossen ab, in dieser Periode keinen Vergleich hat. Im religiösen Bereich entsteht nach der Niederlage der Taboriten sofort wieder etwas Originelles, die Bewegung der böhmischen Brüdergemeinden, die rings um den Laieneremiten Peter Chelčicky einer Art von friedlichem Anarchismus anhängen, ganz nach den demütigen Prinzipien eines christlichen Urkommunismus leben und in Südostböhmen eigene Siedlungen gründen. Die Brüder lehnen den Staat grundsätzlich ab, was ihnen zwar die Freundschaft verwandter deutscher Sekten wie der Huterer und später der Wiedertäufer einträgt, doch sofort auch die Verfolgung durch das Feudalsystem. Noch mehrere Jahrzehnte bleibt Böhmen ein religiös bunt gemischtes Land, ein Experimentierfeld für politische und religiöse Ideen. Vor allem aber erfährt das Tschechische nun eine enorme Aufwertung, es verdrängt teilweise das Lateinische als Unterrichtssprache und gilt bei manchen Historikern sogar als „die Diplomatensprache Mitteleuropas“. Ab 1513 gibt es bereits lateinisch-tschechisch-deutsche Wörterbücher.
In den österreichischen Landen hat man in dieser Zeit seine eigenen Probleme. Die rasche Abfolge klingender Fürstennamen täuscht leicht darüber hinweg, in welchem Zustand sich die österreichischen Kernländer an der Donau nach den Hussitenkriegen befunden haben mußten. Die Habsburger streiten. Der deutsche König Friedrich III., Herzog von Österreich (V.), liegt wegen Niederösterreich im Krieg mit seinem Bruder Al-

brecht VI. von Tirol. Aus den verschiedenen böhmischen Feldzügen sind arbeitslose Söldnerhaufen übriggeblieben, die nun darangehen, Mähren, aber auch die angrenzenden österreichischen Gebiete auszuplündern. Dabei machen ihnen einheimische Kleinadelige nach Kräften Konkurrenz. Karl Gutkas zählt einzelne Namen auf, deren böse Erinnerung sich über die Jahrhunderte erhalten hat: Ein Pankraz von Holič etabliert sich mit einem „Räuberstaat“ jenseits der Grenze in der Slowakei, unterhält aber auch feste Burgplätze in Niederösterreich. Der Söldnerführer Beneš Černahorský plündert 1443 das Weinviertel. Ein östereichischer Adelsbund stellt sich gemeinsam mit e-ner Reihe von Städten gegen Friedrich, der alsbald stark an Autorität verliert, verfügt er doch über kein stehendes Heer wie sein späterer Gegenspieler Matthias Corvinus. Mancherorts greifen Bauern zur Selbsthilfe, wie die von Drosendorf. Sie erschlagen Raubritter, etwa den Albrecht von Vöttau samt dessen Spießgesellen. Nur südlich der Donau und in den größeren Städten, vor allem in Wien, ist es dank der soliden Befestigung sicherer. So erweist sich die lange währende Regentschaft mancher Herrscher, wie jene von Kaiser Friedrich, eher als eine historische Illusion denn als Ausdruck einer durchgehenden politischen Gestaltung. Ab 1460 löst sich laut Gutkas in Niederösterreich überhaupt alle Ordnung auf. Einzelne Ritter, wie ein Gamaret Fronauer, beanspruchen landesfürstliche Lehen, etwa das Schloß Orth im Marchfeld, und sagen dem Kaiser die Fehde an, als wäre der ein kleiner Nachbar. Fronauer bedroht und erpreßt das gesamte Tullnerfeld. 1462 wird Kaiser Friedrich sieben Wochen lang in der Wiener Hofburg von den eigenen Bürgern belagert, erst böhmische Hilfstruppen König Podiebrads befreien ihn.
Zeitweilig wird der Kaiser völlig aus dem österreichische Kerngebiet verdrängt. Das ist vor allem das Werk jenes kosmopolitischen ungarischen Wahlkönigs Matthias Corvinus, der mit erstaunlicher Konsequenz versucht, eine Donaumonarchie nach seiner Art zustande zu bringen. Wieder taucht die Idee des Zwischenreichs auf, einer Dreierkombination der böhmischen, österreichischen und ungarischen Länder in der Mitte Europas. 1480 stößt der Ungarnkönig mit seinem kampferprobten „Schwarzen Heer“ in die Steiermark und nach Niederösterreich vor. Matthias Corvinus gelingt dabei ein psychologisches Wunder: Obwohl ihm die Städte an der Donau monatelang zähen Widerstand leisten, kehrt er alsbald die Stimmung der Be-

völkerung durch gute Behandlung, Gewährleistung von Rechtssicherheit und von neuen Priviliegien um. Matthias erkennt, daß er seinen mitteleuropäischen Staatenverband nicht von der ungarischen Tiefebene aus regieren kann, deshalb soll Wien seine Residenzstadt werden. Der vitale und hochgebildete Humanist beschäftigt hier deutsche Gelehrte ebenso wie italienische Künstler, sein einziger Nachkomme entspringt einer Verbindung mit einer Wienerin. Nationalitätenprobleme scheint es damals nicht zu geben – sehr im Gegensatz zur späteren Politik der Magyaren. Freilich ist die Herrschaft des phantasievollen Aufsteigers ein Zwischenspiel, das nur knappe zehn Jahre dauert. Als Matthias 1490 relativ jung in seiner neuen Hauptstadt stirbt, erweist sich wieder einmal die Schwäche des personalen Prinzips im Feudalsystem des Mittelalters: Das berühmte „Schwarze Heer“ des Matthias zerfällt, und der Sohn Kaiser Friedrichs III., Maximilian I., kann mühelos die Herrschaft der Habsburger wiederherstellen.

Der erste Wiener Kongreß

Dieser „letzte Ritter“ und strahlende Turnierheld ist Bankrotteur und mittelalterliches Genie zugleich. Als er wieder einmal keinen Sold auszahlen kann, unterhält er seine Soldaten durch persönliche Gesangsdarbietungen, um die Truppen einigermaßen bei Laune zu halten. Er führt Kriege in Deutschland und in Italien, spielt sogar mit dem Gedanken, Papst zu werden, und betreibt eine derart perspektivische Familienaußenpolitik, daß schließlich, nach zwei Generationen und mit viel Glück, das Haus Habsburg zur Weltmacht des Jahrhunderts aufsteigen kann. Maximilians Ehe mit Maria von Burgund und die späteren Verbindungen seiner Kinder mit den Kronen von Spanien und Aragon schlagen die Brücke weit nach Westen. Sein Enkel wird Karl V. heißen. Manche Historiker werfen Maximilian vor, den Osten des Reichs vernachlässigt zu haben, regierte der Kaiser doch am liebsten von Innsbruck aus. Doch dagegen sprechen Maximilians diplomatische Aktivitäten: Er knüpft Fäden bis zum russischen Großfürsten Wassili und arrangiert 1515 jenen Wiener Kongreß, der für den Donauraum und für Habsburg eigentlich viel bedeutsamer war als das glanzvolle Diplomatentreffen gleicher Bezeichnung 300 Jahre später. In komplizierten Eheverträgen verbindet der Kaiser seine Nach-

kommen mit dem Haus der polnischen Jagellonen, die um diese Zeit in Böhmen und in Ungarn herrschen. Als dann im Sommer 1526, sieben Jahre nach Maximilians Tod, ein ungarisches Ritterheer bei Mohács von den Türken vernichtend geschlagen wird und dabei auch der junge König Ludwig – für die Böhmen heißt er Ludvik, für die Ungarn Lajos – auf der Flucht umkommt, ist der Weg für Maximilians Enkel Ferdinand frei. Ein Habsburger gelangt auf Böhmens *und* Ungarns Thron, womit ein übernationales Staatsgebilde entsteht, das 400 Jahre lang, bis 1918, existieren soll.
Daß Ferdinands Machtausweitung nicht nur durch Ehevertrag, sondern auch durch freie Wahl der böhmischen Standesherren zustande kam, erscheint wesentlich. Dafür muß es Gründe gegeben haben. Sie lagen teils in den mangelnden Alternativen – die Böhmen mochten weder einen brandenburgischen noch einen König aus dem Hause Wittelsbach –, teils hatte man soeben mit den Polen keine allzu guten Erfahrungen gemacht. Darüber hinaus war es aber vor allem die drohende Türkeninvasion, die zur Wahl eines starken Königs zwang. Ferdinand war zu dieser Stärke von Anfang an entschlossen, auch wenn es dann manchen Böhmen gegen den Strich ging. Für ihn stellte sich die allgemeine Lage etwa so dar: Sein Bruder, Karl V., lag in einem Dauerkrieg mit Frankreich um die römisch-deutsche Kaiserwürde. Karl war damals zwar gewählt, doch noch nicht vom Papst gekrönt, seine Interessen lagen deshalb im Westen und im Süden. Die Abwehr der Türken mußte also jener Bruder besorgen, der die deutschen Erblande erhalten hatte, eben Ferdinand. Von den sich ausbreitenden Protestanten war dabei wenig Verständnis zu erwarten, stammte doch von Martin Luther der berühmte Satz: „Gegen die Türken zu kämpfen heißt, sich gegen den Herrn zu wenden, der uns um unserer Sünden willen mit solchen Geißeln heimsucht."
Kritisch sah es an der Donau aus: Kaum war Maximilian gestorben, verweigerte 1519 ein Wiener Revolutionslandtag die weitere Anerkennung des höfischen Beamtenregiments, das laut kaiserlichem Testament die Geschäfte hätte fortführen sollen. Ein 16köpfiger Ausschuß von Landesräten unter Führung des Bürgermeisters Martin Siebenbürger hatte die Regierungsgewalt übernommen, die Beamtenposten besetzt, den Fürstenbesitz verwaltet und eigene Münzen schlagen lassen. Als sich dann Karl und Ferdinand auf eine Teilung des Maximilianischen Erbes einigten, nahm Ferdinand, beeinflußt von seinen

spanischen Beratern (Ferdinand, in Burgund erzogen, war anfangs des Deutschen noch gar nicht mächtig), furchtbare Rache: Martin Siebenbürger und die Adeligen Michael von Eyczing und Hans von Puchheim sowie fünf weitere Wiener Bürger wurden 1522 in Wiener Neustadt hingerichtet. Doch auch hier macht die Staatsräson einiges verständlich: Obwohl die Türken schon bis tief nach Kärnten hinein mordeten und plünderten, hatten es die Wiener und die anderen Stände unter der Enns abgelehnt, ihren Glaubensgenossen im Süden Hilfe zu leisten.
Schon 1529, drei Jahre nach Mohács, stehen dann die Osmanen erstmals auch vor den Toren der Hauptstadt. Obwohl die Belagerung ergebnislos abgebrochen werden muß, leidet das Umland entsetzlich unter den türkischen Streifscharen. Bis zur Enns werden Dörfer und Weiler am rechten Donauufer verwüstet, die Bewohner massakriert oder verschleppt. Insgesamt schätzt man die Zahl der Opfer auf 100 000 Menschen. Nur das nördliche Niederösterreich kommt besser davon. Die Donau ist ein strategisches Hindernis, und die Kriegsleute der Grundherren verteidigen gemeinsam mit Bauernaufgeboten erfolgreich die Übergänge. Die Hardegger werfen die Türken aus dem Marchfeld, die Kuenringer halten gemeinsam mit den Stockerauern das Ufergelände bei Tulln.
Mitteleuropa braucht also wahrlich eine starke Führung und einen entschlossenen politischen Willen. So tragen die Botschaft des Propheten und ein aggressiver Sultan entscheidend dazu bei, das habsburgische Reich nach innen zu festigen. Umgekehrt behindert die türkische Bedrohung aber auch den Erfolg der ersten ständedemokratischen Bewegungen, die sich in Mitteleuropa schon Anfang dieses 16. Jahrhunderts mit erstaunlicher Vitalität bemerkbar machen.

Frühe Spuren der Demokratie

Überall wankt die alte feudale Ordnung – nicht so sehr die der Könige und Fürsten, sondern die des hohen und mittleren Adels. Schon 1514, unter den Jagellonen, rebellierte in Ungarn ein bäuerliches Heer, geführt von György Dosza gegen den adeligen Grundbesitz, forderte Gleichheit vor dem König, stürmte die Schlösser und besetzte das Land. Der Aufstand ertrank schließlich in einem Meer von Blut, und ein Landtagsbe-

schluß verwandelte alle ungarischen Bauern in Leibeigene – noch bis in die Zeit nach dem Zweiten Weltkrieg sollte man die politischen Auswirkungen solcher Unterwerfung spüren.
1525, kaum ein Jahr nach dem Machtantritt Ferdinands, explodiert von Meran über Salzburg bis Schladming die Revolution der Bauern und Bergknappen. Sie findet in Michael Gaismair ihren Anführer und „Chefideologen". Auch er will dem Fürsten treu bleiben, aber Gelehrte und einfache Leute sollen die Regierungsgewalt übernehmen, das Land soll unter den Bauern aufgeteilt und die allgemeine Gleichheit vor dem Recht eingeführt werden. Gaismair ist kein hussitenähnlicher Schwärmer, sondern eher ein nüchterner sozialer Reformer, ein Stratege der Modernisierung, der daneben die Silbergruben vergesellschaften und den Handel unter eine Preiskontrolle bringen möchte. Auch Kontakte mit den Schweizern stellt er her. Erst Söldnertruppen des katholischen Schwäbischen Bundes, eines Adels- und Bürgerheers, können den Aufstand niederwerfen. Hätte Gaismair gesiegt, würde heute wohl eine Art von Eidgenossenschaft bis weit ins Ennstal reichen.
Demgegenüber beginnt Ferdinand, ganz im Geist des spanischen Absolutismus und überzeugt von der gottgewollten Sendung des Herrschers, mit der Organisation seiner Macht und der Türkenabwehr. Der Geldbedarf ist ungemein groß. Nicht nur ist Kriegführen teuer, auch Ferdinands Donauländer sind erschöpft. Ungarn ist nach den Bauern- und Türkenkriegen ausgeblutet, außerdem befand sich damals ja nur Westungarn und die Slowakei in seinem Besitz. Für die nächsten 200 Jahre wird Preßburg zur Hauptstadt des ungarischen Königreichs. In Österreich ist das Land um Wien und das Viertel unter dem Wienerwald dermaßen entvölkert, daß Niklas Graf Salm Kroaten herbeiholt, um die Wiederbesiedelung seiner Besitzungen im Marchfeld zu ermöglichen. Ähnliches geschieht im Bezirk Bruck an der Leitha. Ohne es zu ahnen, schafft er damit die Voraussetzung für spätere slawische Ansprüche auf eine territoriale Verbindung zwischen der Slowakei und der Adria.
In dieser Situation werden die wohlhabenden böhmischen Länder für Habsburg nicht nur zur wichtigsten Quelle der Ressourcen, sondern zum Zentrum der Regierungstätigkeit überhaupt. Ferdinand I. herrscht nun von Prag aus, ebenso später sein Enkel Rudolf II. Der folgende Konflikt mit den böhmischen Herren ist unvermeidlich: Unter den Jagellonen, die auch von der slawischen Geschichtsschreibung als schwache Könige

eingestuft werden, hatten die Landstände beachtliche Zugeständnisse erhalten. Seit der Landesordnung von 1500 haben die Stände ein Bewilligungsrecht in allen Fragen der Steuer-und Abgabenpolitik und üben entscheidenden Einfluß auf die Besetzung der wichtigsten Ämter aus. Nun aber beginnt Ferdinand, all diese Privilegien zurückzunehmen. Vielleicht hätten Aristokratie und Herrscher mit der Zeit einen Ausgleich gefunden, so wie auch später der Habsburger Matthias I. vieles zurücknehmen muß, was Ferdinand erzwang. Doch nun verstrickten sich in fatalster Weise fürstliches Herrschaftsinteresse, außenpolitische Notwendigkeit, Konflikte innerhalb des Adels und konfessioneller Streit, bei dem die böhmischen Standesherren allerdings schlechte Figur machen: Von landesweiter Solidarität in den Grundfragen oder von Weitsicht ist wenig zu erkennen. Die Bauernschaft fällt wieder in Fron und Leibeigenschaft zurück.
Anfangs bestätigt Ferdinand zwar noch einmal die bekannten Kompaktaten, die Gewährleistung der spezifischen böhmischen Landesrechte in konfessioneller und ständischer Hinsicht. Auch die Prediger der Reformation können sich zunächst ungehindert betätigen – übrigens nicht nur in Böhmen, sondern auch in Österreich und in Wien, wo ein lutherischer Priester sogar auf Einladung des Bischofs im Stephansdom predigen darf. Selbst die katholischen Herrscher dachten damals kritisch über das Papsttum, lagen sie doch selber im Krieg mit Rom, das Frankreich gegen Ferdinands älteren Bruder Karl V. unterstützte.

Ein halbherziger Versuch

Das große Übel entstand erst, als sich in Deutschland einige Fürsten gegen den Kaiser stellten und der Protestantismus zu einem Vehikel des politischen Machtkampfs wurde. Gegen diese Fürsten des Schmalkaldischen Bunds wollte 1546 Ferdinand dem Bruder zu Hilfe kommen. Doch da verweigerte das Heer der böhmischen Adelsstände, die selber großteils aus Kalixtinern, Alt-Utraquisten, Calvinisten und nur wenigen Katholiken bestanden, den Krieg gegen die deutschen Glaubensgenossen. Die Städte und Kreishauptstädte des Landes schlossen sich dieser Meinung an. Die meisten Truppen zogen einfach wieder heim.

Das war eine starke Geste – und dennoch viel zuwenig. Denn als es Karl V. bei Mühlberg an der Elbe trotzdem gelingt, die Schmalkaldischen Fürsten zu besiegen, sind die Habsburger auch mächtig genug, um mit den böhmischen Privilegien aufzuräumen. Ferdinand kehrt mit einem Heer zurück, zitiert 600 angesehene Bürger vor sein Gericht nach Prag und läßt schließlich je zwei Aristokraten und zwei Patrizier köpfen.
Für Böhmens Geschichtsschreibung beginnt damit der erste Verrat der Habsburger an ihrem Land: Denn trotz ursprünglicher Anerkennung der Landesrechte sei damit das Herrscherwort gebrochen worden. Gleichzeitig zeigten diese Ereignisse den Böhmen, daß es nicht genügte, bloß die Gefolgschaft zu verweigern: Um sich auf Dauer zu behaupten, hätten Böhmens Herren gleich den offenen Krieg gegen Habsburg wagen und den deutschen Protestanten zu Hilfe kommen müssen. Dazu fehlte es freilich sowohl an Einsicht wie an Einigkeit.
Der politische Gegenschlag der Habsburger trifft vor allem die Städte, besonders Prag. Königliche Statthalter werden eingesetzt, die Bündnisfreiheit wird abgeschafft, der Stadt das eigene Richteramt genommen. Dahinter steht der Dauerkonflikt des Jahrhunderts: Fürstlicher Zentralismus gegen die feudale Ständeordnung des Mittelalters, die ihrerseits auch schon in allen Fugen kracht. Der böhmische Adel ist in seinen Interessen gespalten, oft laufen die konfessionellen Trennlinien quer durch die Familien. Doch immer noch haben diese Querelen nur wenig mit nationalen Gegensätzen zu tun. Schließlich gibt es ja auch zwei verschiedene deutsche Einflüsse in Böhmen – den katholisch-habsburgischen Druck aus dem Süden und den frei einströmenden Protestantismus aus Mitteldeutschland. Das gemeinsame Bekenntnis zum Gedanken der Reformation, freilich nicht zu deren jeweiliger Ausprägung, erleichtert die neuerliche Einwanderung deutscher Handwerker, Siedler und Bergleute. Besonders im Erzgebirge, wo viele Sachsen ansässig werden, blüht Wohlstand auf, Silberstücke aus Joachimsthal werden zum Begriff. Die Bewegung der Böhmischen Brüder, im eigenen Land wegen ihrer Hierarchiefeindlichkeit schwer bedrängt, findet im mährischen Eibenschitz (Ivančice) ein neues geistiges Zentrum. Von dort werden Kontakte zum calvinischen Genf und nach Basel gepflogen. In Ivančice entsteht schließlich die wichtige Kralitzer Bibel, eine Übertragung ins Tschechische, die auch den Respekt der anderen Konfessionen erringt. Der ideologische Kampf ist erbittert, wird aber meist

auf hohem Niveau geführt. Vom Prager Clemenskloster aus wirkt seit 1555 der Jesuitenorden, mit dem Holländer Petrus Canisius an der Spitze. Die Neuankömmlinge sind nicht sehr beliebt, überwinden jedoch schon bald mit ihren publikumswirksamen religiösen Schauspielen, den Massenspektakeln von damals, die Abneigung der Prager. Die Jesuiten spielen und predigen in der tschechischen Volkssprache und locken durch erstklassige Schulen. Böhmen ist ein nach allen Richtungen offenes Schlachtfeld der Agitation, und noch ist unklar, welche Konfession am Ende Sieger bleiben wird.

Selbst bei den Habsburgern zeigen sich überraschende Variationsmöglichkeiten: Der Nachfolger Ferdinands I., Maximilian II., ist trotz seiner Vergangenheit als Statthalter in Spanien ein versöhnlicher, ja verblüffend liberaler Herrscher, der sogar offen mit dem Luthertum sympathisiert. Wenig gewürdigt von der späteren Geschichtsschreibung, bemüht sich dieser Römische Kaiser und böhmische König um einen konfessionellen Ausgleich im gesamten Reich. Als Prinz, so heißt es, wäre Maximilian II. beinahe selber Protestant geworden. Nun billigt er in Böhmen einen Zustand nahezu völliger Freizügigkeit. Neu-Utraquisten, Lutheraner und Böhmische Brüder vereinigen sich zur „Böhmischen Konfession“ mit eigener Priesterweihe – ein unerhörter, für einen katholisch Gesalbten geradezu provokanter Vorgang. Doch Maximilian nimmt es hin, verspricht sogar schriftliche Garantien in der Landesverfassung. Doch sein früher Tod macht alles zunichte. Als ein Denkmal seines weitgespannten, toleranten Geists blieb nahe von Wien, auf der Simmeringer Heide, das Neugebäude zurück – eine großzügige Renaissanceanlage, die als eine Art Lustschloß der Wissenschaften, voll exotischer Pflanzen und seltener Blumen, konzipiert war.

Das Neugebäude gerät ebenso rasch in Vergessenheit wie dieser gelassene Habsburger, der für zwölf Jahre die Möglichkeit einer ganz anderen Entwicklung repräsentierte, eines der vielen Beispiele, daß Geschichte grundsätzlich offen und kein Geschehen zwanghaft vorgegeben ist. Von Maximilian stammt der schlichte Ausspruch, daß er weder „Papist noch Evangelist, sondern schlicht ein Christ“ sei, was man in seiner vollen Bedeutung erst erfaßt, wenn man bedenkt, daß um die gleiche Zeit in Spanien ein Philipp II. regierte. Die protestantischen Stände in Nieder- und Oberösterreich können sich, gegen entsprechende Tribute, ihre religiöse Freiheit erkaufen. Auch in der

Außenpolitik zieht Maximilian das nüchterne Arrangement, das Abwägen und Handeln vor und ist darin nicht unähnlich seinem großen Vorgänger aus dem 14. Jahrhundert, dem Luxemburger Karl IV.
Für die Päpste in Rom ist all das ein Ärgernis. Als Maximilian 1576 stirbt und sein Sohn Rudolf II. das Erbe antritt, beginnt mit frischer Kraft die Agitation der Kirche gegen die Ketzer. Der neue Herrscher wählt wieder das goldene Prag zur ständigen Residenz. Um diesen Habsburger, einen kaiserlichen Mystiker und Alchimisten, wächst allmählich jene seltsam umschattete Atmosphäre, die so viele spätere Literaten, von Franz Grillparzer bis zum jüdischen Prager Dichterkreis, beschäftigen wird. Unter Rudolf wachsen die Schätze jener sagenhaft reichen Prager Kunstkammer, die den Grundstock der berühmten habsburgischen Hofsammlung bildet, der Stolz des Wiener Kunsthistorischen Museums von heute, mit seinen Cranachs und Dürers, bis zu den späteren Breughels und Tintorettos.
Dieser Kaiser regiert lange, bis 1611. Am Anfang läßt er die protestantischen Stände noch weitgehend unbehelligt, doch dann drängt von Süden immer stärker die Propagandaarbeit der Gegenreformation. Dabei helfen die katholischen Glaubenskommissionen dem Seelenheil mit recht handgreiflichen Methoden nach. Manchmal sind sie so brutal, daß bei den protestantischen Bauern in Niederösterreich ein Aufstand losbricht. Er wird sofort niedergeschlagen. Der glühende Betreiber dieser Agitation mit Wort und Schwert ist der Wiener Dompropst, Jesuitenzögling und spätere Kardinal Melchior Khlesl. Auch in Prag wird der katholische Druck stärker. Der Prager Erzbischof Zbinko Berka von Dub erreicht, daß ihm der Kaiser die gesamte Bücherzensur überträgt, das trifft das protestantische Bildungswesen.
1602 folgt dann ein kaiserliches Dekret, wonach es im gesamten Land nur noch Katholiken und Utraquisten geben darf, der böhmische Grundkonsens ist in Gefahr. In Wien wirkt der Politiker Khlesl noch stärker als der Kirchenmann: Da ihm der Kaiser in Prag zu fern, zu schwach und auch geistig zerrüttet erscheint, verbündet sich Khlesl mit Rudolfs jüngerem Bruder Matthias zum Familienputsch gegen Rudolf. Sofort nützen die vielen, meist calvinistischen Ständeherren Böhmens die Chance dieses Familienkriegs. Am 9. Juli 1609 holen sie sich noch einmal zurück, was ihnen Rudolfs Vorgänger Maximilian ohne-

dies schon einmal gewährt hatte: die volle Religionsfreiheit. Nun haben sie es schriftlich – und auch der spätere Sieger im habsburgischen Bruderzwist, Matthias, muß dieses Privileg bestätigen.

Das „calvinistische Gift"

Man sollte diese Vorgeschichte des Dreißigjährigen Kriegs, der in Böhmen seinen Anfang nehmen wird, deshalb genau beachten, weil sie ein Grundproblem jener Umbruchszeit zeigt: Weder Habsburg noch die Oberschichten Böhmens waren im eindeutigen Besitz der Macht. Die ständischen Freiheiten waren stets umkämpft, und was heute als Recht galt, konnte schon morgen wieder in Frage gestellt werden. Auch die Gegenreformation betrachtete sich als eine Reformbewegung und war sich der Schwächen des alten Lotterzustands wohl bewußt, nur sollte es eben eine Reformation im Zeichen Roms und nicht anderer geistiger Zentren sein.
Doch eben um solche neue Zentren wirtschaftlicher, politischer und religiöser Art ging es. Ständige Vorsicht, ja Mißtrauen schien geboten. Vom kaiserlichen Gottesgnadentum hielt man in Böhmen wenig, dafür sorgte schon das „calvinistische Gift", wie es der habsburgische Rat und Oberstkanzler Wilhelm Slawata nannte. Der einheimische Adel, ob tschechisch oder deutsch, war jederzeit zu neuen Bündnissen bereit, wenn es um den eigenen Vorteil ging. Standen jedoch die Untertanen auf, so war man sich mit Habsburg wieder einig. Sicher war nur eines: daß Böhmen eine Schlüsselstellung einnahm, als reichstes und stärkstes Land der kaiserlichen Macht. Und davon profitierte vor allem die Aristokratie, stärker noch als das städtische Patriziat. Seit der Aufhebung des städtischen Bannmeilenrechts und der Beseitigung des bürgerlichen Brauereimonopols wirtschafteten die Herren noch tüchtiger als ihre städtischen Konkurrenten, als selbstbewußte Vertreter eines Frühkapitalismus, der sich besonders gut für die weiträumige Erschließung der böhmischen und mährischen Flächen eignete. Im Vergleich zu diesen Großgrundbesitzern blieben die Adeligen der österreichischen Länder arme Schlucker. Doch vom „calvinistischen Gift" waren auch sie längst angesteckt. Im Unterschied zu den Lutheranern, die sich zwar voller Zorn gegen die römische Kirche stellten, aber der weltlichen Obrigkeit in

„leidendem Gehorsam" zu dienen pflegten, waren die Anhänger Zwinglis und Calvins von aufsässiger Konsequenz – legten sie doch das Wort Gottes als Maßstab auch an das Verhalten der Fürsten an. Strengste, ja eifernde Zucht verband sich bei ihnen mit der Freude an Leistung und wirtschaftlichem Wohlergehen. Mit dieser Haltung mußten sie rasch in Konflikt mit dem katholischen Neoabsolutismus der Habsburger geraten.
Einer von ihnen, Georg Erasmus Freiherr von Tschernembl, Ständeführer aus Oberösterreich, in Genf erzogen, wird alsbald zum eigentlichen politischen Kopf der seit 1606 verbündeten Protestanten Österreichs, Ungarns, Schlesiens, Mährens und Siebenbürgens im Kampf gegen die Politik des Wiener Bischofs Melchior Khlesl. Deutlich steht ihnen das Beispiel der Eidgenossen und der Niederlande vor Augen. Und so entwerfen sie Anfang des 17. Jahrhunderts kühne Pläne, die allmählich auf eine konstitutionelle Verpflichtung des Monarchen, auf eine ständische Konföderation der oberen Donauländer, ja sogar auf eine freie Republik hinzielen. Böhmen sollte dabei das Zentrum werden, ohne Vormacht zu sein, so hoffte man zumindest.
Damit gewinnt auch der berühmte Prager Fenstersturz vom 23. Mai 1618 tiefere Bedeutung. Denn der Anlaß für diesen versuchten Mordanschlag des böhmischen Ständeadels auf die kaiserlichen Räte Martinitz und Slawata erscheint lächerlich: Es ging um einen Rechtsstreit wegen des Baus zweier protestantischer Kirchen auf Klostergrund – doch der Hintergrund war eminent politisch. Als nämlich der Nachfolger des Matthias, Ferdinand II., unerwartet hart reagierte, beim gegebenen Errichtungsverbot blieb und auch jegliche Ständeversammlung untersagte, beriefen die Böhmen nach altem Beispiel ein 30köpfiges Direktorium. Den Vorsitz hatte Vádar Vilém von Roupor, einer der Böhmischen Brüder. Das Direktorium übernahm die Regierungsgewalt und rief auch die Protestanten Mährens, Österreichs und Schlesiens zum Aufstand. Schnell erfaßte die Empörung ganz Böhmen, nur Krumau, Budweis und Pilsen hielten noch zum Kaiser. Ferdinand wurde als böhmischer König abgesetzt.
Das war nun kein religiöser Disput mehr, das war die Revolution. Aus der Sicht Böhmens erfolgte sie mit vollem Recht: Denn Habsburg hatte sich mehrfach als wortbrüchig erwiesen, den Majestätsbrief Rudolfs II. verletzt und offenkundig vergessen, daß Böhmens Könige noch immer von den Ständen an-

genommen werden mußten, auch wenn sich daraus die Gewohnheit einer familiären Erbfolge entwickelt hatte.
Nun entschieden die Waffen. Ein böhmisches Heer marschierte gegen Süden, Oberbefehlshaber war der steirische Graf Heinrich Matthias Thurn, ein problematischer Hitzkopf, der das Tschechische nur mangelhaft beherrschte. Ein Tscheche, Christoph Harant, Freiherr von Polžic, kommandierte die Artillerie. Sie erreichen Wien, belagern es, doch fehlen schließlich schwere Geschütze. Wie ernst damals die Situation für Kaiser Ferdinand II. gewesen sein muß, bekundet jene Anekdote, die sich über die Jahrhunderte erhalten hat. Danach drang eine Deputation von protestantischen Kleinadeligen Wiens, begleitet von Abgesandten Thurns, ungehindert bis zum Kaiser vor. Ihr Stimmführer mit Namen Thonradtel faßte den Habsburger an den Knöpfen seines Wamses, schüttelte ihn und forderte barsch dessen Zustimmung zu einer Kapitulationsurkunde, die unter anderem auch die völlige Gleichstellung aller Religionen bedeutet hätte. „Nandl, unterschreib, sonst . . .“ Doch in diesem Augenblick sprengten kaiserliche Kürassiere des Regiments Dampierre in den Burghof, und die Bedrohung war vorbei. Bald darauf müssen die Böhmen den Rückzug antreten.
Bemerkenswert an dieser Geschichte ist nicht nur der Umstand, wie ungeniert man damals mit der apostolischen Majestät umging, sondern vor allem die Tatsache, daß der Habsburger zu dieser Zeit nicht nur die Böhmen, sondern auch die Mehrheit seiner Untertanen in Wien und Österreich ob und unter der Enns ebenso wie die Ungarn gegen sich gehabt haben dürfte. Und für einen Augenblick tauchen in Mitteleuropa tatsächlich die Konturen einer ganz anderen Entwicklung auf, die Umrisse eines rings um Böhmen gescharten Ständebunds, vielleicht sogar mit einem gemeinsamen Exekutivorgan, wie es bei früheren Ständetagungen in Linz und in Preßburg schon diskutiert worden war.
Das Bild der Wirklichkeit war freilich nüchterner. Die habsburgische Weltmacht verfügte über die weitaus größeren Ressourcen, ihr halfen spanisches Gold, päpstliche Verbindungen, deutsche Landsknechte und polnische Reiter. Die Solidarität bei den protestantischen Fürsten Deutschlands für die böhmischen Calvinisten war gering, der sächsische Kurfürst, obwohl Lutheraner, schloß sich Maximilian von Bayern an, der den Gegenstoß der katholischen Liga leitete. Den Sachsen interessierte vor allem der Besitz der Lausitz, also die Beute.

Noch ärger war freilich der Mangel an Konsequenz und Führungskraft in Prag. Nach übereinstimmendem Urteil der Historiker lag der grundsätzliche Fehler dieses Aufstands darin, bloß eine Angelegenheit der böhmischen Herren gewesen zu sein. Weder das böhmische Bürgertum noch die vielen Bauern sahen einen Grund, den angestrebten Machtwechsel tatkräftig zu unterstützen. Apathisch erlebten sie, wie einander die Mietsoldaten der Großen bekriegten. Sogar Georg Erasmus Tschernembl, der Ratgeber aus Schwertberg, sah klarer als Böhmens Aristokraten. Er forderte außerordentliche Steuern, Kriegsanleihen beim Adel und vor allem die Aufhebung der Leibeigenschaft. Dann, so meinte er, würde „der gemeine Mann für seine Freiheit wohl lieber sterben“ wollen. Im böhmischen Ständeheer grassierte die Korruption, die Proviantmeister waren bestechlich, der Sold blieb aus.
Doch es änderte sich nichts, keiner der böhmischen Aristokraten wollte die Konsequenzen auf sich nehmen, die ein Krieg bedeutet. So gingen die Truppen hungernd und frierend in den Winter, ganze Regimenter lösten sich auf. Nun rächte sich, daß seit den Hussitentagen das Vertrauen zwischen oben und unten geschwunden war. Eine neuerliche Volkserhebung blieb aus.
Bemerkenswert erscheint auch, daß die böhmischen Stände abermals einen Deutschen als ihren König an die Stelle Ferdinands II. wählten, also keinen eigenen Kandidaten aufstellten. Es ist Friedrich von der Pfalz, der 23jährige Schwiegersohn des englischen Königs Jakob I. Ebenso interessant ist, daß der Habsburger nur zwei Tage später in Frankfurt einstimmig, also auch von den Protestanten, zum Kaiser gewählt wurde, man dürfte also mit einer Versöhnung gerechnet haben. Aber es war der Auftakt zum großen Krieg.
In Prag hoffte man mit der Bestellung des Eidams auf westliche Hilfe, doch das war eine Fehlspekulation. Dagegen kam Verstärkung aus dem Osten: Gábor Bethlen, der Fürst von Siebenbürgen, zog mit einem Heerbann bis vor Wien, kehrte dann jedoch um, weil in seinem Rücken die polnische Kavallerie wütete. Viktor Emanuel von Savoyen stellte nur ein kleines Kontingent. Insgesamt, so wird berichtet, war die Moral der Ständetruppe miserabel.

Die Wenzelskrone, das Prunkstück des Veitsdoms in Prag (oben). Der doppelschwänzige Löwe: Das Symbol Böhmens, mit den Wappen von Ober- und Niederlausitz und Mähren (Pestsäule, Wien).

· Otakarus Rex Bohemie ·
rex boh

Der Europäer von Prag: Kaiser Karl IV.,
Stifter der ersten Universität nördlich der Alpen.

Linke Seite: Přemysl Ottokar II., König von Böhmen, Federzeichnung im Stiftungsbuch des Klosters Zwettl in Niederösterreich (oben).
Sieg oder Untergang: Reitersiegel König Ottokars II., Haus-, Hof und Staatsarchiv Wien (unten).

Das Feuer, das 500 Jahre brennen sollte: Die Hinrichtung des Johannes Hus am 30. Mai 1416 in Konstanz (oben).
Der Tag, an dem für die Tschechen „temno“, die habsburgische Finsternis, begann: Prager Blutgericht vom 21. Juni 1621 (unten).

Der Prager Fenstersturz vom 23. Mai 1618: Böhmen entledigen sich anderer Böhmen. Kupferstich von Matthäus Merian d. Ä. (oben).
Mit Feuer und Schwert für die Glaubenseinheit: Kaiser Ferdinand II., König von Böhmen und Ungarn (unten).

Stolz wie ein junger Tscheche: Nationale Tracht gegen Ende des 19. Jahrhunderts. Die Sportverbände des Sokol bildeten das Gegenstück zu den Vereinen des deutschen Turnvaters Jahn. Später kam es zu weltanschaulich differenzierten Ablegern, dem katholischen Orel, der sozialdemokratischen DTJ und der kommunistischen FDTJ. Insgesamt gab es 1925 in Wien rund 10 000 organisierte tschechische Turnerbündler.

Die „Ziegelböhm": Ihr Schweiß ermöglichte die Wiener Gründerzeit. Daneben arbeiteten Tschechen und Slowaken als Kanalräumer und Kohlenträger, Schneider, Schuster, Diener und Knechte. Allein zwischen 1880 und 1890 wanderten 237 000 Personen aus den böhmischen Ländern nach Niederösterreich.

Oči by rády, huba by ráda,
Český národ
6,000.000
ale což je to všechno platno, když je ten „český knedlík" tak tuhý a tak těžký do žaludku! „Fluchte czechische Dickschaedl!"

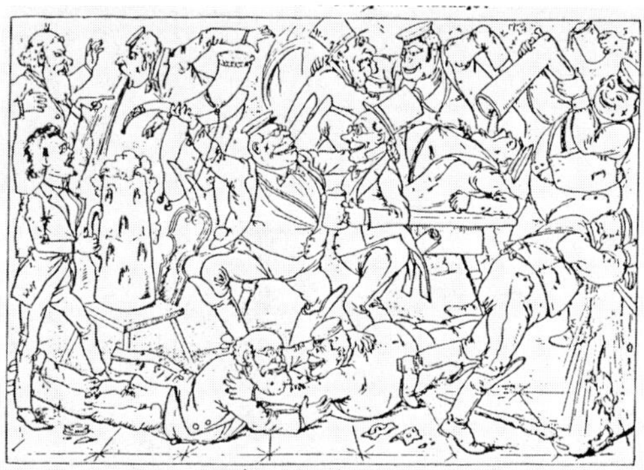

An deutschem Land nagt slav'sche Flut.
Mein deutsches Volk sei auf der Hut.
Kremsier. Gewitsch
M. Weisskirchen. Wischau. Türnau
Littau. Prossnitz. Loschitz.
Bund der Deutschen Nordmährens 1886
Karl Klimek.

Ein Sokol-Gruß von der Donau (oben) und die Urangst vor der slawischen Fruchtbarkeit.

Linke Seite: Der unverdauliche böhmische Knödel: Alptraum des deutschen Michels (Šipy, 3. Juni 1899, oben). Besser als Politikerreden illustrieren zeitgenössische Karikaturen Furcht und Hohn im Volkstumskampf. „Wird nix gelehrt und nix gelernt! Bummel hejl!“ Kommentar der satirischen Zeitschrift Šipy vom 5. Februar 1898 zum deutschen Vorlesungsstreik in Zisleithanien (Mitte). Germanische Recken warnen vor der slawischen Flut (unten).

Geburtsurkunde aus Übersee: Tomáš G. Masaryk unterzeichnet am 26. Oktober 1918 in Philadelphia die Unabhängigkeitserklärung der ČSR (oben).
Mit Alpinihut, Barett und Sokolfeder: Feierlicher Einzug Tomáš Masaryks in Prag.

Rechte Seite: Der königliche Demokrat. Präsident Masaryk beim morgendlichen Ausritt.

Der Beginn der Massenaussiedlungen. Tschechen werden im Oktober 1938 aus den nunmehr deutschen Gebieten evakuiert.

Linke Seite: September 1938: Deutsche Truppen im Sudetenland, ein Jubel, der keine Grenzen mehr kennt (oben).
15. März 1939: Die Kolonnen der Wehrmacht in Prag. Eine Regierung hat Ehre und Staat verspielt.

Schrecken, der Schrecken gebiert: Die ermordeten tschechischen Männer von Lidice 1942 (oben).
Deutsche Zivilisten bei Aufräumungsarbeiten nach den Kämpfen und Massakern im Mai 1945 in Prag (unten).

Februar 1946. Täglich verlassen 3 000 Sudetendeutsche per Eisenbahn die alte Heimat (oben).
Abtransport mit den Habseligkeiten ins Sammellager, das meiste bleibt zurück (unten).

Der Künstler an der Macht: Václav Havel, Staatspräsident der neuen Tschechoslowakei. Für ihn läuteten die Glocken New Yorks. Noch nie seit Tomáš Masaryk vereinte ein moderner Staatsmann Böhmens so viele Chancen in seiner Hand.

3
UNTEN TSCHECHISCH, OBEN DEUTSCH

„Tschechisch spricht nur noch der gemeine Mann."

Der Chronist Pessina (Tomáš Pešina von Čechorod) um 1660

Das Prager Blutgericht

So nahte ein rasches Ende. Am 8. November 1620 kommt es zur großen Schlacht am Weißen Berg bei Prag, der eher eine leichte Anhöhe ist. Vorher muß die bayerisch-habsburgische Armee allerdings noch das aufsässige Oberösterreich besetzen, Tschernembl flieht zu den Böhmen. In Tabor, dem alten Zentrum der radikalen Hussiten, flammt schließlich doch noch breiterer Widerstand auf, und Bauern und Kleinadelige halten sich dort fast ein Jahr lang gegen die Kaiserlichen. Aber die Entscheidung fällt im Norden. Beide Armeen sind national gemischt, mit Polen, Italienern, Spaniern und Wallonen, die den Bayern helfen, und Tschechen, Schlesiern, Deutschböhmen, Ungarn und einigen Holländern auf der ständisch-protestantischen Seite.

Die Schlacht dauert nur kurz. Sie kostet die Kaiserlichen lediglich 250 Tote und endet mit einem überstürzten Rückzug der Böhmen in die Stadt. Tschernembl rät zu Verteidigung und Ausfall, doch der pfälzische König verhält sich blamabel und flüchtet schon am nächsten Tag nach Schlesien, sogar die heilige Wenzelskrone läßt er zurück. Alsbald huldigen die Stände dem siegreichen Bayernherzog Maximilian. Diesmal aber gibt es kein Tauziehen um weitere Kompromisse. Ferdinand handelt und rächt sich mit fürchterlicher Konsequenz. Die Ständeführer werden der Reihe nach aufgespürt und verhaftet, monatelang dauert ihr Hochverratsprozeß. Ein halbes Jahr nach der Schlacht am Weißen Berg werden die Urteile gefällt: 27 Herren müssen sterben. Die meisten werden geköpft, drei werden aufgehängt, darunter Bürger wie Adelige und Tschechen wie Deutsche: Joachim Graf Schlick, Christoph Harant, Václav Budovec, Kaspar Kaplíř – er ist 86 Jahre alt –, Dionys von Czernin, Sixt von Ottendorf, Otto von Loos, aber auch der Rektor der Karlsuniversität, Prof. Jan Jessenius, ein berühmter Mediziner, der Jurist Hauenschild, der Ratsherr Kuttnauer und all die anderen ...

Das schaurige Blutgericht am 21. Juni 1621 vor dem Prager Rathaus ist die Demonstration der absoluten katholischen Macht. Die Böhmischen Brüder werden ausgewiesen, der gesamte kirchliche Besitz wird zurückerstattet, die restlichen Bürgerrechte werden aufgehoben, Adel und Bürger vor die Wahl gestellt, entweder katholisch zu werden oder ebenfalls das Land zu verlassen. Das einfache Volk wird gar nicht gefragt, sondern muß sich gleich zur alleinigen katholischen Staatsreligion bekennen. Die deutsche Sprache wird mit der tschechischen für gleichberechtigt erklärt. Das ist bedeutsam: Denn noch sechs Jahre zuvor hatten die böhmischen Stände beschlossen, keinem das Bürgerrecht zu gewähren, der nicht die Landessprache versteht. Die Sieger und jene, die sich rechtzeitig auf ihre Seite geschlagen haben, werden belohnt. Zwei Drittel von Böhmen werden neu verteilt, es entstehen riesige Besitze. Nun kommen die Mansfeld und die Schwarzenberg, die Piccolomini, Colloredo, Waldstein, Huertas, Buquoy und Tarouca zum Zug, andere wie die Lobkowitz, Liechtenstein und Michna kaufen billig dazu.

Später, im 18. und 19. Jahrhundert, wird es keinen bewußten Tschechen geben, der diese Ereignisse nicht mit der totalen Erniedrigung seiner Nation, mit dem Absturz in Schmach und Schande gleichsetzen würde. Für sie bedeutet die Niederlage am Weißen Berg das, was den Ungarn die Katastrophe von Mohács oder den Serben der Untergang ihres Heers am Amselfeld ist – ein demütigender Bruch in der Geschichte, der die weitere kulturelle Entwicklung des Volks in Frage stellte. Nur daß es eben nicht die Türken, sondern die Habsburger waren, die solches bewirkten. Alsbald verliert das Tschechische seinen Rang als Literatursprache und wird zum Idiom der Bauern und Knechte. Zehntausende gebildete Protestanten müssen auswandern, ganze Gemeinden ziehen davon. Besonders schmerzhaft ist das Exil für den berühmten Bischof der Böhmischen Brüdergemeinde, den Pädagogen und Denker Jan Amos Komenský, auch Comenius genannt. In einer Welt des mittelalterlichen Auswendiglernens hatte er ein völlig modernes Erziehungskonzept entworfen, worin er die Schulen auch den Mädchen öffnete, auf Anschaulichkeit und systematischen Aufbau des Unterrichtsstoffs achtete und das Prügeln als Erziehungsmittel abschaffte. Seine Schriften über Didaktik oder über ein Kindergartenwesen sollten bahnbrechend für kommende Jahrhunderte werden. Nun lehrte er in England, Schweden und den Niederlanden. Im Rückblick auf die Gründe, die zur Niederlage am Weißen Berg führten, urteilte freilich auch Comenius bitter über Böhmens adelige Herren: Hätten sie doch nur die Jagd- und Tafelfreuden im Kopf gehabt, allerlei Spiele und die Lust, „über schlüpfrige und zweideutige Sachen ohne Scham zu schwetzen". Sie hätten nur verstanden, die Bauern in den Frondienst zu führen und „die Beine vom Pferd baumeln zu lassen". Lediglich von Christoph Harant, dem Polžicer Herrn und Delinquenten von Prag, ist ein erstaunliches Dokument der Einsicht bekannt: Im Abschiedsbrief an seine Frau rät er, sie möge mit den Untertanen milder umgehen, keine zusätzliche Fron anordnen und „lieber Arme und Untergebene fördern und ihnen Abgaben und Robot nachsehen". Da war es freilich schon zu spät.

Habsburgs Glanz – Böhmens Finsternis

So gilt der 21. Juni 1621 für die Tschechen als Tag eines nationalen Traumas – die Erfahrung, daß in Europa wegen fremder Übermacht und Versagens der Führung „eine kleine Nation verschwinden kann", wie es Milan Kundera in unseren Tagen nach ähnlichen historischen Ereignissen formulierte. Fortan wird Habsburg mit Rom und Österreich mit deutscher Übermacht gleichgesetzt. Als im Herbst 1918 in Prag die Tschechoslowakische Republik ausgerufen wird, da stürzt die begeisterte Menge auch die Marienstatue am Altstädter Ring. Denn für die tschechische Geschichtsschreibung gilt das Zeitalter des katholischen Barocks, das nach dem Ende des Dreißigjährigen Kriegs auch in Böhmen einsetzt, nicht wie bei Bayern und Österreichern als eine Epoche des freudvollen Triumphs und imperialen Glanzes, sondern als die Periode von „temno", der neoabsolutistischen Finsternis. Das mag, gemessen an der prunkvollen Adels- und Kirchenbaukunst Böhmens, an den Beispielen der Fischer von Erlach, Dientzenhofer, Prandtauer,

Hildebrandt und ihrer vielen, so köstlich heiteren italienischen Kollegen seltsam klingen. Doch gesellschaftspolitisch macht es schon einen Sinn. Auch in Österreich übersieht man angesichts der Erleichterung über die anschließenden Türkensiege oft die Folgen, die die Schlacht am Weißen Berg für die eigenen Gebiete hatte. Denn vor Prag verloren nicht nur die Böhmen, sondern auch die protestantischen Stände Ober- und Niederösterreichs und deren Wiener Freunde. Vor allem das Österreich ob der Enns bekam die Niederlage der Konföderierten zu spüren. Oberösterreich war zu diesem Zeitpunkt längst mehrheitlich evangelisch, doch wartete Kaiser Ferdinand noch auf das Gelingen der Gegenreformation an der Moldau. Erst am 4. Oktober 1624 erging sein neues Religionspatent nach Linz, „zwecks Stabilisierung eines sicheren und ruhigen Regiments", wie es darin hieß. Danach hatten alle protestantischen Prediger und Schulmeister abzudanken und außer Landes zu gehen. Protestantisches Meßfeiern und Glockenläuten wurden bei Todesstrafe verboten, auch das Entsenden der Kinder auf reformierte Schulen und Universitäten im Ausland wurde untersagt. Die Begründung war weniger religiös als politisch: Die Oberösterreicher hätten sich die Landesregierung durch ihre Stände angemaßt, die Erbhuldigung verweigert und mit fremden Mächten konspiriert. Zur Strafe – und als Lohn für den in Böhmen so hilfreichen Bayernherzog – wurde Oberösterreich als Pfand den Wittelsbachern überlassen.

Alsbald ziehen in viele Gemeinden italienische Pfarrer ein, die kaum des Deutschen mächtig sind. Dazu bedrücken unmäßige Steuern und Garnisonslasten das Land. Das ruft bei den Bauern Oberösterreichs große Erbitterung hervor. Im Mai 1625 rottet sich eine Schar in Frankenburg zusammen, verprügelt die neuen Geistlichen und belagert das Schloß, wohin die Kleriker geflüchtet waren. Als Antwort veranstaltet Adam Graf Herberstorff, der bayerische Statthalter, das berüchtigte „Frankenburger Würfelspiel", bei dem er die vermeintlichen Rädelsführer um ihr Leben spielen läßt. 17 werden gehängt, die Leichname baumeln zur Abschreckung an den Bäumen und Kirchtürmen der Umgebung. Adam Herberstorff wird zum bestgehaßten Herrn, doch die Lage beruhigt sich noch einmal. Aber ein Jahr später, im Frühling, bricht die Bauernwut erst richtig los. Ähnlich wie schon ein Vierteljahrhundert zuvor entflammt ein Aufstand, der schließlich ganz Oberösterreich erfaßt und bei dem sowohl die Söldnertruppen des Herberstorff als auch

die bayerischen Hilfskolonnen schwere Niederlagen einstekken müssen. Noch nie zuvor, berichtet der Statthalter, habe er einen Feind so erbittert kämpfen gesehen.
Was die Bauern wollen, halten sie in ihren „Bauernartikeln" aus dem gleichen Jahr fest: Religionsfreiheit, eine Vertretung im Rat der Landstände – anstatt der Prälaten, so „wie es in Tirol der Gebrauch ist" –, einen ordentlichen Landeshauptmann, also keinen Statthalter mehr, und den Abzug der Bayern. Bei diesen Artikeln und allen Verhandlungen wirken Richter und Räte aus den Städten mit, längst ist die Brücke zu den Bürgern geschlagen, der Aufstand keine reine Bauernrevolte mehr. Auch manche Herren schließen sich an. Als Stephan Fadinger, der bäuerliche Anführer der ersten Stunde, an einer Verwundung stirbt, übernimmt ein junger Adeliger, Achaz Wiellinger, die militärische Führung. Die Aufständischen bekommen mit Ausnahme von Linz fast alle größeren Siedlungen in ihre Hand. Es dauert ein halbes Jahr, bis kaiserliche Verbände von West, Ost und Nord endlich die Oberhand gewinnen, sogar der General Heinrich von Pappenheim muß eingreifen, er bringt mit seinen Berufssoldaten die Entscheidung. Am Ende wird alles nur eine Episode aus dem Dreißigjährigen Krieg sein, der noch massenweise weitere Opfer kostet. Doch das Finale vom 26. März 1627 auf dem Linzer Hauptplatz erinnert stark an die Prager Szene sechs Jahre zuvor: Achaz Wiellinger wird geköpft und den beteiligten Juristen die Schreibhand abgehackt, bevor man sie ebenfalls enthauptet. In Böhmen, beim Rektor Jessenius, war es die Zunge gewesen, die als erstes verstümmelt wurde.
Nun darf man sicherlich nicht den Fehler begehen und Maßstäbe auf Zeiten rückprojizieren, die diesen noch unbekannt waren. Grausame ideologische Justiz übte auch ein Johann Calvin, der in Genf gegnerische Sektenprediger am Scheiterhaufen brennen ließ. Der Historiker Hans Sturmberger weist darauf hin, daß man Kaiser Ferdinand tiefe religiöse Überzeugung, subjektiv echt empfundene Sorge um das Seelenheil seiner Untertanen und die staatspolitische Absicht zugute halten muß, seinem Reich mit dem ehernen Prinzip des „unus dominus, una fides" einen Dienst zu erweisen.
Doch ebenso trifft auch die ironische Bemerkung Jan Patočkas zu: Mit dem Triumph der Gegenreformation waren das barocke Habsburgerreich und Böhmen schließlich auf dem Holzweg. „Der dominierende, reißende Strom hieß Emanzipation

vom Mittelalter, und ihre neueste Form damals war die Aufklärung. Deren Fahne ergriff gegen Ende des 17. Jahrhunderts das mächtig gewordene Preußen, um eine Generation früher als die habsburgischen Länder." Ein Seitenblick auf die Weltgeschichte zeigt daneben noch eine dritte, ganz andere Gestaltungsmöglichkeit der Herrschaftsbeziehungen. Um die gleiche Zeit, während am Kontinent der Dreißigjährige Krieg tobte, fanden in England eine reiche Stadt, London, und ein selbstbewußter niederer Adel auf der Basis der christlichen Gemeindefreiheit zusammen. Im Konflikt zwischen König, Magnaten und Bauern auf der einen Seite und Bürgern samt wirtschaftlich erfolgreichen Kleinadeligen auf der anderen entschied die Persönlichkeit des Söldnerführers Oliver Cromwell die Frage, ob das Heer dem König oder dem Parlament gehorchen sollte. König Karl I. war um nichts weniger von seiner gottgewollten Rolle überzeugt als der Habsburger Ferdinand, doch am Ende sollte er es sein, der 1649 vor den Mauern von Whitehall den Kopf verlor ... Ein Monarch, den die Volksvertretung zum Tode beförderte: Selbst wenn sich Cromwell bald darauf selber wie ein absoluter Herrscher benahm, so ließ sich doch nach dieser Erfahrung kein englisches Parlament mehr seine Rechte nehmen, und kein König konnte künftig gegen dieses Parlament regieren. Im habsburgischen Österreich hingegen wehte ein Hauch von Gottesgnadentum noch bis zum November 1918. Ob dieser Zustand eine Schwäche oder vielleicht doch ein Vorzug war, darüber sinnieren bis heute die Historiker je nachdem, ob sie kritisch sind, eine gewisse österreichische Untertanenmentalität oder das Ideal des völkerumfassenden, christlichen Universalstaats im Auge haben.

„Temno", die „böhmische Finsternis", währte nach tschechischer Auffassung etwa 160 Jahre lang, also bis zum Machtantritt Kaiser Josephs II. An ihrem Beginn steht nicht allein das Prager Blutgericht, sondern die Katastrophe schlechthin, der Dreißigjährige Krieg. Böhmen verliert dabei mehr als ein Drittel seiner Bevölkerung, Ober- und Niederlausitz werden zu Sachsen geschlagen. Doch es war auch ein Böhme, der diesen kollektiven Wahnsinnsanfall Europas überhaupt erst ermöglichte: Albrecht von Waldstein, genannt Wallenstein. Obwohl gemäßigt hussitischer Herkunft und protestantisch erzogen – er besuchte die evangelische Akademie in Altdorf bei Nürnberg –, hatte der reiche tschechische Standesherr rechtzeitig die Front gewechselt und sich auf die Seite des Kaisers begeben. An

der Schlacht am Weißen Berg beteiligt er sich schon als Obrist eines eigenen Reiterregiments. Danach erwirbt Wallenstein, der auch ein genialer Wirtschaftsführer ist, so viel Besitz, daß er Ferdinand ein Angebot macht, das dieser nicht abschlagen kann: Aufstellung und Vorfinanzierung eines stehenden Heers von 50 000 Mann. Als Preis verlangt Wallenstein den Oberbefehl.
Für den Habsburger ergab sich hier die Chance, die sein Haus bisher nicht gehabt hatte. Endlich konnte die Abhängigkeit von der katholischen Liga, das mühselige Überreden und Taktieren, das Betteln um Geld und unsichere Bundesgenossen ein Ende haben. Nun verfügte der Kaiser über eine selbständige Armee, und zwar auf Dauer. Mit ihr erringt der Feldherr Wallenstein solche Siege, daß Kaiser Ferdinand das fatale Restitutionsedikt von 6. März 1629 erlassen kann, wonach die protestantischen Stände des Reichs den inzwischen übernommenen katholischen Kirchenbesitz zurückzugeben haben. Darauf bricht der Krieg erst richtig los, mit Schweden, Deutschen, Franzosen, Spaniern, Polen, Kroaten, Flamen, Italienern, Schotten, ja sogar Griechen und Türken, die als Söldnerhaufen durchs Land ziehen.
Böhmen wechselt später mehrfach den Besitzer, wird zwischendurch wieder protestantisch. Wallenstein bemüht sich nach Kräften, die Kriegsgreuel fernzuhalten, kümmert sich vor allem um Nordböhmen, den friedländischen Besitz, wo er eine Art Wirtschaftswunder vollbringt. Noch einmal entfalten sich in einer Person mit unglaublicher Kraft die Grundtendenzen der Region: Obwohl habsburgischer Profiteur und katholischer Feldherr, ist Wallenstein selber ein Freigeist und Sterngläubiger. Ständig bemüht er sich, Politik und Religion auseinanderzuhalten, geschickt und zäh arbeitet er gegen den spanischen Einfluß am Wiener Hof. Schließlich wird er dort suspekt, und man stürzt ihn als Oberbefehlshaber. Doch schon bald muß man ihn wieder holen, der hervorragende Organisator und skrupellose Finanzier wird dringend gebraucht. Unter Wallenstein kämpfen sogar Protestanten gegen Protestanten, nur er ist imstande, eine Truppe auch anständig zu bezahlen. Der Böhme läßt das Gewerbe leben, er gründet eine eigene Rüstungsindustrie, holt Experten, sorgt für eine solide Verwaltung. In Prag residiert er wie ein König. Als dreifacher Herzog, von Friedland, Sagan und Mecklenburg, also verschiedensprachiger Gemeinschaften, wirkt er eigentlich wie ein anderer, neuer Přemyslide.

Wallenstein hält diplomatischen Kontakt mit Frankreich, Schweden und den protestantischen deutschen Fürsten, auch zu den böhmischen Exilanten. Dem Kaiser rät er zu einem Einheitsstaat, am besten ganz ohne Feudalherren. Wahrscheinlich träumte Wallenstein von einer Rolle als europäischer Friedensstifter, was ihm vielleicht wirklich eine Krone eingetragen hätte. Der Mann steckt voller Widersprüche, schon erscheinen wieder die Konturen des Zwischenreichs, eines Reichs der praktischen Vernunft. Doch da beendet der Mord in Eger 1634 das Leben des vermeintlichen oder echten Verschwörers gegen Habsburg, und Böhmen ist wieder ohne stolzen, eigenen Kopf. Nach Wallenstein gibt es keinen bodenständigen Aristokraten mehr, der sich mit dessen Bedeutung vergleichen ließe. Von den 254 alten böhmischen Herrengeschlechtern überstand laut Christian Willars-Kostrba kaum ein Zehntel die Folgen der Niederlage am Weißen Berg, der niedrige Landadel schien durch die Austreibung überhaupt vernichtet – von 1 128 Familien des Ritterstands blieben nur knapp 200 übrig, auch diese meist verarmt und deklassiert. Dafür strömt nach dem Dreißigjährigen Krieg bis zum Beginn des 19. Jahrhunderts neuerlich eine Welle von Fremden nach Böhmen. Es sind Herren mit internationalen Namen: die Belcredi und Auersperg, Berchtold, Clam-Gallas, Colloredo, Coudenhove, Dietrichstein, Fürstenberg, Haugwitz, Khevenhüller, Herberstein, Larisch, Nostitz, Schönborn, Serenyi und viele andere. Ihre Loyalität gehört fraglos dem Haus Habsburg, und ebenso fraglos mußte das eine zusätzliche Distanz zu ihren tschechischen Gutsleuten schaffen. Zwar war in diesen Zeiten des barocken Feudalismus ein großer Abstand zwischen oben und unten überall selbstverständlich, nicht nur in Böhmen. Die Aristokratie dachte bestenfalls wohltätig, nicht sozial, und Herrschaft schien entweder gerecht oder ungerecht zu sein, aber keinesfalls mußte sie sich legitimieren. Auch bei Ungarn, Kroaten und Polen war das nicht anders. Doch nur in Böhmen trafen diese drei Faktoren zusammen: ein riesiger Großgrundbesitz, die Herrschaft einer als kulturell fremd empfundenen Elite und die dumpfe Erinnerung an eine gewaltsam verschüttete, größere nationale Vergangenheit. Das war eine Mischung, die sich später als explosiv herausstellen sollte. Denn das Gefühl für Selbstverantwortung und Gemeinsinn kommt nicht über Nacht, es muß geübt und über Generationen weitergegeben werden. Die Südslawen entlang der Adria konnten sich auf zumindest ein lateinisches

Stadtpatriziat, auf einen oberflächlich hungarisierten, doch ungebrochenen Landadel und auf die Traditionen einiger selbstbewußter kleiner Bauerngemeinschaften stützen.
Bei den Ungarn, ähnlich wie bei den Polen, verbreitete sich der Stolz der einheimischen Aristokratie später sogar inflationär: Von rund zwölf Millionen Magyaren um die Mitte des 19. Jahrhunderts galten zumindest 800 000 als Adelige. Die Tschechen dagegen wurden zu einem Volk ohne Mittel- und Oberschicht, ihre Sprache zog sich in Küche und Keller, auf die Felder und in die niedere Manufakturarbeit zurück. Wer emporwollte, mußte sich anpassen oder zumindest verstellen.
Tschechisch war nicht mehr schicklich, viele Bücher wurden von den Jesuiten als Ketzerliteratur verbrannt. Ähnlich dürften auch die Geschichtsschreiber empfunden haben, denn kaum einer überlieferte etwa, daß bei der Verteidigung Wiens 1683 gegen die Türken ein alter Herr aus Böhmen, Kapliř de Sulevice, der wichtigste militärische Fachmann und Berater des Grafen Starhemberg war.
Alles das zusammen ließ später gewisse Vorurteile wachsen: Tschechen seien fleißig, aber subaltern, flexibel, aber heimtükkisch, gefühlvoll, jedoch bisweilen frech. Diese Klischees wirkten schließlich so, wie Klischees immer wirken – als sich selbst erfüllende Prophezeiungen.
So brauchte es eine Reihe von äußeren Ereignissen, den Österreichischen Erbfolge- und den Siebenjährigen Krieg, also die immer stärkere Herausforderung Österreichs durch Preußen, und die Wirtschaftsformen des Merkantilismus, bis sich auch in Böhmen Grundlegendes änderte. Doch in diese neue Epoche gelangten seine Bewohner ohne bewußte eigene Führung und erst als Reaktion auf Anstöße von oben. Die barocke böhmisch-österreichische Adelsgesellschaft wirkte dabei bestenfalls als ein patriarchalischer Vermittler, doch nicht als Anführer und Ideengeber. Diese Funktion sollte erst 100 Jahre später ein neuer Stand übernehmen, jener der Intellektuellen, der Dichter, Historiker und ersten Journalisten. Sie erfüllen diese Rolle bis heute.

Die Fackel der Freiheit

Mochte Habsburg die Finsternis, die Verlängerung des Mittelalters bedeutet haben – nun brachte Habsburg auch die Erhellung. Schon Maria Theresia stand vor der Wahl, entweder zu scheitern oder das Steuerwesen, die Voraussetzung zur Behauptung jeglicher staatlichen Macht, zu reformieren. Als die junge Kaiserin begann, um ihr Erbe zu kämpfen, gab es in ihren Ländern praktisch weder eine gemeinsame Verwaltung noch eine funktionierende Justiz, Adel und Klerus waren steuerfrei und ließen der Krone fast keinen Spielraum mehr. Die Kaiserin war eine gute Katholikin, ohne Frage, doch nun war selbst für Maria Theresia die Grenze des Zumutbaren überschritten: „Es wäre nicht nur löblich, sondern ich hielte es vielmehr für sträflich, wenn an die Geistlichkeit noch mehr gegeben und abgetreten würde, einerseits, weil sie dessen nicht bedürfen, andererseits, das was sie besitzen, leider nicht so anwenden, wie sie sollten, und dazu noch das Publikum sehr bedrücken . . . all dies bedarf einer großen Remedur." Ein gebürtiger Schlesier, Friedrich Wilhelm Graf Haugwitz, lieferte die richtigen Ideen: staatliche Steuereinhebung, Trennung von Rechtsprechung und Ständeherrschaft, Schaffung einer politischen Zentralstelle in Form der vereinigten österreichisch-böhmischen Hofkanzlei in Wien. Graf Haugwitz hatte viel von den Preußen abgeschaut.

Nun wurde auch die Steuerfreiheit der Kirche aufgehoben, und Maria Theresia, nicht etwa erst ihr Sohn Joseph, untersagte in Österreich die Tätigkeit des militant agierenden Jesuitenordens, wie das schon vorher in den meisten anderen Ländern Europas verfügt worden war. Hohe Schutzzölle nach außen und wirtschaftliche Verkehrsfreiheit nach innen trugen enorm zum Aufschwung von Industrie und Gewerbe bei. Daraus zog vor allem Böhmen großen Nutzen: Nach dem Verlust Schlesiens im Siebenjährigen Krieg an Preußen war eine neue Textilindustrie aufzubauen, die Erfindung des Kristallglases sorgte für einen weiteren Impuls. Doch da war noch die Leibeigenschaft, die den Großteil der Bevölkerung ans Land und damit an die Grundherren fesselte. Schon 1775 gab es deshalb neuerlich einen Bauernaufstand, doch schwerer wog noch die Behinderung der ökonomischen Entwicklung, ohne Zuzug aus der Landwirtschaft konnte es auch keine Fabriken geben. 1781 erließ der Nachfolger Maria Theresias, Kaiser Joseph II., endlich ein Patent, das die Leibeigenschaft aufhob, was allerdings noch nicht die volle Freiheit bedeutete, denn das Hörigkeitsverhältnis, der Frondienst für all jene, die Bauern blieben, erhielt sich noch bis 1848. Noch im selben Jahr 1781 wagte Joseph, was seiner Mutter noch nicht möglich erschienen war: Er gewährte das Toleranzpatent. Fortan waren neben dem katholischen Bekenntnis auch die Lutheraner zugelassen, dazu die Protestanten helvetischer Konfession. Wegen all dieser Maßnahmen genießt Joseph II. bei den Tschechen bis heute einen relativ guten Ruf, jedenfalls einen besseren, als er bei den Österreichern gleich nach seinem Ableben hatte. Für den Prager Johann Knieschek galt er 1888 im Rückblick als „der große Volkskaiser, der seinen Völkern die Fackel der Freiheit entzündete" und unter den Tschechen die „bereits verglimmenden Funken des geistigen Lebens zu neuen Flammen anfachte". Solche Zuneigung ist verständlich und erscheint doch paradox, da es auch Joseph war, der in simpler Übertragung des zentralistischen Modells, so wie es in Frankreich und Preußen üblich war, aus dem Vielvölkerstaat eine verwaltungstechnische Einheit zu schaffen suchte. Sie schlug letztlich vor lauter Aufklärung in Zwangsbeglückung um. Für eine gemeinsame Bürokratie, die es noch gar nicht gab, verordnete Joseph II. das Deutsche als gemeinsame Behördensprache. Das war vor allem für die Ungarn ein historischer Schock. Nicht aus nationalistischer Arroganz, sondern mit der besten Absicht, modern zu sein, wollte der Kaiser „aus dem Staat eine einzige Masse schaffen, welche auf gleiche Weise gelenkt wird". Mit dieser mechanistischen Vorstellung hatte Joseph nicht nur die Kirche, sondern auch alle historisch gewachsenen Ständeinteressen gegen sich. Das Ergebnis war ein politisches Fiasko. Am Ende seines Lebens mußte der absolutistische Revolutionär auf dem Kaiserthron nahezu alles widerrufen, was er vorher angeordnet hatte, der tragikomische Fall eines „Dilettanten der Menschenliebe", wie es Arthur Schnitzler einmal nannte.

Nach 1918 hat man im Zuge des großen antihabsburgischen Aufwaschens schließlich auch alle Joseph-Denkmäler in Böhmen von ihren Sockeln entfernt.

Ungewollte Wirkung

Doch eben die Existenz dieser neuen, Maria-Theresianisch-Josephinischen Verwaltungsbeamten sollte die Monarchie und ihre Völker in Hinkunft stärker verändern als alle vorangegangenen herrscherlichen Akte. Da es wesentlich mehr Anderssprachige als Deutsche gab, fiel die Übersetzung der vielen neuen Erlässe und Dekrete in die jeweilige Landessprache leichter als die Umerziehung der Bauernmassen zur neuen Amtssprache. Das gab wiederum den einheimischen Lehrern, den Verlegern von Wörterbüchern und Zeitungen eine Chance, so daß am Ende dieser versuchten Germanisierung nicht nur die Führungsrolle der Deutschen stand, sondern auch die literarische Wiederbelebung der alten nationalen Idiome. Schon 1751, bei der Gründung der Maria-Theresianischen Militärakademie in Wiener Neustadt, wurden zwei Tschechischlehrer bestellt, ebenso an der Wiener Ingenieurschule. Bereits 1775 gab es an der Wiener Universität einen Lehrstuhl für tschechische Sprache, früher als in Prag selbst, wo erst 1793 eine eigene Professur entstand. 1786 erschien die erste tschechische Zeitung. Die tschechischen Aufsteiger lernten zwar Deutsch, blieben aber auch beim Tschechischen und entwickelten es im Rekordtempo erneut zu einer Schriftsprache. 1805 gibt es wieder ein „vollständiges Wörterbuch der böhmischen, deutschen und lateinischen Sprache". Bald tauchen tschechische Theaterstücke auf, wenn sie zunächst auch nur in habsburgischem Patriotismus machen, etwa mit dem Titel „Für Franz, Carl und Vaterland". Resümiert man all dies, so kann man Joseph II. tatsächlich als den unfreiwilligen Verursacher jener zentrifugalen Sprachbewegung bezeichnen, die schließlich den Gesamtstaat so schwer erschüttern sollte. Joseph II. ist eben, wie alle interessanten Herrscherfiguren, mehrdeutig. Auch die „kulturelle Mission der deutschen Österreicher" ist untrennbar mit Josephs Namen verbunden, man findet sie als paradigmatisches Stichwort in den Zeitungen des Revolutionsjahrs 1848 ebenso wie in den diplomatischen Aktenstücken am Vorabend des Ersten Weltkriegs. Mehr noch als die Sprache wirkte dabei die Faszination der zentralistischen Idee: Sie erschien damals so modern wie notwendig, um den Einfluß der deutschen Beamtenschaft, des „Völkerkitts" des Reichs, zu erhalten.

Für die Tschechen hingegen war der Josephinismus nur ein Anfang, konnte nichts anderes sein. Lesen wir wieder bei Johann Knieschek nach, was er von den frühen Ergüssen seiner tschechischen Landsleute hält: „Die tschechische Sprache war überfüllt von Germanismen und naturwidrigen Neubildungen. Der Geist, der die Werke durchzog, war von fremder Art. Es bedurfte eines neuen Anstosses von Deutschland aus, um die Literatur in die rechte Bahn einzulenken."

Die Ironie, die darin liegt, daß man mehr von einer fremden Art brauche, um sie loszuwerden, dürfte Knieschek gar nicht aufgefallen sein. Das ist aber auch ein gutes Beispiel für jene naive Begeisterung, mit der man gegen Ende des 18. Jahrhunderts die Ideen der Romantik, die Wiederentdeckung der historischen Völkerschicksale im Gegensatz zur klassischen Tradition und zur phantasielosen Regelhaftigkeit des Rationalismus begrüßte.

Selbst bei Knieschek, 100 Jahre später, wirkt dieses romantische Pathos nach. Der neue Star der Literatur hieß Johann Gottfried Herder. Dieser protestantische deutsche Hofprediger, Ideologe des Sturm und Drangs, und Freund Goethes, wurde durch seine Studien über das Mittelalter berühmt. Dort, in der glorreichen Vergangenheit, findet er jene Größe, die er in der Gegenwart der hundertfach zersplitterten deutschen Fürstentümer nicht erblicken kann. Seit 1757 ist das Nibelungenlied wiederentdeckt, um die Jahrhundertwende wird davon Auflage um Auflage gedruckt, trifft es doch genau die Gemütslage der Deutschen bei ihren Abwehrkriegen gegen Napoleon. Zwischen 1784 und 1791 publiziert Herder seine „Ideen zur Philosophie der Geschichte der Menschheit". Darin stand für die Tschechen eine Sensation. Herder beschreibt in einem Kapitel auch die slawischen Völker, nennt ihre lang vernachlässigte Besonderheit. „Sie waren mildtätig, bis zur Verschwendung gastfrei, Liebhaber der ländlichen Freiheit, aber unterwürfig und gehorsam, des Raubens und Plünderns Feinde. Alles das half ihnen nicht gegen die Unterdrückung; ja es trug zu derselben bei. Denn da sie sich nie um die Oberherrschaft der Welt bewarben, keine kriegssüchtigen erblichen Fürsten unter sich hatten und lieber steuerpflichtig wurden, wenn sie ihr Land nur mit Ruhe bewohnen konnten: so haben sich mehrere Nationen, am meisten aber die vom deutschen Stamme, an ihnen versündigt." Die Slawen, so Herder, besiedelten den „ungeheuersten Erdstrich, den in Europa eine Nation größtenteils noch jetzt bewohnt" und seien von allen Nachbarn doch immer nur unterworfen worden.

Es war eine großartige slawische Passionsdarstellung, sentimental und stark vereinfachend, doch eben deshalb so erfolgreich. Wie alle großen ideologischen Entwürfe zeichnete sie ein krasses Hell-Dunkel und endete mit einem Appell: Daß diese „so tief Versunkenen von ihrem langen, trägen Schlaf erwachen und sich von ihren Sklavenketten befreien mögen ...".

Herder verstand dies durchaus friedlich, als einen ganz natürlichen Fortschritt der Völker, des „stillen Fleisses und des ruhigen Verkehrs" untereinander. Doch darin war schon der Gedanke einer spezifischen Mission der slawischen Völker enthalten, so wie es im 19. Jahrhundert und danach allen nationalen Befreiungsbewegungen vorschwebte. Drei Protestanten – sie sind Slowaken und Intellektuelle – greifen Herders Gedanken freudig auf. Jan Kollár und Josef Šafařik hören von ihnen während ihrer Studienzeit in Jena, gleich nach den Befreiungskriegen. Der eine wird Prediger, der andere, Šafařik, Gymnasialdirektor. Šafařiks Freund ist František Palacký, Archivar, Gutsbesitzer und Historiker. Die drei gelten als die eigentlichen Wiedererwecker des slawischen Bewußtseins in Böhmen. Alle haben viel nachzuholen, Kollár übersetzt Herder und verfaßt nationale Gedichte, Šafařik und Palacký schreiben an umfassenden Geschichtsswerken, in denen es um den Nachweis slawischer Bedeutung schon seit der Frühzeit geht. František Palacký überragt die anderen, er wird Politiker und knüpft in seiner tschechischen Traditionspflege vor allem an die hussitische Periode an. 50 Jahre später wird Palacký von Tomáš Masaryk interpretiert, dem Historiker und Gründerpräsidenten der Tschechoslowakischen Republik von 1918. Längst geht es nicht mehr bloß um Geschichtsschreibung, sondern um politische Programme. Bei anderen Tschechen allerdings schlug diese Identitätssuche in allzu gewaltsame Anstrengungen um.

Eine fatale Fälschung

Nichts schadete dem tschechischen Ansehen mehr als jene „Königinhofer Handschrift", die der vergangenheitssüchtige Bibliothekar Wenzel Hanka 1817 angeblich im Gewölbe eines alten Kirchturms gefunden hatte. Auf den alten Pergamentstreifen standen die Bruchstücke eines alttschechischen Epos, das endlich das heißersehnte Gegenstück zum Nibelungenlied und den anderen nordischen Texten sein sollte. Die tschechischen Zeitgenossen feierten es als „die Erlösung", und auch deutsche Philologen waren von den Heldengesängen beeindruckt, in denen dramatisch geschildert wird, wie die Slawenfürsten Slawoj, Zaboj und Beneš Franken, Sachsen, Polen und Tataren aus dem Land jagen. Selbst Goethe schrieb ein passendes Gedicht, und Šafařik und Palacký waren begeistert, erfuhr doch damit letzterer eine glanzvolle Bestätigung seiner Überzeugung, daß „die ganze böhmische Geschichte ein immerwäh-

rendes und ewiges Sichberühren und Kämpfen des Slawentums mit dem Deutschtum ist und zwar fast auf allen Gebieten des menschlichen Wirkens".
Doch die Pergamente waren gefälscht. Hanka hatte nicht nur die Königinhofer Handschrift manipuliert, sondern auch noch andere historische Beweisstücke, was zunächst zu einem jahrzehntelangen erbitterten Streit der Gelehrten führte. Erst 1886 belegte dann Tomáš Masaryk in beispielgebender Objektivität, gemeinsam mit zwei anderen tschechischen Wissenschaftlern, die völlige Fragwürdigkeit dieser Funde. Heute, da Mitteleuropa und die ganze Welt von Problemen und Katastrophen ungleich ernsteren Ausmaßes erschüttert worden ist, läßt sich die Hitzigkeit und Bedeutung dieses Handschriftenstreits kaum vorstellen. Aber noch im April 1918, als man längst schon andere Sorgen hätte haben müssen, gab Dr. Paul Kisch, der Bruder des „rasenden Reporters" Egon Erwin Kisch, in Prag als Beitrag zur Jahrhundertfeier eine umfassende Darstellung des Kampfs um die Königinhofer Pergamente heraus. In ihrem kaustischen Witz ist sie selbst schon wieder ein nationalistisches Dokument. Kisch rechnet, unter Berufung auf Hebbel, mit dem „slawischen Genius der Lüge" ab, als dessen Ursache er einen „krankhaften Deutschenhaß" zu erkennen glaubt. Im glattrasierten Gesicht des Fälschers Hanka sieht Kisch „das Gesicht des slawischen Bauern" und bezeichnet Hanka als eine Mischung von „dienstfertig, maßlos eitel, wichtigtuerisch, nachtragend, gierig nach Würden und Orden, als einen Gschaftlhuber, Russomanen, Panslavisten". Und Hankas Werk gibt ihm auch tatsächlich Anlaß für Spott. Wenn darin etwa ein Anführer Wneslaw beschrieben wird: „schlägt mit seinem Schwert den Schild aus Silber, schwingt die Fahne hoch ob seinem Haupte", so bemerkt Kisch dazu nur trocken: „Dieser Held der Ölmützer Tatarenschlacht, einer Schlacht, die nebenbei nie stattgefunden hat, hatte also drei Hände. Sinnbild des kühnen Fälschers selbst, der mit der Waffe seiner stumpfen Feder lärmend den blechernen Schild erfundener Geschichten bearbeitete ..."
Solche Ironie des Paul Kisch verletzte viele Tschechen tief und trug nicht dazu bei, ihre Sympathien für jüdische Intellektuelle deutscher Zunge zu vergrößern. Antisemitismus spielte auch immer mit, wenn es um die Renaissance slawischer Nationen ging ... Da waren ihnen österreichische Dichter wie Adalbert Stifter lieber, die aus der Erinnerung an Geburtsort und Ju-

gendzeit die Geschichte Böhmens naiv verklärten. Mit seinem „Witiko“ hatte sich Stifter in die tschechischen Herzen geschrieben. Es ist die Heldenerzählung des Aufstiegs des Geschlechts der Rosenberger aus dem 12. und dem 13. Jahrhundert, die der Dichter aus den Materialien des Landeshistorikers Palacký schöpfte. Die Welt der alten slawischen Herzöge und ihrer Wladyken, des niederen Adels, und die Kämpfe der Wrsowece und Slawnike beeindruckten Stifter so sehr, daß er sie sogar „nibelungenartig“ nannte. Das war damals für tschechische Ohren ein überaus wohltuender Vergleich. Stifters Andenken wird deshalb bis heute in Ehren gehalten, wie sein Denkmal auf dem Gutwasserberg bei Oberplan im Böhmerwald beweist; auch eine eigene Stifter-Gedenkstätte steht dort wieder offen.

Was diese Polemiker nicht nachvollziehen konnten, war die ungeheuerliche Bewußtseinskrise, die vor 100 Jahren jene Flut an neuen Ideen und Hoffnungen, geboren aus Säkularisierung, Industrialisierung und Landflucht in den Gemütern eines Volks auslösen mußte, das soeben entdeckte, daß es eine eigene Nation war. Ihr erster moderner Journalist, Karel Havlíček, Chef der „Narodni Noviny“, der Nationalzeitung, beschrieb es um die Mitte des vorigen Jahrhunderts so: „... es handelt sich also darum, ein ermattetes, von Fremdgeist angestecktes, in der Sklaverei sich gefallendes, ja mit seiner Schmach noch prahlendes Volk aufzumuntern. Es mußte dem armseligen Tschechen, der in allen Vorzimmern herumkroch, sich zum Kehrbesen für ganz Österreich hergab ... diesem verkrüppelten Geschlecht das Bild der großen Ahnen gezeigt werden, die weder die tyrannischen Päpste noch den landgierigen deutschen Kaiser gefürchtet haben ...“

4
DIE ANGST VOR DER MEHRHEIT

„Wir Slaven bilden bei weitem die größere Macht dieses Staates, durch unser Geld, durch unser Blut wird er erhalten – nur solange *wir* wollen, wird er bestehen, wir aber *wollen* es."

Der böhmische Abgeordnete František Rieger im Reichstag am 11. September 1848

Der doppelte Schock von 1848

Solche seelischen Defekte, die Narben von zwei Jahrhunderten, ließen sich nicht durch die Aufholjagd einer einzigen Generation beheben. Dazu wollte es der Zufall der Geschichte, daß die Bewußtwerdung der Slawen an Moldau und Donau zeitlich mit dem politischen Erwachen der Deutschen zusammenfiel – zwei verspätete Nationen, von denen freilich die eine machttechnisch und ökonomisch weit vorne lag. Die beiden verband ein gemeinsames Interesse, die Modernisierung der staatlichen Verhältnisse, in denen sie lebten: Sie wollten das Gewähren einer Verfassung, die Geistesfreiheit, eine demokratische Vertretung, Kontrolle des Staatshaushalts, öffentliche Justiz, die Teilnahme an der Gesetzgebung.

Doch alle diese hehren Ziele existierten erstens nur in den Köpfen einer Minderheit und stießen zweitens auf jene Fatalität, die schon immer das Wesen der Politik ausgemacht hat – sie widersprachen anderen, objektiven Interessenlagen. „Die Slawen haben sich gezählt und gefunden, daß sie in Europa die zahlreichsten sind; diese Berechnung hat sie von ihrer Kraft in Kenntnis gesetzt." Der etwas pathetische Satz des evangelischen Pfarrers Jan Kollár aus dem Jahr 1844 kann wie ein drohendes Motto über den Verwirrungen des darauffolgenden Revolutionsgeschehens stehen, enthält er doch einen doppelten

Verweis – auf das Mehrheitsprinzip und auf die Tatsache, daß es verschiedene Völker waren, die da so vehement nach Freiheit strebten.

Beides stand nicht im Einklang mit dem, was die liberalen Wiener Bürger wollten. So hatten sie sich, nachdem sie gemeinsam mit den Studenten am 13. März 1848 die Abdankung Metternichs und die Einberufung eines Generallandtags für alle Kronländer erreichten, die Freiheit nicht vorgestellt. Plötzlich waren da auch die Proletarier und Weingartenarbeiter aus der Umgebung dabei. Rings um Wien brannten die Fabriken, wurden die Maschinen zertrümmert und in der Stadt selbst einige Läden und Gasthäuser geplündert. Noch in der gleichen Nacht begann das Bürgerkorps auf den „Pöbel“ zu schießen, war die Revolution sofort gespalten.

Weniger bekannt ist, daß sie auch von Anfang an nationalistisch gefärbt war. Wie sehr, beweist ein Blick in die damalige revolutionäre Presse. Unter den zahllosen Zeitungen, die in jenen Tagen der frisch erkämpften Pressefreiheit auftauchen, meist aber auch schnell wieder verschwinden, ragt die „Constitution“ heraus. Sie druckt in ihrer besten Zeit immerhin an die 20 000 Exemplare. Doch schon in ihren ersten Ausgaben, die an den Barrikaden verkauft werden, nennt sie die Slawen „Barbaren“ und „Mitteldinge zwischen Tieren und Eskimos“. Nur Ungarn und Italiener werden als gleichberechtigte Kulturvölker respektiert. Der Chefredakteur der „Constitution“, Leopold Häfner, war ein kleiner Mann, aber ein leidenschaftlicher Reporter, er hatte das Ohr am Volksmund. Was war da geschehen? Die Mißstimmung rührte bereits aus dem Vormärz. Auch in Wien hatte man von der panslawistischen Rhetorik eines Kollár gehört, vom „Tschechentum“, in das Karel Havliček das böhmische Slawentum hinüberführen wollte. Und nicht alle waren so gebildet wie jene feinsinnigen Literaten aus dem Prager Kulturverein „Ludlamshöhle“, in der deutsche und tschechische Dichter zusammenkamen, um gemeinsam von einer verklärten Vergangenheit und einer ebenso romantisierten Zukunft zu träumen. Dort verfaßte Moritz Hartmann im gleichen März 1848 folgende schöne Zeilen:

„Von Freiheit wagen wir zu sprechen,
vom heil'gen ew'gen Bruderbund!
Ob deutsche Brüder oder Tschechen –
gleich freudig tönt's aus jedem Mund.“

Ein Stück Weges weiter, beim Prager Debattierklub „Česky repeal" (auf solche Vereine war man angewiesen, da ja in den Staaten des deutschen Bunds jede Art von Parteienbildung verboten war), klang das schon anders. Dort forderten die tschechischen Studenten und Mittelbürger die Aufhebung der Robot für die Bauern, die Gleichstellung der beiden Sprachen und die Zusammenfassung Böhmens, Mährens und Schlesiens zur alten Einheit der Wenzelskrone. Für die Deutschen war das bereits zuviel, empfanden sie es doch als eine Trennung von ihrem Mutterboden, vom kulturell überlegenen Deutschland. Offenkundig war es für sie eine ungeheure Überraschung, plötzlich mit einem derartigen Selbstbewußtsein der bisherigen Domestiken konfrontiert zu sein. Schon die Bezeichnung „repeal" war den Deutschen suspekt – bezog sie sich doch auf die Geschichte der Iren und ihren Widerstand gegen die Engländer.
Aber gerade diese wesentlichen Zugeständnisse bekamen die Tschechen von Kaiser Ferdinand im März 1848, als die Wiener Revolution ihren ersten Höhepunkt erreichte: In einem Handschreiben an Innenminister Pillersdorf dekretierte er neben einer ständischen Vertretung auch die Gleichstellung der beiden Nationen im böhmischen Königreich.
Das war zwar nur Taktik, um über die nächsten Runden zu kommen, und schon drei Wochen später wurde alles wieder zurückgenommen. Doch nun waren einerseits die Hoffnungen enttäuscht und anderseits die Ängste losgelassen, ein absurdes Karussell, das typisch für Österreichs Nationalitätenpolitik der kommenden Jahrzehnte werden sollte. Dazu gesellte sich noch etwas anderes: Die deutschen Beamten und Akademiker, die Handwerksmeister, Fuhrwerker, Grundbesitzer, Gastwirte und Journalisten erlebten die Tschechen ja nicht in deren Literatenzirkeln, sondern als radikale Studentendelegationen oder als verschwitzte Taglöhner beim Bau der ersten Eisenbahnen von Linz nach Budweis oder von Wien nach Olmütz, die in diesen Jahren entstanden. Der Informationsstand war minimal, ein offener geistiger Austausch hatte soeben erst begonnen, im Grund waren die Völker dieser Monarchie einander fremd geblieben, ein Erbe des patriarchalischen Zensursystems. So mußte den deutschen Österreichern der nationale Anspruch dieser bewußten Slawen seltsam und unheimlich erscheinen. Die Angst verschärfte sich, als in Frankfurt als Folge der allgemeinen Revolution das gesamtdeutsche Reichsparlament zusammentrat und auch nach Böhmen die Einladung erging, Ver-

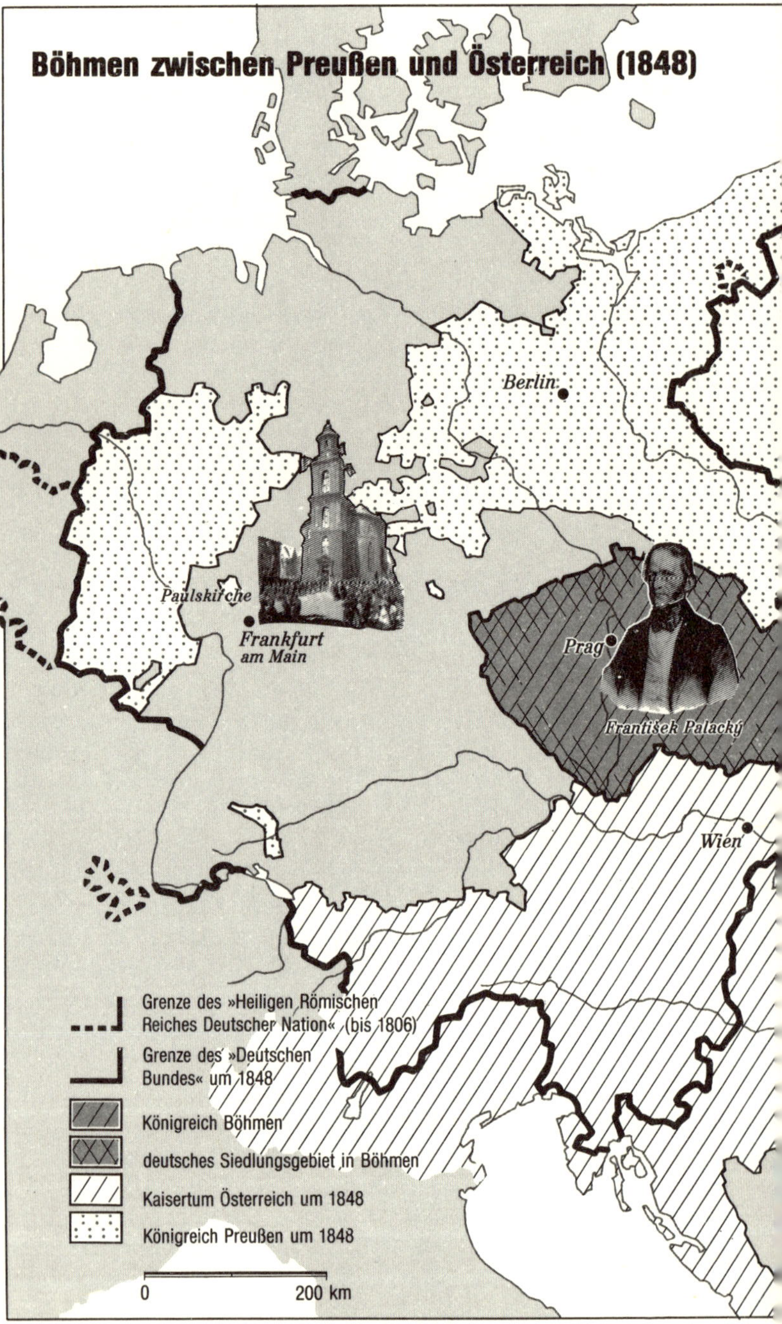
Böhmen zwischen Preußen und Österreich (1848)
Berlin
Paulskirche
Frankfurt am Main
Prag
František Palacký
Wien
Grenze des »Heiligen Römischen Reiches Deutscher Nation« (bis 1806)
Grenze des »Deutschen Bundes« um 1848
Königreich Böhmen
deutsches Siedlungsgebiet in Böhmen
Kaisertum Österreich um 1848
Königreich Preußen um 1848
0
200 km

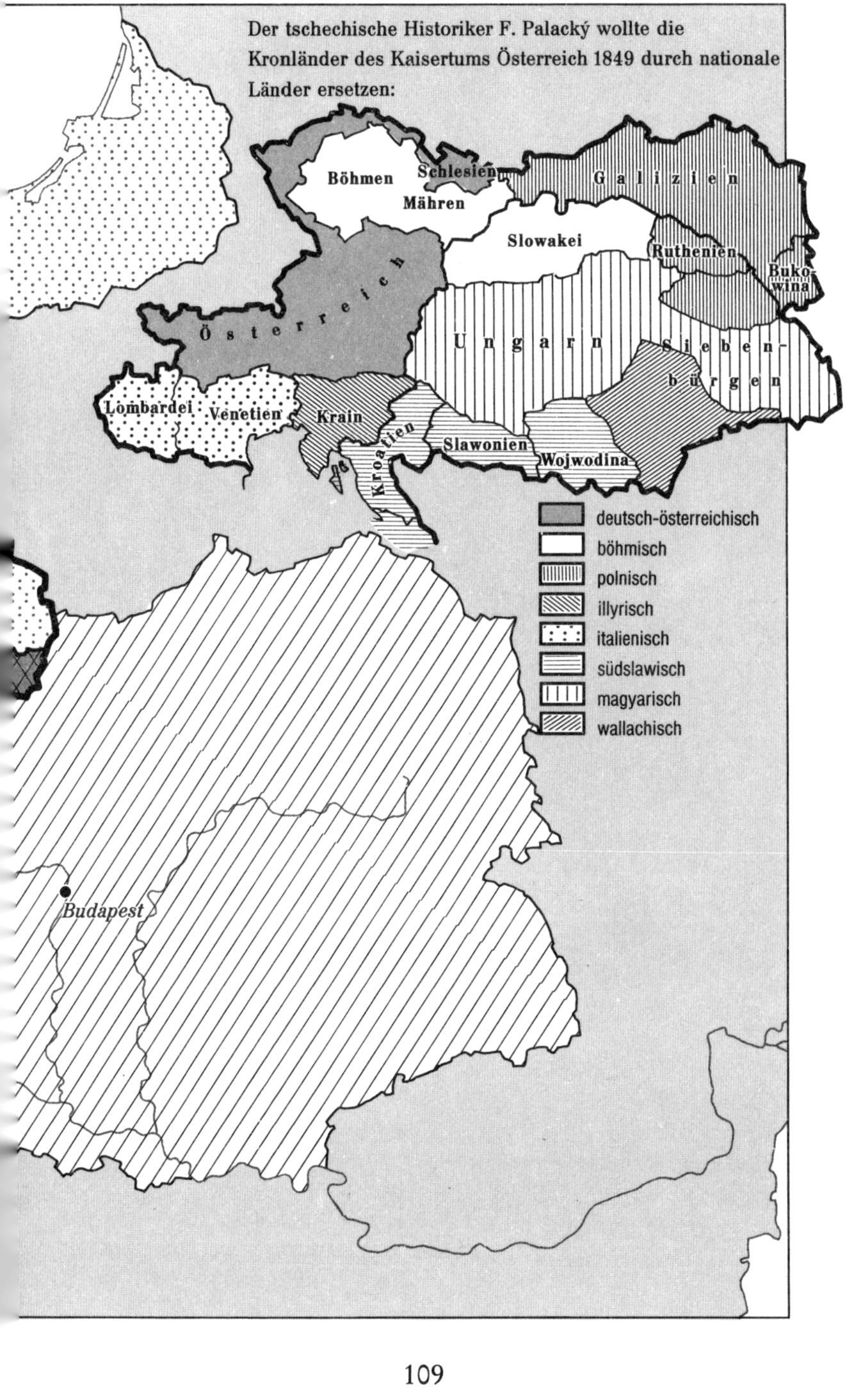
Der tschechische Historiker F. Palacký wollte die Kronländer des Kaisertums Österreich 1849 durch nationale Länder ersetzen:
Böhmen
Schlesien
Mähren
Galizien
Slowakei
Ruthenien
Bukowina
Österreich
Ungarn
Siebenbürgen
Lombardei
Venetien
Krain
Kroatien
Slawonien
Wojwodina
deutsch-österreichisch
böhmisch
polnisch
illyrisch
italienisch
südslawisch
magyarisch
wallachisch
Budapest

treter zu entsenden. Aus deutscher Sicht war diese Aufforderung völlig selbstverständlich, handelte es sich doch um ein deutsches Erbland der Habsburger.
Doch František Palacký, inzwischen zum Führer im Nationalausschuß der Tschechen geworden, lehnte ab. Wie er das schriftlich begründete, ist in die Geschichte eingegangen und wert, ausführlich zitiert zu werden:
„Fordert man, daß über den bisherigen Fürstenbund hinaus nunmehr das Volk von Böhmen selbst mit dem deutschen Volk sich verbindet . . . so ist das eine . . . Zumutung . . .
Sie wissen, daß der Südosten von Europa, den Grenzen des russischen Reiches entlang, von mehreren in Abstammung, Sprache, Geschichte und Gesittung merklich verschiedenen Völkern bewohnt wird – Slawen, Wallachen, Magyaren und Deutschen – . . . von welchen keines für sich allein mächtig genug ist, den übermächtigen Nachbarn im Osten in naher Zukunft erfolgreichen Widerstand zu leisten.
Das können sie nur dann, wenn ein einigendes, gesundes festes Band sie alle miteinander vereinigt.
Die wahre Lebensader dieses notwendigen Völkervereines ist die Donau: Seine Zentralgewalt darf sich daher von diesem Strome nicht weit entfernen, wenn sie überhaupt wirksam sein und bleiben will. Wahrlich, existierte der österreichische Kaiserstaat nicht schon längst, man müßte im Interesse Europas, im Interesse der Humanität selbst sich beeilen, ihn zu schaffen."
Das bedeutete: Weder mußte Habsburg Angst vor dem Ruin seiner Dynastie haben, noch hatten die Deutschen das Zusammengehen der Tschechen mit den Russen zu fürchten. Palackýs Konzept war aufgeklärt und westlich. Die kaiserliche Regierung in Wien, ganz unter dem Eindruck der revolutionären Ereignisse, registrierte das auch und machte dem Wortführer der Tschechen ein überraschendes Angebot – Palacký möge als Kultusminister in das neue Kabinett eintreten. Staatsmännische Weisheit funkelt auf, noch ist der Gang der Dinge völlig offen. Aber die Stimmung bei den Wienern und in der liberalnationalen Presse antwortete mit einem einzigen Entrüstungsschrei. „Jetzt gilt es, sollen wir deutsch oder slawisch sein! Tut wie ihr wollt, aber bedenkt, daß es eine kleine Partei in unserem Österreich gibt, die ihr Vaterland glühend liebt und die, um deutsch zu sein und zu bleiben, vor keinem Blut zurückbeben wird! Wir wollen lebend keine Slawen sein!" So formulierte der Spit-

zenjournalist am Platz, Leopold Häfner, am 10. Mai 1848 in seiner „Constitution". Der „Freie Wiener" vom 15. Mai droht der Regierung sogar mit dem Aufhängen am Laternenpfahl. Daraufhin verzichtete Palacký auf das derart umstrittene Ministeramt. Wahrscheinlich handelte er damit auch richtig, denn die revolutionären Wiener, fiebrig vor Aufbruchsstimmung, waren geradezu physisch außerstande, das tschechische Verhalten zu verstehen. Dazu geschah in Böhmen Verwirrendes: Um die böhmisch-österreichische Selbstbehauptung zu unterstreichen, berief Palacký zu Pfingsten 1848 einen Slawenkongreß nach Prag ein, der so ausging, wie es immer ausgehen muß, wenn man Feuer und Wasser zusammenbringt. Denn da saßen die Fürsten und Grafen Böhmens neben Polen, Russen und Ruthenen auf einer Bank mit dem Anarchisten Michail Bakunin, der gleich die gesamte, bürgerlich-liberale Welt niederreißen wollte, in die man soeben erst eingetreten war. Man redete von einer „Befreiung der Völker Europas", und dabei wußten noch nicht einmal die Bauern der Umgebung, was sie unter Freiheit eigentlich verstehen sollten. Das Ergebnis war ein Aufstand der Studenten und von Teilen des Prager Proletariats am 12. Juni, der von der Garnison unter dem Kommando des Fürsten Windisch-Graetz schon nach einer Woche niedergeworfen wurde. Bürgerliche Nationalgardisten halfen dabei mit. Auch Palacký und Havlíček hielten schließlich den Prager Versuch für schädlich, und schon bald darauf marschierten böhmische Soldaten ohne Murren gegen die Aufständischen in Ungarn. Auch das war verständlich: Denn in Budapest proklamierte man zwar die eigene Freiheit, wollte diese aber keineswegs mit den Slawen teilen. Kaum hatte die ungarische Revolution vorläufig gesiegt, so erklärte sie mit Gesetz vom 11. April 1848 das Ungarische zur alleinigen Staatssprache, auch für die vielen Kroaten, die im ungarischen Staatsverband lebten. Deshalb verweigerte der kroatische Feldzeugmeister Jellačić samt den Mitgliedern des Landtags in Agram der neuen Budapester Regierung die Anerkennung, auch die Slowaken in Nordungarn und die Siebenbürger Rumänen erhoben nationale Forderungen. Diese Art von ungarischer Freiheit schien den Slawen kein Fortschritt zu sein.

In Wien dagegen bestand man soeben die siegreiche zweite Phase der Revolution. Hier gab es eine völlig andere Stimmungslage. Am 30. Mai wurde die Pillersdorfsche Verfassung verworfen, die Nationalgarde verhaftete ihren eigenen Kommandanten, den Grafen Hoyos, und ein Sicherheitsausschuß regierte die Stadt, wie seinerzeit bei den Parisern.
Pillersdorf mußte das allgemeine Wahlrecht – auch für Proletarier – gewähren. Schon ab 26. Juli 1848 trat in Wien der erste, frei bestimmte Reichstag jener „Königreiche und Länder" zusammen, der zwar niemals zu einer genaueren Staatsbezeichnung gelangen sollte, aber dennoch zu einem faszinierenden demokratischen Experiment geriet. Allein daß die Abgeordneten in dieser kurzen Zeit ordnungsgemäß gewählt werden konnten, erscheint als ein kleines Wunder. Aber für das Verhältnis der Nationen untereinander waren die Prager Ereignisse und die Absage Palackýs an Frankfurt denkbar schlimm. Denn was war nun die Farbe der richtigen Freiheit – das Schwarz-Rot-Gold in Wien oder die blauweißroten Kokarden der Tschechen? In den Wiener Zeitungen von damals spiegelt sich beides wider: die deutsche Rollenangst und der Zorn auf das vermeintliche Versagen der Tschechen. „Wien hat dem Slawen die Freiheit gebracht und nun muß es sehen, wie er in der entfesselten Hand den Dolch gegen Wien zückte", schreibt die „Allgemeine Österreichische Zeitung" vom 29. Mai. Die „Constitution" sekundiert: „Die Tschechen ... lassen sich als Werkzeug der Reaktion verwenden. Ihr Ziel ist die Suprematie in Österreich, ein großes Slawenreich, in dem das ganze Germanentum untergehen soll."
Sofort steigen alte Schreckensbilder auf: „Und nun hat der Tscheche die Maske abgeworfen, der alte, wilde Hussitengeist wallt wieder in seinen Adern", beschwört die „Allgemeine Zeitung" vom 4. Juni und malt eine düstere Zukunft, denn auch „der Traum der Südslawen strebt mächtig der Erfüllung entgegen, nur daß der Ungar noch seine kalte Faust ihm in den haarigen Nacken setzt, sonst griffe das slawische Element in kräftigem Wiedererwachen durch Kärnten und Krain in der Steiermark nach der scharfgebrochenen Gebirge dunklem Erz, den Stahl zum Völkerkampf zu schmieden." Für dieses Blatt ist der Widerstand der Tschechen gegen die Deutschen nichts anderes als eine „Auflehnung wider die Natur". Denn es sei ja ein „ewi-

ges Gesetz", daß kleine Teile in der Gesamtheit aufgehen müssen.
Die slawische Kolonie in Wien scheint sich allerdings in diesen stürmischen Tagen recht wohlzufühlen. Man trifft sich im Café Gerlovich am Bauernmarkt oder beim Sperl. Jedesmal wenn eine Delegation aus Prag ankommt, gibt es einen überschäumenden Empfang am Nordbahnhof, und dabei geht es recht locker zu, manchmal sogar so locker, daß der „Volksfreund" vom 16. Juni Beschwerde über das „freche Benehmen" einer Abordnung der tschechischen Nationalgarde führt und deren „unmalerisches Kostüm" kritisiert, das „jedes schönheitsliebende Auge" verletze. Die „Allgemeine Straßenzeitung" vom 17. Juni beklagt sich über eine tschechische Studentendeputation, die ungeniert Schmählieder gesungen habe, etwa „Heiliger Wenzel, jage die Deutschen aus" oder das bekannte „Schuselka nam pise", worin das Frankfurter Parlament verulkt wird. Die „Neue Zeit" vom 18. Juni führt Arbeiterunruhen im Prater auf „panslawistische Sendlinge" zurück.
Dann treffen die Nachrichten vom Prager Pfingstaufstand ein, und die Wiener erschrecken erst recht. Es gehen Gerüchte um, daß die Radikalen dem Kaiser von Rußland die Schutzherrschaft über Böhmen angetragen hätten, überall soll schon das Blut der Deutschen fließen. Dazwischen gibt es Nachdenkliche – könnte das, was Windisch-Graetz mit den Pragern getan hat, nicht auch in Wien passieren? Aber als dann der neue Reichstag zusammentritt und sich bei den ersten Abstimmungen herausstellt, daß darin die slawischen Interessen um neun Stimmen stärker sind als die deutschen, da vergeht vielen Demokraten die Lust an dieser Errungenschaft: „Jetzt schon! Wie wird das werden! Trauere, trauere, armes, entdeutschtes Österreich!" klagt ein Dr. A. J. Becher im „Radikalen" vom 19. Juli 1848.
Dieser Reichstag wies nicht nur eine slawische Mehrheit von neun Stimmen, sondern überhaupt ein babylonisches Gewirr von neun verschiedenen Sprachen auf, und wenn auch die Mehrheit das Deutsche beherrschte, so war das doch nicht selbstverständlich. Allein schon die Frage, welche Geschäftssprache man wählen oder ob man gar laufend übersetzen sollte, spaltete die Volksvertreter, führte diese Angelegenheit doch mitten in den Nationalitätenkampf.
Überdies sind unter den 383 Abgeordneten 30 Analphabeten. Doch am Ende gibt es eine österreichische Lösung: Man geht zwar ohne formelle Entscheidung, aber Deutsch redend, ein-

fach zum nächsten Tagesordnungspunkt über. Die abschließende Bemerkung des Tschechen Brazdil ist bemerkenswert: „Die Slawen werden nicht Trotz bieten, sondern gern bereit sein, wenn sie nicht gedrückt werden.“ Und darum ging es eigentlich bei diesem vertrackten Nationalitätenkonflikt all die Jahre bis zum Untergang der Monarchie – die Slawen wollten nur nicht zu etwas gezwungen werden, was sie, freiwillig, wahrscheinlich ohnedies getan hätten.

Inzwischen drohten allerdings schon ganz andere Gefahren: Die Generäle Kaiser Ferdinands hatten nach den Siegen in Italien umgruppiert, der Plan zum großen Gegenschlag war gefaßt. Zunächst, am 3. Oktober, wurde der ungarische Reichstag für aufgelöst erklärt, was Krieg bedeutete. Zur Unterstützung der kaiserlichen Armee sollten Teile der Wiener Garnison nach Ungarn abgehen, aber die Truppen meuterten, auch die Nationalgarde griff ein.

Bei den anschließenden Kämpfen siegten die Schwarz-Rot-Goldenen über die Kaisertreuen, die Schwarz-Gelben. Ferdinand selber floh. Der Reichstag vertagte sich bis November, aber da traten die Abgeordneten schon im mährischen Kremsier zusammen. Denn nun richtete sich der Hauptstoß der vereinigten kaiserlichen Armeen von Windisch-Graetz und Jellačić gegen Wien.

Am 26. Oktober begann der letzte Akt. Die Kaiserlichen stürmten, und nach vier Tagen war alles vorbei. Nun war keine Rede mehr davon, was Pillersdorf, wenn auch unter Gewalt, im Mai zugestanden hatte, es begann die Phase des franzisko-josephinischen Neoabsolutismus, und die Monarchie bekam wieder eine zentralistische Verfassung.

Aber den Wienern blieb eine Erinnerung an diesen blutigen Oktober, die sie nicht so bald vergessen sollten: Es waren vor allem slawische Regimenter, die die Hauptstadt eroberten, blauhosige böhmische und polnische Infanterie, mährische Kürassiere, tschechische Artilleristen und buntgekleidete kroatische Seressaner mit ihren muschelbesetzten Zipfelhauben. So mancher einheimische Bürger soll damals um Uhr und Geldbörse erleichtert worden sein. Einen dauernden Schaden für die Beziehungen zu den Slawen dürfte das zwar nicht angerichtet haben, schließlich gab es ja schon viele Wiener mit slawischer Herkunft. Nur einem Deutschen war nun völlig klar, was in Hinkunft mit den „Völkersplittern“ in der Donaumonarchie geschehen sollte. Karl Marx, der während der Oktoberrevolution auch nach Wien gekommen war, forderte tief enttäuscht am 31. Dezember 1848 in der „Neuen Rheinischen Zeitung“: „... unversöhnlichen Kampf, Krieg bis zum Tod gegen die Slawen, die Verräter der Revolution, Ausrottung, Terrorismus ohne Rücksicht – nicht im Interesse Deutschlands, sondern im Interesse der Revolution“.

Wenige Monate später kamen die Russen tatsächlich – aber es waren nicht die Tschechen, die sie herbeiholten, sondern es war Kaiser Franz Joseph, der den Zaren Nikolaus I. um Truppenhilfe gegen die Ungarn bat. Trotzdem erhielten später eben jene Ungarn, die den Habsburgern 1849 so große Schwierigkeiten gemacht hatten, von Franz Joseph 1867 alles zugestanden, was sie nur wünschten. Zu einem böhmischen Ausgleich und zu einer Krönung in Prag kam es hingegen nie – ein nachdenklich stimmendes Beispiel dafür, wie man sich auf Dauer Respekt und Anerkennung verschafft. Auch Niederlagen lassen sich in spätere Siege verwandeln, vorausgesetzt, man bleibt einig und zielbewußt. Die Tschechen ihrerseits verhielten sich zwar noch jahrzehntelang in ihrer großen Mehrheit staatstreu, aber auch etwas lethargisch und zwiespältig. Wahrscheinlich fehlte es an großen Integrationsfiguren. Palacký selber war eher der Typ des stillen Gelehrten, intellektuell und schlicht im Auftreten, etwas „altmodisch gekleidet“, wie man im oberflächlichen Wien vermerkte.

Da zeigten die glänzenden Ungarn, die Kossuth und Andrassy, ein viel deutlicheres Profil – Image war auch schon damals wichtig. Allerdings genoß Palacký bei den Fachleuten im Reichstag, im Verfassungsausschuß, größtes Ansehen. Aus seiner Feder stammte jener vielfach variierte föderalistische Reformplan für eine Neugestaltung des Reichs, der als erster und einziger eines tschechischen Politikers die Bereitschaft zeigte, auf die – erst ab 1890 so genannten – sudetendeutschen Gebiete zu verzichten. Palackýs Interpret Masaryk hatte daher 1899 einige Mühe zu erklären, warum sein großer Vorgänger 1848 zunächst für ein rein ethnographisch-nationalstaatliches Konzept eingetreten war und erst später, 1865, für ein historisch-geographisches, das Böhmen in seiner Gesamtheit erhalten wollte.

Pläne dieser Art werden 1848 auch von Kroaten und Deutschen vorgelegt, etwa von dem Publizisten Ognieslaw Ostrozinski und dem Deutschböhmen Ludwig von Löhner. Sie alle kreisen um die Idee eines Bundesstaats, der seine Funktion in einer militärischen und ökonomischen Vereinigung der kaiserlichen

Völker nach außen haben soll, jedoch bei eigenen Länderkompetenzen für Landwirtschaft, Justiz, Soziales und Unterricht. Beim Ziehen der neuen nationalen Grenzen wagen es aber nur die beiden Slawen Palacký und Ostrozinski, die bisherigen ungarischen Hoheitsgebiete in ihre Erwägungen mit einzubeziehen. Auch der in Kremsier beschlossene, doch niemals realisierte Verfassungsentwurf des Reichstags klammert Ungarn aus.

Überhaupt werden die Ungarn in den kommenden Jahren zu den eigentlichen Adressaten der slawischen Kritik. Denn in Böhmen erreichen die Tschechen ab 1880 immerhin die sprachliche Gleichstellung mit den Deutschen beim äußeren Parteienverkehr der Behörden. Aber in der ungarischen Slowakei gab es bis 1918 nicht einmal höhere Schulen mit slowakischer Unterrichtssprache, obwohl schon seit der zweiten Hälfte des 19. Jahrhunderts wieder eine slowakische Schriftsprache existierte. So kam ein ausgewogener Föderalismus in Österreich-Ungarn niemals zustande. Allerdings schien er damals, in den vierziger Jahren, auch gar nicht so vordringlich zu sein. Die nationalen Bewegungen waren mit der bürgerlichen und der proletarischen Revolution zu einem nahezu unlösbaren Problemknäuel vereint, dazu kam noch die äußere Bedrohung durch das aufstrebende Preußen. Das Reich der Habsburger war die mitteleuropäische Vormacht und wollte es bleiben, dies galt als die politische Hauptaufgabe. Nun, nach der russischen Hilfe, schien eine solche Stabilisierung möglich. Die kaiserlichen Armeen waren siegreich, und so machte sich der fähige neue Regierungschef Fürst Felix Schwarzenberg daran, dem Reich wieder eine einheitliche Verwaltung zu geben. Als Vorbilder standen Maria Theresia und Prinz Eugen am Horizont, als modernes Beispiel diente das zentralistische Frankreich. Der Kremsierer Reichstag, der dem Kaiser nur noch ein aufschiebendes Veto zubilligen wollte, das Militär unter die zivile Gerichtsbarkeit stellen und sogar eine neue Fahne, die weißgelbrote Trikolore, einzuführen wünschte, wirkte als Hindernis. Deshalb löste ihn Schwarzenberg gewaltsam auf. Das war ein absolutistischer Rückfall, gewiß – aber auch der Beginn eines wechselvollen Reformprozesses, der in mühsamer, oft grotesker Dialektik jene Voraussetzungen schuf, die zum weiteren Aufstieg der habsburgischen Völker führte.

Die Slawen Böhmens waren dabei jahrzehntelang offen und kompromißbereit, gehörte doch die Mehrheit ihrer Abgeordneten zur liberal-konservativen Mitte, die auch in Kremsier gegen die radikalen Demokraten der Wiener Oktoberkämpfe von 1848 Stellung genommen hatte. So hofften sie, für ihre den Habsburgern gezeigte Loyalität mit der Anerkennung ihrer nationalen Rechte belohnt zu werden. Politisch mag das zwar schleppend vor sich gegangen sein, aber kulturell und ökonomisch war der Aufstieg unverkennbar. Um 1900, bei der ersten Volkszählung, hatte Böhmen nicht nur die niedrigste Analphabetenrate der Monarchie, die Tschechen lagen sogar etwas besser als die Deutschen (von 1 000 Tschechen konnten 937 lesen und schreiben, von 1 000 Deutschböhmen 918). Dazu vermehrten sich die Slawen kräftig.

Die Böhmen kommen

Bauernbefreiung und die wirtschaftlichen Förderungsmaßnahmen Maria Theresias hatten einen enormen agrarischen Aufschwung und damit auch einen Anstieg der Bevölkerung bewirkt. Das setzte sich auch unter Leopold II., unter Kaiser Franz und unter Ferdinand und Franz Joseph fort. Allein zwischen 1780 und 1840 vergrößerte sich die Einwohnerzahl Böhmens und Mährens um mehr als 60 Prozent auf sechs Millionen Menschen. Das ging später, in der Zeit des Manchesterkapitalismus, weiter. Alle Behauptungen, wonach vor allem der slawische Bevölkerungsteil unter dessen Auswüchsen zu leiden gehabt hätte, sind übrigens falsch. In der Periode zwischen 1860 und dem großen Börsenkrach 1873 hungerte am ärgsten die damals vorwiegend deutsche Industriearbeiterschaft. Erst dann begann die breite industrielle Erschließung auch der tschechisch besiedelten Gebiete. Die Geburtenzahlen der Deutschen sanken, dagegen stiegen sie im agrarischen Innerböhmen und in Mähren steil an. Das lieferte weitere Gründe für einen noch hitzigeren Nationalitätenstreit. Alsbald zogen die verelendeten deutschen Arbeiter und Handwerker nach Niederösterreich oder nach Schlesien weiter, an ihre Stelle trat tschechische Billiglohnkonkurrenz. Da lernten dann zwar auch die Slawen das Hungern, aber das schuf keine Solidarität, sondern nur neue Antipathien zwischen den Nationen. Eine deutsch-tschechische Streikbewegung wäre das letzte gewesen, was sich die Unternehmer wünschten. So förderten sie in den Industriedörfern bewußt die Abgrenzung der Bevölkerungsgruppen, deutsche Schulen für Tschechen galten als überflüssig. Es entstanden industrielle Sprachghettos – ein Phänomen, das man in der bäuerlichen Nachbarschaft überhaupt nicht gekannt hatte. Ganz im Gegenteil. Von Mähren bis nach Schlesien gab es bei Bauern wie Gewerbetreibenden den höchst vernünftigen Brauch des Kindertausches: Slawische Eltern schickten ihre Kinder zu deutschen Eltern ins Quartier und deutsche zu den Slawen. So lernten die Kinder nicht nur die Sprache, sondern auch ein inneres, gefühlsmäßiges Verständnis für die Art des anderen Bevölkerungsteils; vom wechselseitigen Heiraten gar nicht erst zu reden. Was die Hocharistokraten als systematische Politik betrieben, war bei Handwerkern und Arbeitern eine biologische Selbstverständlichkeit. Freilich, in den Städten freuten sich bei zunehmender nationaler Agitation weder deutsche noch tschechische Beamte oder Bürger, wenn Sohn oder Tochter ins andere Lager wechselte. Doch das hing auch von den individuellen Umständen ab. Und so entstand bei zahllosen deutschen Österreichern die zärtliche Erinnerung an unendlich sanftmütige böhmisch-mährische oder ungarisch-slowakische Großmütter, die das Kinderleid mit ihren weichen, rauschenden Koseworten so wunderbar zu trösten wußten ...

Durch den verdienstvollen Ausbau einer ersten Sozialgesetzgebung ab 1885 besserte sich für beide Sprachgruppen allmählich die Lage, Kindersterblichkeit und deutsche Abwanderung gingen zurück. Wie Berthold Sutter feststellt, festigte dies bei den Sozialdemokraten wie Victor Adler, Otto Bauer und Karl Renner die frühe Überzeugung, daß eine großzügige Sozialpolitik auch die beste Verteidigung der deutschen Volksgruppe sei. Aber daß diese zu kämpfen hatte, stand außer Frage, denn die Wachstumsrate der Deutschen lag deutlich sowohl unter jener der Slawen als auch unter dem Durchschnitt der gesamten Monarchie. In den großen Städten galoppierte die Entwicklung: Bei der Besetzung Prags nach Königgrätz 1866 konnten die Preußen dort noch eine mehrheitlich deutsche Stadt erleben. Doch bereits 30 Jahre später waren die Sprachverhältnisse umgekehrt, und 1902 erklärte die örtliche statistische Kommission bereits offiziell: „Prag ist heute eine tschechische Stadt."

Die deutschen Schulvereine zogen gegen die Mata Česka, ihr tschechisches Gegenstück, und die deutschen Turnvereine gegen die Sokol-Bewegungen zahlenmäßig den kürzeren. Um so entschiedener verlangten daher die deutschen Landespolitiker

die Beibehaltung des zweisprachigen Unterrichts an den Prager Schulen, eine Quelle ununterbrochener heftigster Streitigkeiten. 1882 spaltete sich die Prager Universität, die übernationale Gründung Karls IV., in einen deutschen und einen tschechischen Lehrbetrieb. In den Industriesiedlungen zogen die tschechischen Proletarier auch tschechische Gastwirte, Lebensmittelhändler und Handwerker an. Auf dem Land entfaltete sich ein intensives tschechisches Genossenschaftswesen. Und rasch wuchs aus wohlhabenden tschechischen Bauern und Gewerbetreibenden auch eine kräftige Industrie, die sich auf die natürlichen Ressourcen der Böhmen stützte – Nahrungsmittel, Zukkerfabriken, Brennereien, Müllereibetriebe, Lederwaren.
Schon seit 1868 gibt es ein tschechisch-böhmisches Kreditinstitut, die Živnostenska Banka, die große Bedeutung erlangte. Ab 1886 baut Škoda Geschütze und Panzertürme, und bald werkt man in der deutsch-tschechischen Firma Laurin & Klement an den ersten Motorrädern. Von einer „deutschen Klassenherrschaft", wie später behauptet wird, kann keine Rede sein. Dafür gab es etwas anderes, eine zunehmende tschechische Auswanderung teils nach Amerika, teils in den Süden, ins Österreichische. Schon um 1890 war die böhmische Bevölkerung auf neun Millionen angewachsen, aber die Verteilung des Grundbesitzes ließ ihr daheim nur wenig Berufschancen. Dagegen benötigte man in der Reichs-Haupt- und Residenzstadt Wien Bauarbeiter für die Ringstraße, Handwerker und Ziegelbrenner, Dienstpersonal und Saisonkräfte für die Landwirtschaft. Obwohl es nicht die ersten Böhmen sind, die nach Wien und Niederösterreich ziehen, machen sie sich diesmal besonders stark bemerkbar, denn sie bringen ihr Vereinswesen mit. Um die Jahrhundertwende zählt man in Wien rund 103 000 amtlich registrierte Personen mit böhmisch-mährisch-slowakischer Umgangssprache, heimatberechtigt in Böhmen oder Mähren waren um diese Zeit sogar 508 000 der neuen Wiener. Sie singen gerne, sind enorm gesellig, pflegen ihr Brauchtum. Obwohl „die Böhm" im Verhältnis zur Gesamteinwohnerzahl Wiens von 1,6 Millionen immer noch eine Minderheit repräsentieren, üben sie auf die Prägung Wiens einen Einfluß aus, der weit über ihre rechnerische Größe hinausgeht. Für die Sprachwissenschaftler ist heute klar, daß sich die Veränderungen der Wiener Umgangssprache in Tonfall und Lautstand, die vor der Jahrhundertwende einsetzen, vor allem aus den slawischen Einflüssen erklären lassen. Denn erst ab dieser Zeit beginnt sich das Wie-

nerische deutlich von den ländlichen Mundarten der Umgebung zu unterscheiden. Vorher waren die Dialekte der im Osten lebenden niederösterreichischen Bauern und das Altwienerische nahezu austauschbar. Die Sprache ist ein feines Instrument, das mit seinen Klängen schneller reagiert als durch die Übernahme von Lehnwörtern, obwohl es auch davon sehr viele gibt. Hier nur eine kleine Auswahl, sie bezieht sich nicht zufällig oft auf Essen und Trinken: Das Schöpserne kommt von *skopec,* Hammel; die Preiselbeere vom tschechischen *bruslina;* der Kren von *chrenu;* sich andudeln vom russischen *dutiti,* viel Wasser trinken (was damit allerdings nicht gemeint ist). Der Halunke war früher ein *holomek,* ein nichtswürdiger Bursche; der Powidl eine tschechische *povidla,* die Bramburi ebensolche *brambory* (Erdäpfel); die Wuchteln *buchta* (die Aufgeschwollenen); die Tuchent, die federngefüllte Zudecke, eine *duchenka;* und der Tschusch ein slowenischer *čus,* nämlich ein Dummkopf. (Zitiert nach Walter Steinhauser.)
Wären diese Böhmen nur Dienstleute geblieben, wie die Sprachwurzeln andeuten, so wären sie bald alle von der deutschen Mehrheit aufgesogen worden, wie das später ja auch tatsächlich geschah. Aber da waren viele Bildungsbewußte darunter, ebenso sprachstolz, wie es umgekehrt die Deutschen in Prag waren. Sie gründeten mit Hilfe böhmischer Aristokraten und Intellektueller den „Komenský Verein zur Errichtung und Erhaltung böhmischer Schulen in Wien", schufen einen „Akademischen Verein" und eigene Studentenklubs. Das alarmierte die Deutschnationalen, denn „die tschechischen Ziele in Bezug auf Wien und Niederösterreich waren hochgesteckt", wie Berthold Sutter ausführt. Es ging vor allem um schulpolitische Faustpfänder. Wenn die Deutschen auf der Zweisprachigkeit in Prag bestanden, dann forderten die organisierten Tschechen das gleiche Recht in Wien. In Niederösterreich galt, nach einer Entscheidung des mustergültig objektiven Reichsgerichts, Tschechisch ebenfalls als eine Landessprache, da es im oberen Marchfeld eine starke slawische Minderheit gab, immerhin waren es 122 000 Menschen!
Diesen Hintergrund muß man kennen, um die unglaubliche Erbitterung zu verstehen, mit der in diesen Jahren immer wieder vergeblich um den sogenannten „böhmischen Ausgleich" gerungen wurde. Alles, was die Böhmen verlangten, besaßen die Ungarn schon seit 1867. Immer wieder gab es neue Anläufe, immer wieder versuchten wechselnde Ministerpräsidenten, das

Gleichgewicht mit den Slawen herzustellen. Doch ebensooft scheiterten diese Bemühungen an feindlichen Koalitionen im Reichsrat und am Zögern Franz Josephs. Eine besonders folgenschwere Auseinandersetzung war die Krise vom Frühjahr 1897. Sie sei näher geschildert, weil sie den geradezu neurotischen Stand der damaligen völkischen Beziehungen zum Ausdruck bringt.

Tragödie im Reichsrat

Ministerpräsident ist Kasimir Graf Badeni, ein Pole, dessen meisterhafte deutsche Reden in den alten Protokollen nachzulesen sind. Es wird um die Sprachverordnungen gerungen: Für ganz Böhmen, auch in den überwiegend deutschsprachigen Gebieten, soll im Amtsverkehr die tschechische „innere Dienstsprache" eingeführt werden. Das hätte zwar für die deutschen Beamten den Zwang zur Zweisprachigkeit bedeutet, für Verwaltung und Justiz wäre es aber eine ziemliche Erleichterung gewesen. Denn bisher wurde etwa bei einer Strafsache gegen einen slawisch-böhmischen Kutscher die Angelegenheit zwar in tschechischer Sprache verhandelt, dann jedoch mußte die Beratung des Gerichtshofs und dessen Urteilsspruch auf deutsch erfolgen, ebenso wie der Verkehr der Gerichte untereinander.

Wohlgemerkt: Kein Volksteil wäre in Hinkunft einseitig benachteiligt gewesen. Denn jede Partei wäre bei Amt und vor Gericht nach wie vor in ihrer Muttersprache zu Wort gekommen. Nur hätten eben auch die deutschen Beamten Tschechisch lernen müssen – die Förster und die Briefträger, die Zollinspektoren und die Oberkontrolleure bei der Bahn genauso wie Richter und Staatsanwälte. Für tschechische Bedienstete galt diese Regel – im umgekehrten Sinn – schon seit den Stremayrschen Verordnungen von 1880. Also bloß eine Durchführungsfrage? Mitnichten. Der „Kärntner Allgemeinen Volkszeitung" vom 5. Juli 1897, die sich gemeinsam mit dem „Grazer Tagblatt", dem Organ der Deutschen Volkspartei für die Alpenländer, gegen die Badeni-Verordnungen stellt, fällt Hermann der Cherusker ein: „Unsere Väter haben ... einst im Teutoburgerwald den Abgesandten, den Feldherrn des römischen Augustus, der uns knechten wollte, geschlagen und seine Legionen vernichtet; wir Deutschen und Österreicher sind immer noch

stark genug, einem, der dies neuerdings versuchen wollte, neuerdings zu tun."
Doch es kommt noch massiver, die falschen Analogien sprengen fast die Zeilen: „Höhnend und grinsend steigt die raubgierige russophile Fratze in das deutsche Heim. Hundert Jahre so fort, und in der Ostmark Gauen ertönt kein deutscher Laut mehr, kein froher deutscher Älpler-Sang klingt dann in die Ebenen, und kein deutsches süßes Schlummerlied deutscher Mütter zittert wie Herzensfreude und Lebensglück durch die Luft... Heraus nun ihr Epigonen von Mars la Tour, Gravelotte und Sedan... heraus Du Reckenkraft, Du Siegfriedstärke, die Entscheidungsstunde über Sein und Nichtsein deines Volkes in des Ottos Gemark naht."
Das „Grazer Tagblatt" vom 8. Juli 1897 bemüht in seinem Kampf gegen ein eigenes böhmisches Staatsrecht die Merowinger und Markomannen: Aus Deutschland berichtet es von den Forschungen des „bekannten nationalen Gelehrten von Pfister-Schwaighusen". Dieser hält den „Bluteszusammenhang" der Deutschböhmen mit den alten Germanen für erwiesen, tschechische Einwanderer seien erst um 580 n. Chr. als sogenannte „waidende slawische Gäste" mit Erlaubnis der merowingischen Könige in „fränkisches, das ist deutsches Reichsgebiet" zugelassen worden. Ein ziemlich weit gespannter historischer Bogen, wenn man bedenkt, daß es eigentlich um zweisprachige Telegrammformulare und ähnliche Probleme ging...
Der Furor der deutschnationalen Argumentation steigert sich aber weiter und enthüllt dabei die regionalen Motive. Am 28. Juli 1897 schreibt das „Grazer Tagblatt" von „kaum halbgesitteten Zwergvölkern" wie den Slowenen, die sich „aus dem Fleisch des Deutschtums Riemen schneiden dürfen". Und schon vorher, am 11. Juli, hat das gleiche Organ beziehungsreich einen Satz von Machiavelli aus dessen „Principe" zitiert: „... il faut ou gagner les hommes ou les tuer..." („Man muß die Menschen entweder gewinnen oder sie töten.") Das scheint ein Satz so recht nach den Herzen der Anhänger der damaligen Deutschen Volkspartei gewesen zu sein. Denn die Zeitung kommentiert ihn ausführlich an prominenter Stelle auf ihrer ersten Seite: „... richtig verstanden und angewendet löst [dieser Satz] alle Fragen des menschheitlichen Verkehres, nicht nur die im engen Wortsinne politischen. Wenn die Deutschen in Österreich vor dreißig Jahren, als die slawische Bewegung ernsthafter einsetzte, nach dieser Lehre gehandelt hätten, so

würden sie heute nicht vor der Besorgnis stehen, dieser Bewegung nicht mehr kräftig genug standhalten zu können."
Noch schreibt man das Jahr 1897. Doch schon gibt es nur noch Eroberung oder Untergang, Assimilation oder Vernichtung.
Doch weiter in der Reichsratsdebatte: Der Abgeordnete Dr. Funcke beginnt zunächst noch mit einer durchaus vernünftigen Argumentation, denn Badeni hat seine Verordnungen tatsächlich schlecht vorbereitet und will sie nun überstürzt durchziehen. Bis zur Ablegung der theoretischen und praktischen tschechischen Sprachprüfung sollte es für die deutschen Beamten nur eine Übergangsfrist von drei Jahren geben. Die Vertreter der deutschen Opposition, die Deutsche Volkspartei, die Schönerergruppe und die gemäßigte Deutsche Fortschrittspartei hingegen verlangen eine Anpassungsperiode von zwölf Jahren. Das wäre der Zeitablauf für den normalen Ausbildungsgang eines Juristen gewesen – acht Jahre Gymnasium, vier Jahre Universität. Kein unbegreiflicher Wunsch – und das deutsche Element hätte dann vielleicht zugestimmt. „Wenn es schon sein muß", wie Funcke in seiner Rede bemerkte. Wie so oft in Österreich war also auch damals einfach schlechte Regierungskunst mit schuld am kommenden Desaster. Doch weitaus abgründiger, charakteristischer für die seinerzeitige Stimmung sind die in den stenographischen Aufzeichnungen vermerkten Ausbrüche von Dr. Funckes Kollegen Karl Hermann Wolf, einem Egerländer: „Jeder, der die Geschichte kennt, weiß doch, daß das deutsche Volk ein Culturvolk schon gewesen ist, wie von den Cechen noch gar nicht die Rede war, daß die Cechen in ihrer ganzen Cultur nur Schüler der Deutschen sind und alles, was Sie an Cultur und Literatur producieren, nur eine Übersetzung aus dem Deutschen ist. Wenn man uns Deutschen zumutet, die Sprache eines solchen culturell minderwertigen Volkes uns aufdrängen zu lassen, so werden wir uns dagegen natürlich auf das Allerentschiedenste verwahren ..." An dieser Stelle vermerkt das Protokoll nur noch andauernden Lärm und Unverständlichkeit des Redners, da die tschechischen Abgeordneten entsprechend protestierten. Später wird Wolf die Tschechen indirekt mit Zulukaffern und Eskimos gleichsetzen. Auch von den Bankreihen, wo die Schar der linken Deutschen sitzt, ertönt Gelächter. Von rechts tobt der Tschechenklub.
Acht Monate später muß Badeni gehen. Zwei weitere Kabinette, Gautsch und Thun-Hohenstein, scheitern ebenfalls, denn die Agitation und die Obstruktion der nationalen deutschen

Minderheit erweist sich als stärker. Doch gleichzeitig war es auch das Ende der tschechischen Hoffnungen, den böhmischen Ausgleich zu bekommen. Staatsidee und Dynastie schienen diskreditiert zu sein. Ab nun beginnen einige tschechische Politiker andere, eigene Wege zu gehen.

Und was war damals der Beitrag der maßgeblichen Geschichtsschreiber der Zeit zu diesen Problemen der Epoche? Hier gibt es ein für heutige Begriffe unglaubliches Dokument aus der „Neuen Freien Presse“ vom 31. November 1897, ein offener Brief aus der Feder des großen deutschen Historikers Theodor Mommsen. Seine „Römische Geschichte“ war seinerzeit Pflichtbestand in den Bibliotheken des deutschen Bildungsbürgertums, Mommsen gilt als „48er“, als Kämpfer für die Freiheit gegen den Absolutismus, als ein Gegner Bismarcks. 1902 wird er als erster Deutscher den Nobelpreis für Literatur erhalten.

Doch angesichts der Badeni-Krise fällt dem Achtzigjährigen für die Tschechen nur die Bezeichnung „Apostel der Barbarisierung“ ein, deren „Schädel nicht für Vernunft, sondern nur für Schläge“ zugänglich seien. Die Liberalen redeten „Stumpfsinn“, Katholiken wollten das Vaterland „entmannen“, und die Kaiserstadt Wien nennt er „lendenlahm, volklos und ehrlos“. Schließlich fordert Mommsen zur Selbsthilfe auf.

Auch die Sozialdemokratie der Monarchie wurde von diesen Spannungen angesteckt. Ursprünglich glaubte man, mit dem Gedanken der Klassensolidarität die Basis einer gemeinsamen linken Reichspartei gefunden zu haben, doch war dies nicht durchzuhalten. 1899 beschloß der Brünner Parteitag ein Programm, das die Umwandlung der historisch gewachsenen Kronländer in national abgegrenzte, demokratische Selbstverwaltungskörper vorsah. Damit wären in Böhmen territorial getrennte Hoheitsbereiche für die deutschen und für die tschechischen Österreicher entstanden, ein unerträglicher Gedanke für die Tschechen. Prager Genossen protestierten heftig gegen den als großdeutsch empfundenen Zentralismus der Wiener Genossen. Wiewohl gleich nach der Jahrhundertwende die interessantesten Arbeiten der Austromarxisten Karl Renner und Otto Bauer zur möglichen Lösung der Nationalitätenprobleme entstanden, zerbrach 1911 die sozialdemokratische Gesamtpartei. Nur Renner blieb seiner Idee einer „Eidgenossenschaft der österreichischen Nationen“ bis nach dem Ende der Donaumonarchie treu. Bauer erhoffte sich nach dem Herbst 1918 vor allem eine gesamtdeutsche Revolution des Proletariats.

5
SPRACHE SUCHT STAAT, VOLK SUCHT BLUT

„Jeder glaubt die Wahrheit zu haben, und jeder hat sie anders. Nein, nur der Irrtum ist unser Teil, und Wahn ist unsere Wissenschaft."

Gotthold Ephraim Lessing

„Der Österreicher ist so deutsch, wie die Donau blau ist."

Alfred Polgar

Der deutsche Schwur der Wiener Tschechen

Der Mann, der auf der bürgerlichen Seite die Zeitstimmung aufgreift und sie politisch nutzt, ist der damalige Wiener Volksbürgermeister Dr. Karl Lueger. Der „schöne Karl" und „Herrgott von Wien" war in diesen Jahren der erfolgreichste Demagoge der Monarchie. Lueger verstand es meisterhaft, mit sozialen Großtaten, antiliberalen Ressentiments, Antisemitismus und katholischem Populismus Mehrheiten zu gewinnen, die ihm insgesamt fünfmal das höchste Amt der Stadt eintrugen. Als typischer Aufsteiger – der Vater Hausmeister, der Sohn Theresianist und Akademiker – weiß Lueger um die Ängste des kleinen Mannes genau Bescheid. Am 28. März 1900 läßt er deshalb in Wien ein kurioses Gesetz beschließen. Danach mußte jeder Bewerber um das Wiener Bürgerrecht nicht nur einen zehnjährigen Aufenthalt in der Stadt samt entsprechendem Einkommen nachweisen, sondern auch einen nationalen Eid leisten. Er mußte sich nämlich verpflichten, „den deutschen Charakter der Stadt nach Kräften aufrechtzuerhalten". Es läßt sich ausmalen, mit welcher Überzeugungskraft die vielen zugereisten böhmischen Schuster, Marktfieranten und Schneidermeister dieses Gelöbnis auf eine Sprache ablegten, die sie selber meist nur mangelhaft beherrschten. Mit diesem Gesetz war eine Richtung und eine Pressionsmöglichkeit angedeutet. Im Klar-

text muß man es einen Akt des Gesinnungszwangs nennen, der moralisch wertlos war und zum Heucheln veranlaßte.
Daß diese Bestimmung nicht ganz so rigoros gehandhabt wurde, ist offenkundig, denn sonst hätte Wien Massenausbürgerungen durchführen müssen. Im übrigen zählten tschechische Vertraute, wie der legendäre Hermann Bielohlawek oder Luegers Diener Pumera, zu den engsten Mitarbeitern des christlichsozialen Bürgermeisters. Ein gewisses Augenzwinkern lag immer schon im Wesen der Wiener Volkstribunen. Daß sich dennoch nicht alle Wiener Tschechen assimilieren ließen, zeigt die Zahl der späteren Abwanderer von 1918. Immerhin zogen es damals rund 150 000 Personen vor – oder wurden durch die neuen Anstellungsbedingungen im öffentlichen Dienst dazu gezwungen –, in die ČSR abzuwandern.
Mit solchen gesetzlichen Maßnahmen stand die Hauptstadt Wien aber nicht allein. Ab November 1909 wurden in Niederösterreich, Oberösterreich, Salzburg und Vorarlberg gleichlautende Landesgesetze erlassen, die für alle Behörden, Lehrerbildungsanstalten und Realschulen die deutsche Sprache zur Landessprache erklärten, es muß dafür also auch ein Bedürfnis gegeben haben. Zumindest in Wien und in Niederösterreich war es ein echter Volkstumskampf: Immer wieder geht es um nationale Urängste und um Probleme der Statistik. Wie erfaßt man am besten die nationale Zugehörigkeit? In der Monarchie wurde bei Volkszählungen nach der Umgangssprache gefragt, und hier spielte der soziale Anpassungsdruck und somit der Einfluß der Mehrheit eine entscheidende Rolle. Deshalb bestanden gefährdete Minderheiten immer auf der Frage nach der Muttersprache, wie sie bei den Volksschulstatistiken üblich war. Lieferten auch sie die „falschen" Resultate, so mußte der Hinweis auf die Herkunft zur politischen Argumentation dienen. Daraus erklären sich die wilden Sprünge bei den Zahlenangaben der deutschen und der tschechischen Propaganda. Bezüglich der Stärke der Wiener Tschechen bis zum Ersten Weltkrieg schwanken sie zwischen 100 000 und einer Million, je nachdem ob man das Sprachbekenntnis oder die Namen der Swobodas, Buseks, Novotnys und Vranitzkys als Ausgangsbasis nahm. Wien, dank seiner Stellung als Reichshauptstadt, mit seiner deutschsprachigen Abstützung nach Westen und Süden, besaß allerdings eine derartige Integrationskraft als Schmelztiegel, daß eine manipulative Verstärkung durch kleinliche Verwaltungsmaßnahmen gar nicht nötig gewesen wäre. Bedenkt

man das geradezu abenteuerliche Wachstum Wiens in diesen Jahren – zwischen 1880 und 1900 stieg die Einwohnerzahl um mehr als das Doppelte! –, so muß man staunen, wie relativ klaglos dieser Zustrom aus den verschiedensten Kulturkreisen bewältigt wurde. Der sprachliche Übergang erfolgte so selbstverständlich, wie es heute bei der zweiten Generation von Einwanderern in die USA der Fall zu sein pflegt. Der Herkunft nach war zumindest ein Viertel der Wiener tschechischer oder slowakischer Nationalität, aber nicht einmal ein Zehntel bekannte sich dazu. Vieles spielte hier zusammen: Der Rang des Deutschen als „die Orgel unter den Sprachen“ (Jean Paul), der Wunsch nach sozialer Höherwertigkeit, der kulturelle Rückhalt durch das deutsche Kaiserreich.
Tschechischer Akzent galt – und gilt – als leicht komisch, wie sich unschwer aus den Komödienstoffen beweisen läßt. In Stefan Kamares heute noch beliebtem Lustspiel „Leinen aus Irland“ sind die Träger tschechischer Namen zwar bis zu Exzellenzen und Sektionsräten avanciert, aber sie repräsentieren die unangenehmen Karrieristen und pedantischen Beamten. Der eigentliche, korrekte Held und sein vornehmer Sektionschef hingegen heißen Dr. Goll und Dr. Kettner. Oft genug scheiterte die tschechische Sehnsucht nach eigener Größe an nichts anderem als einem Scherzwort. In seinem „Gaulschreck im Rosennetz“ beschreibt Fritz von Herzmanovsky-Orlando unter vielen anderen Figuren den unvergeßlichen Hofzwerg Krschisch: „Er soll der Erfinder der böhmischen Sprache gewesen sein, hör ich. Für einen schwermütigen Prinzen aus dem Hause Habsburg soll er sie ersonnen haben! Der ist davon gesund geworden ...“
Solch eine liebenswürdige Satire besaß unbesiegbare Krallen. Wie intensiv der Anpassungsdruck war, kann man auch aus verschiedenen Namensänderungen belegen; selbst die Familie des österreichischen Bundespräsidenten Waldheim gehörte dazu ...
Geliebt haben sich die beiden Sprachgruppen in Wien ganz sicher nicht. Als die Wiener bei der Jagdausstellung 1910 gerne das schöne Lied mit dem Refrain „O Zavadil, o Zavadil, hast du denn gar kein Schamgefühl“ singen, kommt es zu einem zornigen Protest in den Prager Zeitungen. Derartige Hänseleien waren politisch durchaus nicht harmlos, wenn zu den Zahlenspielereien territoriale Forderungen kamen, wie später erläutert werden soll. Volksbewußte Tschechen empfanden sich als

„Zweige des slawischen Baumes", als „Vorhut in Wien" oder als „Wacht an der Donau". Nach 1918, als den ehemaligen Österreichern in der ČSR die Selbstbestimmung verweigert worden war, sah die Republik Österreich auch keinen Grund, den Wiener Tschechen entgegenzukommen. Eine wechselseitige Absicherung durch genau definierte Minderheitenschutzbestimmungen lehnte die Prager Regierung ab, um nicht bei der Zurückdrängung der eigenen Deutschen behindert zu sein. Deshalb warf man auch in Wien der Minderheit kleinere Knüppel zwischen die Beine: Wenn Tschechen feierten, so legte man ihnen etwa zu Beginn der zwanziger Jahre nahe, möglichst nicht in Sokol-Tracht aufzutreten oder in „laute Rufe" auszubrechen. Bei der Wiener Feuerwehr war deutsche Umgangssprache die ausdrückliche Voraussetzung für eine Anstellung, und Schmähschriften schimpften auf das „Powidlgesindel". Dazu gab es Streitigkeiten um die Förderung tschechischer Schulen.

Inzwischen ging der Sprachwechsel unaufhaltsam weiter. Als 1923 in Wien die nächste Volkszählung abgehalten wird, stellt man 81 353 Personen mit tschechischer oder slowakischer Umgangssprache fest. 1934 sind es nur noch 39 714, das sind 2,1 Prozent der Gesamtbevölkerung.

Mit dem Abstand von so vielen Jahren läßt sich heute leicht über die Sorgen von damals der Kopf schütteln. Doch niemand soll die tieferen Gefühle vergessen, die um die Jahrhundertwende bei beiden Sprachgruppen herrschten. Auf deutscher Seite erklären sie sich sowohl aus der Sorge um den Verlust der „deutschen Mission" als auch aus der Furcht um den Bestand des Gesamtstaats. Die deutschen Österreicher konnten es einfach nicht fassen, daß es ausgerechnet die bisherigen Domestiken, die „struppigen Karyatidenhäupter" (Friedrich Hebbel) der Slawen sein sollten, von denen die Zukunft des Reichs abhing. Da man sich als Herrenvolk fühlte, widerstrebte es selbst den deutschen Kleinbürgern, die Herrschaft der slawischen Mehrheit anzuerkennen, das Diktat der „dumpfen Zahl". (Umgekehrt wollten die meisten Österreicher aber auch nicht in Deutschland aufgehen, schon damals nicht. Friedrich Hebbel hat diesen inneren Konflikt bereits 1848 treffend charakterisiert: „Die lieben Österreicher! Sie sinnen jetzt darüber nach, wie sie sich mit Deutschland vereinigen können, ohne sich mit Deutschland zu vereinigen! Das wird schwer auszuführen sein, ebenso schwer, als wenn zwei, die sich küssen wollten, sich dabei den Rücken zuzukehren wünschten!" So war der deutschösterreichische Seelenzustand.)

Bei den Tschechen wiederum muß man die Gefühle bedenken, die entstanden, wenn Menschen nach jahrhundertelanger Rückständigkeit von ihren Führern zu einer Bedeutung emporgelobt wurden, die meist im Gegensatz zur täglichen Erfahrung stand. In der „Muskete", der satirischen Zeitschrift der Monarchie, wurde ein tschechischer Förster nach der Jahrhundertwende in einem Artikel unter dem Titel „Der Graps" etwa so geschildert:

„Der Graps

Unser Förster heißt Grapsitschek. Er soll den Papa riesig anschmieren. Alle wissen's. Der Papa weiß es nicht. Wenn man's ihm sagt, beschimpft er einen.

Der Profitlaus Grapsitschek is Czeche vollblütiges mit Ehgespons schlampiges immer im Nachtjackl, Grapserl neugebornes weibliches alle Jahre, Handküsserei devoteste, Reden zukkersüßes und hinter schmutzige Ohrwascheln faustdick. Mit einem Wort Förster hochherrschaftliches. Mit 'n linken Aug' schielt er!

Wann er zum Papa rapporteln kommt, der Graps, entwickelt sich das pure Mittelalter. Er läßt sich melden. Er is in Gala. Er schleckt an jed'n die Pfoten ab. Er winselt vor Knechtschaft. Neben ihm wimmelt ein gemeines Hundsvieh von gar keiner Rass', das ihm gleich sieht. Er hat auch eine Visage mit Nasenlöchern, in die's mit Dauer hineinregnet. Öffentlich laßt sich's treten, heimlich zwickt's einen. Es heißt Strnaszo . . ."

Hinter solchen Formulierungen steckte schon längst eine andere Ideologie, deren Erklärungskraft mit der Verwirrung der Zeiten immer größer wurde. In Verbindung mit dem Sprachnationalismus war in Europa eine rabiate Abart des im 19. Jahrhundert entstandenen Biologismus gewachsen. Romantik, Nation und Rasse begannen, ein gefährliches Amalgam zu bilden.

Von der Nation zur Rasse

Vieles floß da zusammen: Die Religion hatte an Bedeutung verloren, die Dynastie erschien vielen nur noch als ein Relikt von gestern. Alte Bindungen wurden durch die Industrialisierung, durch die Leichtigkeit des allgemeinen Verkehrs gelöst, tragfähige neue waren aber noch nicht entstanden. Gleichzeitig er-

faßte in diesen Jahren der europäische Machtanspruch die gesamte Erdkugel. England unterwarf sich das ferne Indien, Afrika wurde zwischen Briten und Franzosen geteilt. Nur die verspätete Nation Deutschland schien zu kurz gekommen zu sein. Naturwissenschaft und Technik bewirkten eine ungeheure Aufbruchsstimmung. Jeder Tag bescherte Erfindungen, die man bis dahin nicht einmal für denkbar gehalten hatte. Hinter den unglaublichen Konstruktionen der Ingenieure – dem Kristallpalast in London, dem Eiffelturm in Paris, der Rotunde in Wien, dem Suezkanal – mußte ein ganz besonderes Ingenium stecken, eine europäische Berufung. Wie stand es da mit der weltlichen Mission der Deutschen?
Daß ein solcher Auftrag vorhanden war, daran zweifelte man nicht. Dazu war die Erinnerung zu mächtig: an das Sacrum Romanum Imperium Nationis Germanicae, das Heilige Römische Reich Deutscher Nation, das 1806 auf eine so klägliche Art zu Ende gegangen war. Germanische Stämme hatten einst das große Rom bezwungen und dessen Erbe angetreten. Mühsam war dieses Reich, das seit dem 12. Jahrhundert ein „heiliges" genannt wurde, gegen Hunnen und Päpste, gegen Magyaren und Türken behauptet worden. Das mußte mit bestimmten, mit deutsch-germanischen Qualitäten zu tun haben. Wo waren sie jetzt?
Zwischen der kleinbürgerlichen Gegenwart und dem erhofften Zugang zur großen Welt tat sich eine Lücke auf, das Bedürfnis nach einer neuen historischen Legitimation. Nicht Forschung, sondern Deutung wurde verlangt. Es war die große Stunde der wissenschaftlich dilettierenden Gymnasialprofessoren, die ganz im Sinn der Romantik die vermeintliche Schönheit einer Idee über deren Beweisbarkeit stellten. Die Sehnsüchte einer Gesellschaft können auf vielfache Weise zum Ausdruck kommen – am leichtesten aber dort, wo neue Wissensgebiete erschlossen werden, wo erste Theorien entstehen. Dann eilt die Spekulation den politischen Bedürfnissen voraus, und neue Worte tauchen auf, bis sie zur modischen Selbstverständlichkeit werden.
Der Rassismus war eines davon. Mit den harmlosen, sprachbezogenen „Indogermanen" fing es an, und am Ende stand die Vulgärmeinung, daß die Germanen deren höchste Erscheinungsform seien, von Natur aus zur Herrschaft bestimmt. Die Karriere dieses Begriffs läßt sich einprägsam anhand des Brockhaus darstellen. Schlägt man den Jahrgang 1820 auf, so findet

man, daß dort die „Rasse" noch völlig unwichtig ist, sie existiert nicht, auch die „Indogermanen" sind unbekannt. Im Jahrgang 1845 tauchen zum ersten Mal die „indogermanischen Sprachen" auf, 21 Jahre später gibt es dann die dazupassenden „Indogermanen". Sie werden als „der gegenwärtig in Deutschland fast allgemein angenommene Gesamtname für die große Völkerfamilie" bezeichnet, welche „das ganze westliche Asien und Europa mit nur sehr geringen Ausnahmen bevölkert". Die nähere und fernere Verwandtschaft der einzelnen Sippen und Glieder des großen Stamms zeige sich schon in der „verhältnismäßigen Ähnlichkeit des physischen Typus und in vielen Zügen des Charakters". Soweit also der Brockhaus aus dem Jahr 1866.

Doch bereits 1884 wird zur einheitlichen Ursprache auch ein dazugehöriges „Urvolk" angenommen, was bis heute unbewiesen geblieben ist. Gehören denn Schweden und Hindus zu einem Volk, also zu einem Gebilde mit gemeinsamer Sprache, Herkunft, Erfahrung und Kultur? Da solches selbst Romantikern merkwürdig erschien, setzte eine intensive Suche nach weiteren Ähnlichkeiten ein, wobei die Sprachwissenschaftler des vorigen Jahrhunderts immer kühner wurden. „Ariovist", „Alarich", „Arminius", und „Iren" werden ebenso wie die Vorfahren der Bayern, die „Boio-Arii" mit den Ariern des Industals in Beziehung gesetzt. Ein Wiener Mittelschullehrer, Karl Penka, verbindet mit ihnen das griechische „arges" = hell, und schließt, daß dies die Bezeichnung für die Überlegenen, hellhäutigen Inder gewesen sein müßte.

Die Jagd nach äußerlichen Kennzeichen beschäftigt zwei Generationen: Ein Belgier, Omalius d'Halloy, erklärt alle Arier zum blonden Typ gehörend, der Wiener Penka entdeckt blonde Pharaonenfrauen und blauäugige Phönizier. Da dem imperialistischen Sendungsdrang der Neuzeit die Hochkulturen Asiens und des Zwischenstromlands unangenehm sind, wird behauptet, daß die nordische Rasse überhaupt alle Hochkulturen geschaffen habe – somit wären auch die Chinesen „Indogermanen". Archäologisches oder anthropologisches Beweismaterial wurde nicht vorgelegt, so daß Ruth Römer, die diese Beispiele sammelte, heute eine klare Schlußfolgerung zieht: Der Arierbegriff ist ein Mythos, der von einer allzu phantasievollen Sprachwissenschaft geschaffen wurde. Denn von Worten läßt sich nicht auf biologische Zusammenhänge schließen, viele Bedeutungsrekonstruktionen waren falsch, Chronologie ist ein Va-

banquespiel, gleiche Wörter müssen nicht den gleichen Gegenstand bezeichnen, und Sprachen können unabhängig voneinander ähnliche Lautentwicklungen durchgemacht haben. Kritische Stimmen dieser Art gab es auch schon vor 50 oder 80 Jahren. Aber sie setzten sich eben nicht so erfolgreich durch wie jene Meinungen, die man damals gerne hören wollte – in den Wissenschaften kein unbekannter Vorgang.
Schlägt man heute den Brockhaus auf, so findet man unter dem Stichwort „Indogermanen" wieder nur sehr zurückhaltende Formulierungen: „1. Gesamtbezeichnung für die Völker mit indogermanischen Sprachen. 2. Die Bevölkerungsgruppe, die als Träger der sprachwissenschaftlich erschlossenen indogermanischen Grund- oder Ursprache angesetzt wird." Als Merkmale einer gemeinsamen Grundkultur gelten nur noch Ackerbau, Viehzucht und die Großfamilie. Welche Sprachen aber die vorgeschichtlichen Band- und Schnurkeramiker, die Menschen der Streitaxtkultur oder die von Lepenski Vir gesprochen haben, bleibt letztlich ebenso unbekannt wie die Antwort auf die Frage, ob sich deren Kulturen von West nach Ost, von Ost nach West oder von Nord nach Süd ausgebreitet haben. Die angenommene Einheit von Sprache, Rasse und Kultur gibt es nicht.
Im 19. Jahrhundert jedoch erschien dieser Zusammenhang für viele wie eine Offenbarung. Die Zeit verlangte nach Optimismus, nach Orientierung in einer schrecklich unsicher gewordenen, materialistischen Welt. Gesucht wurde ein neuer Glaube. Der französische Aristokrat Graf Gobineau gilt als der erste, der überall nur rassischen Niedergang erblickte. Später, gegen Ende des 19. Jahrhunderts, empfand ein Engländer, Houston Stewart Chamberlain, das herrschende „Völkerchaos" als besonders schmerzlich. Chamberlain, Sohn eines britischen Generals, wurde später Schwiegersohn von Richard Wagner. Bevor Chamberlain 1908 nach Bayreuth übersiedelte, lebte er mehrere Jahre in Wien, wo dieser Kulturphilosoph und Naturwissenschaftler entscheidende Prägungen erfuhr. Sein Einfluß auf die Deutschtümler seiner Zeit und auf die spätere Entwicklung zum Nationalsozialismus läßt sich nur schwer überschätzen. Denn dieser eingedeutschte Engländer war eine fatale Begabung: Kolossal belesen, kühn in seinen Ideenverknüpfungen, dabei pointiert in den Formulierungen, entwarf Chamberlain das Trugbild einer „arischen Weltanschauung". Für ihn wird die germanische Kultur zum Träger des menschheitlichen Ent-

deckungs- und Gestaltungswillens schlechthin. Scharf antijüdisch und scharf antiklerikal, scheint Chamberlain die „wissenschaftliche" Antwort auf die ungelösten Machtfragen in Mitteleuropa zu bieten. „Völkerchaos" war ihm die Welt der nachalexandrinischen Antike, ebenso das nachgallische Frankreich, und Völkerchaos war ihm natürlich auch Österreich, dessen „ungermanische Grundsätze" er beklagte.
Auch die – indogermanischen – Slawen qualifiziert Chamberlain ab: Trotz großer Begabung fehle ihnen die eigentliche Gestaltungskraft. Der Grund liege in der „zu geringen" Vermischung mit den alten Germanen. Allerdings gäbe es da noch Hoffnung, denn als sportiver Brite denkt Chamberlain an erfolgreiche Rückzüchtungen, auch neue Kreuzungen faszinieren ihn, wobei ihm der Vergleich mit Rennpferden und Dachshunden einfällt. So befremdlich es heute wirken mag – aber Chamberlains Hauptwerk „Die Grundlagen des XIX. Jahrhunderts" war ein riesiger Erfolg. Auch der Deutsche Kaiser Wilhelm war von ihm beeindruckt. Wilhelm schrieb Chamberlain sogar ausführliche Briefe:
„Da kommen Sie, mit einem Zauberschlag bringen Sie Ordnung in den Wirrwarr, Licht in die Dunkelheit; Ziele, wonach gestrebt und gearbeitet werden muß; Erklärung für dunkelgeahnte Wege, die verfolgt werden sollen zum Heil der Deutschen und damit zum Heil der Menschheit."
Später wird auch der Chefredakteur des „Völkischen Beobachters", Alfred Rosenberg, von Chamberlains Werk so beeindruckt, daß er zu Beginn der dreißiger Jahre ein Buch mit dem Titel „Der Mythos des 20. Jahrhunderts" herausbringt. Voll tiefsinniger Verworrenheit versucht er so etwas wie eine philosophische Weltanschauung des Nationalsozialismus zu begründen.
Rosenbergs „Mythos" war aber nur ein Werk unter vielen anderen, vor und neben ihm beschäftigten sich zahllose Zoologen und Philologen, Altertumskundler und Ethnologen mit deutscher Rassenhygiene und Abstammungslehre. In München arbeitete ein eigenes Archiv für Rassen- und Gesellschaftsbiologie, in Wien befaßte sich der Indologe Leopold von Schroeder mit der „Vollendung des arischen Mysteriums in Bayreuth", Universitätsprofessoren gaben, alle lange vor Hitler, „Richtlinien für Körpermessungen" und „Schautafeln deutscher Rassenbilder" heraus.
Zu den fanatischsten Rassenkundlern zählte Dr. Hans Gün-

ther. Wer beispielhaft wissen möchte, warum sich im weiteren Lauf der Geschichte die Völker Mitteleuropas auf eine derart absurde Weise verfeinden konnten, mag etwa in Günthers „Kleiner Rassenkunde Europas" nachschlagen, die 1924 in München erschien. Darin beschreibt der Autor die „ostische und ostbaltische Rasse", die er in Rußland und im Karpatenbogen, aber auch in Niederösterreich feststellt. Hans Günther findet dort folgende Charaktereigenschaften: „engherzig, mißtrauisch, langsam, mittelmäßig, gewöhnlich, gleichmacherisch, dumpf, selbstisch, vermasst, hinterhältig, seelenlos, unverläßlich, rachsüchtig, verschlagen, roh, witzlos und muffig". Selbstverständlich fehlen ostischen Menschen alle Führereigenschaften, sie sind schwerfällig und eignen sich am besten zu „spießbürgerlicher Ruhe". Wo es Ostbalten gibt, steigt die Kriminalität, denn ihre „Ausgelassenheit kann in blinde Vernichtungswut übergehen". Sie neigen „zu roher Auffassung des geschlechtlichen Lebens", und selbstverständlich ist ihre „körperliche Reinlichkeit gering, auch die der Wohnungen ..."
Dagegen steht der „nordische Gedanke", die Sehnsucht nach einem neuen, blonden Adel. Schon 1910 klagte etwa der Sozialanthropologe Eugen Fischer: „Ausgemerzt ist heute schon das Germanenblut, die nordische Rasse, in Italien und Spanien und Portugal. Rückgang, zum Teil Bedeutungslosigkeit ist die Folge! Frankreich ist das nächste Volk, das daran glauben muß – und dann wir, mit absoluter Sicherheit, wenn's so weitergeht ..." Endzeitstimmung und Rassenwahn, Heilsbotschaft und Charles Darwin verwuchsen zu einem neuen Götzenkult. Niemand konnte aber schon wissen, wohin das alles führen würde. Noch ging es um die Nation, die für Tomáš Masaryk das „Ziel des gesellschaftlichen Strebens" war und der Staat demgegenüber nur ein Mittel. Schon 1916 kommt der spätere Staatspräsident der Tschechoslowakei in Frageform zu jenem Schluß, der bereits die politischen Verhältnisse nach dem Ersten Weltkrieg vorwegnimmt: „Was ist richtiger – daß mehr als neun Millionen Tschechen und Slowaken unter der Herrschaft der Deutschen, oder daß drei Millionen Deutsche unter der Herrschaft der Tschechoslowaken seien?"
Das war deutlich formuliert. Aber klug war es wohl nicht, das Verhältnis der Völker zueinander auch weiterhin am Begriff der „Herrschaft" zu orientieren. Wie man es in Zukunft besser machen könnte, das hätte Masaryk in einem alten Reichsratsprotokoll vom 26. November 1909 beim Sozialdemokraten

Karl Renner nachlesen können: „Die Nationen werden immer streiten, aber das Entscheidende ist, ob sie streiten mit Heugabeln, durch gegenseitiges Einschlagen der Fenster ... oder ob sie streiten aufgrund gewissermaßen eines Grundbuches." Mit solchen Gedanken war der Südmährer Renner vom Nationalstaat unterwegs zum Nationalitätenstaat und somit zur Verrechtlichung der Nationalitätenfrage, zu einem „Staatswesen höherer Ordnung", wie er 1918 schrieb. Doch damit blieb er unverstanden. Als der provisorische Prager Nationalausschuß nach dem Zusammenbruch der Donaumonarchie die Unabhängigkeit des neuen tschechoslowakischen Staats proklamierte, entschied sich die junge Nation der Tschechen für die alte Form, die starke deutsche Minderheit wurde als Nation nicht berücksichtigt. Einen Tag später erklärten sich die deutschböhmischen Abgeordneten in der Wiener Reichsversammlung als „eigenständige Provinz des Staates Deutsch-Österreich".

6
STEINE IM SPIEL

„Der oberste Herrscher der Welt ist das Prestige,
es regiert die Regierungen."

Jules Romains

Recht gegen Recht

Beim Spiel mit den Siegermächten besaßen die Delegierten der neuen Tschechoslowakei realpolitisch von vornherein die besseren Karten. Dank der Bemühungen Tomáš Masaryks war der tschechische Auslands-Nationalrat in Paris als Regierung und kriegführende Gruppe anerkannt worden. Die neue ČSR galt somit als Bundesgenosse, auch wenn die Tschechen bei den Pariser Friedensverhandlungen mit den eigentlichen Siegermächten dann nicht am gleichen Tisch sitzen und mitentscheiden durften. Frankreich wollte das besiegte Deutschland auf jeden Fall schwach halten. Auch waren alle Westmächte an einer Förderung der jungen Prager Regierung interessiert. Noch immer standen rund 50 000 Mann gutausgerüsteter tschechischer Legionstruppen in Rußland, wo sie nach dem Zusammenbruch des Zarenreichs an der Seite der westlichen Interventionsverbände und der Weißen Armee des Admirals Koltschak gegen die Bolschewiki kämpften. Im September 1918 beherrschte die Tschechische Legion, gemeinsam mit den Truppen der Weißen Armee, nahezu die gesamte Transsibirische Eisenbahn und die Wolgaregion bis Kazan, nur 400 Kilometer vor Moskau. Zwar waren die tschechischen Soldaten über den Sinn dieses Einsatzes bald ebenso zerstritten wie ihre Politiker in Prag, so daß ihr Kampfwert rapid nachließ oder gar nicht mehr vorhanden war. Doch noch glaubte man das weitere Schicksal Rußlands offen, und jeder Bündnispartner war den Franzosen, Engländern und Amerikanern willkommen, vor allem wenn er über eine Armee auf dem Schauplatz der roten Revolution zu verfügen schien.

Die momentane Interessenlage der Sieger wog somit schwerer als jeder proklamierte Zeitgeist. Doch selbst wenn man diesem folgen wollte, wäre die Neuregelung der donaueuropäischen Angelegenheiten eine Sisyphusarbeit gewesen. Als Zeitgeist galt damals den fortschrittlichen Politikern Amerikas ebenso wie den vom Untergang der Monarchie geschockten Deutschen Österreichs das Bekenntnis zum Selbstbestimmungsrecht, so wie es US-Präsident Woodrow Wilson am 8. Jänner 1918 verkündet hatte. Wilson formulierte diese Grundsätze nicht nur einmal: Am 12. Februar forderte er vor dem Kongreß, „daß Völker und Provinzen nicht aus einer Staatshoheit in eine andere herumgeschoben werden, wie Steine in einem Spiel", ferner „daß jede Gebietsfrage, welche durch diesen Krieg aufgerollt worden ist, im Interesse und zugunsten der betroffenen Bevölkerung und nicht als Teil eines bloßen Ausgleichs oder Kompromisses der Ansprüche rivalisierender Staaten gelöst werden müsse". In einer Rede vom 4. Juli 1918 am Grab George Washingtons verlangte Wilson die Regelung jeder territorialen und Souveränitätsfrage aufgrund der freien Annahme des unmittelbar betroffenen Volks „und nicht aufgrund des materiellen Interesses oder Vorteiles irgendeines anderen Volkes, das etwa eine andere Regelung um seines äußeren Einflusses oder seiner Herrschaft willen" wünscht. An diese Erklärungen, die auch von den anderen Westmächten gebilligt worden waren, klammerten sich deutsche Böhmen und Mährer sowie die deutschösterreichischen Abgeordneten wie an ein Evangelium.

Doch wie sollte man dieses Prinzip der Selbstbestimmung bei einem Staatsgebilde anwenden, das, wie die geplante ČSR, seinen Bestand schon *vor* Beginn der Pariser Friedenskonferenz zugesichert bekommen hatte – aber neben sechseinhalb Millionen Tschechen aus mehr als dreieinhalb Millionen Deutschen, rund zwei Millionen Slowaken (die oft gar nicht wußten, wohin sie eigentlich „gehörten"), einer Dreiviertelmillion Ungarn und einer halben Million Ukrainern bestand?

Amerikas Abgesandte, die sich bei den Pariser Gesprächen durchaus nicht wohl fühlten, erkannten alsbald die Problematik schönklingender Absichtserklärungen und scheinbar einfacher Lösungen: Hätte man Präsident Wilsons frühere Worte in die Tat umgesetzt, so wäre Mitteleuropa in ein Schachbrettmuster von Klein- und Kleinststaaten zerfallen, wobei man dem besiegten Deutschland „gratis zusätzliche Bevölkerung" verschafft hätte, wie es der französische Delegierte Paul Cambon ausdrückte. Dabei erwies es sich auch als ungünstig, daß die provisorische deutschösterreichische Nationalversammlung unter Mitwirkung der bisherigen Reichsratsabgeordneten am 12. November 1918 in Wien feierlich die „volle Gebietshoheit über die geschlossenen Siedlungsgebiete der Deutschen innerhalb der im bisherigen Reichsrat vertretenen Königreiche und Länder" erklärt hatte. Denn bei derselben Sitzung wurde Österreich auch als ein „Bestandteil der Deutschen Republik" bezeichnet. In den Augen der Sieger, auch wenn sie Österreich später zur Unabhängigkeit verpflichteten, lief somit die Angliederung der deutschböhmischen und deutschmährischen Gebiete an Österreich politisch aufs gleiche hinaus – man hätte entweder die besiegten Deutschen oder die besiegten Möchtegern-Deutschen mit zusätzlicher Bevölkerung belohnt ...

Im Irrgarten der Prinzipien, der Interessen und praktischen Gegebenheiten war der diplomatische Karren gründlich verfahren. Die Lage entbehrte nicht einer grausamen Komik: Die tschechische Politik operierte mit dem alten böhmischen Staatsrecht, also mit den seit zwölf Jahrhunderten gewachsenen Grenzen; für die tschechischen Delegierten eine „geheiligte Forderung". Böhmen sollte ungeteilt erhalten bleiben – allerdings hätte man in diesem Fall das historische Staatsrecht auch aus der Sicht der Deutschen berücksichtigen müssen. Denn spätestens seit der Goldenen Bulle des Jahres 1356 war Böhmen so deutsch, daß es sogar ein deutsches Kurfürstentum wurde, also bei der deutschen Königswahl mitstimmen durfte (das Herzogtum Österreich besaß nie dieses Recht). Darüber hinaus hätte man bedenken müssen, daß die deutschen Einwohner Böhmens schon zur Zeit der Přemysliden einem getrennten Rechtsbereich unterstanden.

Die Österreicher hingegen, die zwar politische Konkurserben, wenn auch nicht Rechtsnachfolger des habsburgischen „Völkerkerkers" waren, beriefen sich in Paris auf Woodrow Wilsons Selbstbestimmungsrecht und damit auf die jungen Ideen der Französischen und der russischen Revolution. Das beeindruckte den amerikanischen Unterhändler Archibald Coolidge immerhin so, daß er die Abtretung Südmährens an Deutschösterreich vorschlug ebenso wie die Übergabe des Egerlandes und Mährisch-Schlesiens an Deutschland – nur bei den Industriezentren Nordböhmens fiel auch ihm nichts ein. Tatsächlich wäre eine Abtrennung dieser Teile Böhmens nach damaliger Auffassung weder für die Tschechen noch für die Österreicher wirtschaftlich oder strategisch sinnvoll gewesen: Die Tschechen hätten auf die wichtigsten Industriegebiete verzichten müssen, und die deutschböhmischen und deutschmährischen Gebiete wären verkehrstechnisch zerrissen worden. Schon im alten Reichsrat vom Oktober 1918 hatten die tschechischen Abgeordneten gegen einen ähnlichen Vorschlag protestiert, sie empfanden ihre deutschen Randgebiete wie „Fangarme", wie sie erklärten. Strategisch hielt man sich also gegenseitig an den Weichteilen umklammert.

Es gab einfach keinen besseren Ersatz für das, was bei den gegebenen Siedlungsverhältnissen schon der geniale Böhme František Palacký erkannte, als er bei einer Rede im alten Herrenhaus der Monarchie die Notwendigkeit einer Föderation der kleinen österreichischen Völker beschwor: „Die Ungarn werden genau wie die Böhmen für die Zukunft durch das Schicksal dazu getrieben, sich staatlich einem größeren Ganzen anzuschließen und den Lebensbedingungen dieses größeren Ganzen sich zu unterwerfen." Nicht einmal das Übergewicht der Magyaren seit 1867 konnte Palacký von dieser Meinung abbringen.

An sich hätten Geographie und Geschichte beide Volksteile zu gemeinsamer Staatlichkeit und möglichst großer Toleranz gezwungen. Doch gegen dieses Gebot der Vernunft rebellierte das nationale Gefühl, da war wenig zu spüren von Sympathie oder gar von der Stifterschen Art der Zuneigung. Ungefähr zur gleichen Zeit wie Palacký, 1898, legte dafür der berühmte sudetenschlesische Bauernbefreier Hans Kudlich ein Zeugnis ab. Im Zusammenhang mit einer historischen Bewertung des deutschen Reichskanzlers Otto von Bismarck schreibt Kudlich: „... ich bewundere Bismarck als Staatsmann, wie keinen anderen, und meine Meinung ist, daß er nur einen Fehler in seiner auswärtigen Politik beging: Österreich nach dem Krieg von 1866 zu schonen. Die Deutschen annektieren, den Kaiser auf die slawischen Provinzen und auf Ungarn beschränken, wenn er sie halten konnte, das wäre das beste gewesen ..."

Großdeutsche Ablehnung der alten österreichischen Staatsidee und tschechisches Ressentiment, beides geboren aus jahrzehntelang genährten Kulturkämpfen, verhinderte auch 1918 den Übergang zu einer neuen Form der Föderation. Oder war doch noch nicht alles verloren?

Verpaßte Chancen

Betrachtet man die Kürze der Zeit, so hatte sich die deutsch-österreichische Delegation auf die Pariser Friedenskonferenz von 1919 hervorragend vorbereitet. Es wurde nicht nur der Anspruch auf Selbstbestimmung erhoben, sondern auch eine Reihe von Alternativvorschlägen erarbeitet, für den erwarteten Fall, daß man sich mit dieser Hauptforderung nicht würde durchsetzen können. An ihren Formulierungen wirkte maßgeblich der Mann aus Untertannowitz in Südmähren mit: Staatskanzler Dr. Karl Renner. Von März 1919 bis Juni 1920 war er, nachdem Otto Bauer aus Protest gegen die alliierten Friedensbedingungen zurückgetreten war, gleichzeitig auch Staatssekretär für Äußeres.

Die erste Rückfallposition Renners war der Vorschlag einer Vereinigung Österreichs nur mit den deutschen Gebieten Südböhmens und Südmährens, also der Verzicht auf das Egerland, auf Nordböhmen und auf das eigentliche Sudetenland, das aus Nordmähren und dem westlichen Teil Schlesiens bestand. Auch dies war, so merkte man bald, ein irrealer Wunsch.

Deshalb legte die österreichische Delegation den Entwurf einer „Kantonalverwaltung im tschechoslowakischen Staat“ vor. Hatte nicht auch die tschechoslowakische Delegation ein ähnliches Ziel angedeutet? Das Deutsche, so hieß es schwarz auf weiß in den Prager Denkschriften für Paris, würde in Hinkunft die zweite Landessprache sein, und man würde sich niemals irgendeiner Unterdrückungsmaßnahme gegen den deutschen Bevölkerungsteil bedienen; „das Regime würde ähnlich dem der Schweiz sein“.

Die Österreicher nahmen solches ernst. Sie schlugen für die künftige, national ausbalancierte Tschechoslowakei eine Verfassung vor, in welcher der zentralen Staatsgewalt alle militärischen Angelegenheiten, die Finanz- und Währungsfragen, Handel und Industrie, das Verkehrswesen, die Post und die soziale Fürsorge vorbehalten waren. In allen anderen Belangen sollten die autonomen, anderssprachigen Kantone zuständig sein. Damit war vor allem der Bereich der Kultur gemeint, also das Schulwesen, dazu wäre ein Finanzausgleich, ein nationaler Anteil bei der Postenvergabe in der Verwaltung und im Heer sowie eine eigene Territorialmiliz gekommen. All dies hätte ein gemeinsamer Verfassungsgerichtshof kontrollieren sollen. Im Verkehr mit den Staatsorganen hätte man sich auf Wunsch der

eigenen Sprache bedienen können. Es war ein Dokument der praktischen Vernunft, geboren aus den jahrhundertelangen leidvollen Erfahrungen beider Seiten. Ähnliche Umrisse, abgesehen von der Idee der Territorialmiliz, zeigt auch das heute existierende Autonomiestatut für die Südtiroler.
Auch dies wurde verworfen. So legte der völkerkundige Renner als letzten Ausweg einen noch weiter gehenden, besonders kühnen Plan vor: Deutschösterreich und die Tschechoslowakei sollten eine gemeinsame Föderation bilden, an der Spitze dieses Staatenbunds sollte der tschechoslowakische Präsident stehen, ergänzt durch ein gemeinsames Wirtschaftsparlament in Preßburg, wo auch ein großer Freihafen entstehen sollte.
Hier stockt, angesichts der verpaßten historischen Möglichkeiten, im Rückblick der Atem: Ein tschechoslowakisch-österreichischer Staatenbund von insgesamt 21 Millionen Menschen, repräsentiert vom überzeugten Demokraten Tomáš Masaryk und gestützt auf den Fleiß der böhmischen Facharbeiter, auf das Energiepotential des Ostrauer Kohlenreviers, auf die mährischen Textilfabriken – hätte ein solches Gebilde nicht ausgereicht, um den Angstkomplex von der Lebensunfähigkeit der Ersten Republik erfolgreich zu begegnen? Immerhin hätte dieser Bund mehr als drei Viertel der industriellen Ressourcen der alten Monarchie umfaßt – wäre daraus nicht neues Selbstbewußtsein gewachsen? Hätte im Fall einer Präsidentschaft Masaryks ein österreichischer Bürgerkrieg wie im Februar 1934 ausbrechen können? Und hätte dieser Staatenbund 1938 nicht seine Unabhängigkeit bewahren können?
Aber auch dieser Vorschlag wurde zurückgewiesen. Ein moderner Historiker der ČSSR, Dr. Zdeněk Štípek, erklärt dies mit dem Neid der tschechoslowakischen Bourgeoisie von damals, die ihre wirtschaftlichen Vorteile mit niemandem teilen wollte. Dafür gibt es zwar tatsächlich einige konkrete Hinweise, doch greift Štípek wahrscheinlich zu kurz. Offenkundig war die gesamte, nun offiziell „erweckte“ tschechische Staatsnation und vor allem ihre Führung einfach außerstande, in die frühere Rolle Österreichs zu schlüpfen und aus den Erfahrungen der so lange bekämpften Nachbarn zu lernen. Eine im wesentlichen kleinbürgerliche Gesellschaft, die den neuen Staat als ein Geschenk des Himmels und der Großmächte empfand, war nichts als zufrieden mit der neuen Lage und damit blind für die historische Aufgabenstellung.
Die großen Siegermächte wiederum entschieden nach ihren

vermeintlichen strategischen Interessen, im übrigen herrschte, wie so oft in solchen Augenblicken, die übliche Mischung von Zufall, Zeitdruck und schlichter Stümperei. Sowohl Englands Ministerpräsident Lloyd George als auch US-Präsident Wilson hatten zwar ernstliche Zweifel an der französisch-tschechischen Lösung. Da sie aber keine fundierten Gegenvorschläge ausgearbeitet hatten, entschied man sich schließlich für die schwache, doch wenigstens vorhandene Lösung. Präsident Woodrow Wilson fühlte sich allerdings dermaßen unbehaglich, daß er zu prophetischen Worten fand: „Ich fürchte diejenigen sehr, die aus der Lage all dieser in Bildung begriffenen Nationalitäten Mitteleuropas entstehen können. Es gibt dort eine unerschöpfliche Quelle von Unruhen und Kriegen, wenn wir nicht Acht haben." Zu diesem Zeitpunkt, Anfang April 1919, war der Geschichtsprofessor aus Princeton bereits schwer überfordert. Psychisch und körperlich angeschlagen, schrumpfte auch seine Einflußmöglichkeit auf das Geschehen. Die französisch-tschechische Sicht der Dinge setzte sich voll durch.

Am 2. September 1919 wird der bekannte Vertrag von Saint-Germain an Österreich übergeben, am 6. September angenommen und am 10. September unterzeichnet. Wenige Tage später bricht Präsident Wilson, der Friedensnobelpreisträger des Jahres 1919, bei einer Propagandareise in den USA zusammen, er wird sich nie wieder erholen. Eine seltsame Koinzidenz mit einem anderen amerikanischen Staatsmann, der ein Vierteljahrhundert später gemeinsam mit Josef Stalin über die Demarkationslinien in Mitteleuropa entscheidet – dem todkranken Franklin D. Roosevelt in Jalta 1945.

„Die gequälte tschechische Nation ist endlich zu ihrem Recht gekommen", so empfindet man nach den Pariser Verträgen in Prag. Damit begann aber auch „die Bevormundung der anderen Nationalitäten, die Ansiedlung der Tschechen im überwiegend deutschen Gebiet als Staatsbeamte, Gendarmen usw. – kurz die Fortsetzung des Kampfes um jeden Zollbreit, den man seit den Zeiten Österreichs gewöhnt war." So schildert es der Tscheche Jan Patočka 50 Jahre später.

1918/19: Deutschösterreich oder Středomezi?

Wer mit dem Auto von Wien ostwärts fährt und sich dabei immer an die Donau hält, erreicht nach kurzer Reise Hainburg

und, wenn er zu Fuß weitergeht, den Zusammenfluß von Donau und March. Jenseits des breiter gewordenen Stroms grüßt Bratislava, die Hauptstadt der Slowakei, der alte ungarische Krönungsort Pozsony während der langen Zeit der türkischen Bedrohung.
Es gibt kaum eine andere Völkergrenze, die geographisch deutlicher vorgegeben wäre: Vom Norden reichen die Kleinen Karpaten bis an den Donaufluß, gegen Westen trennt zusätzlich die March das slawische vom deutschsprachigen Siedlungsgebiet. Nach Osten hin werden heute Slowaken und Ungarn bis Esztergom durch die Donau geschieden. Doch wieso reicht Ungarn südlich der Donau stromaufwärts nicht bis Pozsony? Oder, umgekehrt, warum Österreich nicht bis an den Strom unterhalb des Donauknies bei Preßburg? Warum schiebt sich an dieser Stelle die tschechoslowakische Staatsgrenze über eine Länge von knapp 15 und eine Tiefe von nur 5 Kilometer über den mitteleuropäischen Schicksalsfluß nach Westen?
Die Antwort liegt im Bereich der Strategie: Dieser kleine Landstreifen am rechten Ufer ist ein Brückenkopf, der Überrest einer politisch-militärischen Langzeitplanung der tschechischen Politik der Jahre 1918 und 1919, deren Wurzeln bis zum Kriegsausbruch im August 1914 reichen. Gleich danach, am 4. September 1914, trug eine Abordnung der tschechischen Auslandsvereine in Rußland dem Zaren Nikolaus in St. Petersburg jene Gebietswünsche vor, die im Fall einer Niederlage der Doppelmonarchie dem neuzuschaffenden Staat der Tschechen und Slowaken erfüllt werden sollten. Dazu gehörten neben der Slowakei die Ober- und die Niederlausitz, Glatz und Breslau, vor allem aber ein breiter Landstreifen zur Verbindung mit dem späteren Jugoslawien und dem Mittelmeer. Hier tauchte er wieder auf – der uralte Traum der Přemysliden von der Ostsee bis zur Adria. Diesmal allerdings unter nationalistischem Vorzeichen und somit eigentlich unvergleichbar. Doch die stärkste Forderung war eine andere: „Wien als Schlüssel der Donau sollte uns zufallen. Der Zar hat es auf der Landkarte mit dem Daumennagel unserem Staat zugeteilt.“ So berichtet es der Sekretär der damaligen tschechischen Delegation, František Dědina. Wieweit hier eine phantasievolle Vorfreude die Fingerbewegungen des Herrn aller Reußen überinterpretierte, läßt sich nur schwer feststellen. Auf jeden Fall war sie nicht untypisch für den Erwartungshorizont des extremen tschechischen Nationalismus von damals.

Es gab sogar noch weitere Steigerungen. Im Dezember 1918, also nach dem Zusammenbruch Österreich-Ungarns, veröffentlichte ein ehemaliger k. u. k. Offizier, Hanuš Kuffner, im Sammelband „Česka Viděn“ (Tschechisches Wien), herausgegeben vom Verein „Česke srdce videnšké“ (Das Wiener tschechische Herz) eine Denkschrift, die vorher schon in Prag erschienen war. Danach sollte die Tschechoslowakische Republik, um lebensfähig zu sein, durchgehend bis zur Donau reichen, und zwar bereits ab Regensburg. Um zu garantieren, daß dieser Fluß auch tatsächlich ein slawischer Strom wird, sollten darüber hinaus tschechische Brückenköpfe auch am rechten Donauufer geschaffen werden: gegenüber von Regensburg, südlich von Passau, ein breiter Streifen von Pöchlarn bis Nußdorf (selbst St. Pölten hätte noch dazugehört) und dann noch das gesamte weitere rechte Ufer bis zum Plattensee. Da der kümmerliche österreichische Staatsrest nun seinerseits nicht lebensfähig gewesen wäre, dachte Kuffner an eine weitere Aufteilung: Nordtirol und Vorarlberg sollte zur Schweiz und Steiermark zu Jugoslawien kommen. Das verbleibende Fragment sollte seinen alten Namen verlieren und nur „Středomezi“, Zwischenland, heißen. Es wäre so etwas wie ein Österreicherreservat unter tschechischer und slowenischer Oberhoheit geworden, selbst die Wehrpflicht wäre jeweils in der ČSR oder im Königreich Jugoslawien abzuleisten gewesen. Das deklarierte Staatsziel dieses Zwischenlands: die systematische Entdeutschung seiner Bewohner . . .
Aus heutiger Sicht erscheint all dies grotesk. Doch man kann sich vorstellen, was solche Spekulationen im Gemüt der Deutschnationalen – und nicht nur bei diesen – anrichteten. „Tschechischer Imperialismus“, „Machtpsychose“ und „kolonialistischer Anschlag“ waren noch die mildesten Worte. Man mag einwenden, daß es sich bei den Plänen Kuffners nur um die Spintisiererei eines einzelnen gehandelt habe. Doch dem war nicht so. Der österreichische Historiker Walter Hummelberger hat in sorgfältiger Detailarbeit sowohl die tschechoslowakischen Kriegsziele dargelegt, als auch den gesamten politisch-psychologischen Hintergrund der Tage vor und nach den Pariser Verhandlungen und des Friedensvertrags von Saint-Germain erforscht.
Daraus und aus vielen anderen Quellen ergibt sich das bedrückende Bild einer wechselseitigen Einkreisungsangst. Immer wieder verlangen tschechische Funktionäre den Anschluß Nie-

derösterreichs bis zur Donau, Wien soll eine Freistadt werden – so fordert es etwa Vit Hrdina, der Wiener Filialdirektor der Živnostenska Banka. Ein anderer, Dr. Chalupny aus Tabor, beantragt am 20. November 1918 beim Prager Nationalausschuß den Anschluß sowohl Niederösterreichs als auch Wiens. Das immer wiederkehrende Argument dieser Tschechen ist die notwendige „Abrundung und Verkürzung“ der eigenen Grenze, da sonst Niederösterreich „wie ein Keil“ in das tschechische Gebiet hineinragen würde. Dazu kommt die Sehnsucht nach einem Korridor zu den slawischen Brüdern im Süden.
Die Prager Realpolitiker wußten freilich nach dem Krieg, daß es für derart maßlose Wünsche in ihrer Gesamtheit nur geringe Erfolgsaussichten gab. Daher konzentrierten sich die tschechischen Unterhändler vor allem auf die Verbindung zu den Südslawen. Gelänge diese, so betont der neue Präsident Tomáš Masaryk am 21. Dezember 1918 vor den Delegierten zur Nationalversammlung im Hradschin, dann wäre damit „ein starker Wall gegen die Deutschen“ geschaffen, gegen den Pangermanismus und dessen Drang nach Osten. Gleichzeitig wird die Forderung nach dem Korridor in das offizielle tschechische Memorandum 2 für die Pariser Friedenskonferenz aufgenommen – die Verhandlungsschlacht konnte beginnen.
Den anderen Kampf, die faktische Besetzung der deutschsprachigen Gebiete Südmährens, hatte die junge ČSR bereits für sich entschieden. Schon am 8. November 1918 waren tschechische Verbände, bunt zusammengewürfelt und anfangs ebenso unsicher wie die ansässige Bevölkerung, in Lundenburg eingerückt, am 9. November kamen sie nach Auspitz (Hustopeče). Am 18. November folgte Zlabings (Slavonice) und am 20. Pohrlitz (Pohoreliče). Damit waren von den sechs Kreisstädten Südmährens vier in tschechischem Besitz. Am Morgen des 16. Dezember marschierten 1 500 Mann samt Artillerie auch in Znaim ein, gleichzeitig wurde Nikolsburg übernommen. Die Besetzung Südmährens, soweit es den alten habsburgischen Landesgrenzen entsprach, war vollzogen. Analoges geschah in den deutsch-böhmischen Gebieten.
Hätte damals ein militärischer Widerstand Österreichs Sinn gehabt, ähnlich wie der Kampfbeschluß der Landesversammlung am 5. Dezember 1918 in Kärnten letztlich zu einer Volksabstimmung und damit zu einer Abwehr der südslawischen Ansprüche geführt hat? Die Wahrscheinlichkeit spricht eher dagegen. Zwar lieferte Wien, wie der sozialdemokratische Unter-

staatssekretär für das Heereswesen, Julius Deutsch, in seinen Erinnerungen berichtet, Waffen und Munition, doch „man benützte sie nicht“. Zu groß war die Erschöpfung nach vier Jahren Weltkrieg, zu bedrückend die unmittelbaren Sorgen in der alten Reichs-Haupt- und Residenzstadt Wien. Man schlug sich mit Näherliegendem herum, mit der quälenden Hungersnot, mit dem Mangel an Heizmaterial und mit kommunistischen Putschversuchen.

Dazu konnten die tschechischen Verbände einen Vorteil nutzen, der beim Kärntner Abwehrkampf nicht gegeben war: An ihrer Spitze marschierten tschechische Legionäre in italienischer und französischer Uniform, manchmal auch in Begleitung echter Ententeoffiziere. Ein Alpinihut war aber für die Einheiten der deutschösterreichischen Volkswehr gleichbedeutend mit dem Kommando zum Rückzug. Schließlich wollte es sich die schwerst geforderte Wiener Regierung nicht mit den Siegern und Verhandlungspartnern bei der bevorstehenden Friedenskonferenz verderben. Beide Seiten wußten Bescheid: Bei der Besetzung von Znaim etwa wollte die österreichische Kreishauptmannschaft auf keinen Fall Blut vergießen. Deshalb ersuchte sie das tschechoslowakische Militärkommando in Brünn, einen bewaffneten Angriff zu unterlassen. Im Gegenzug kündigten die Tschechen den genauen Zeitpunkt ihres Kommens „unter der Führung von Ententeoffizieren“ an. Gleichzeitig machten sie klar, das diese Besetzung im Hinblick auf die Zugehörigkeit dieser Gebiete zum tschechoslowakischen Staat erfolge. Graf Oldofredi, der Leiter der österreichischen Kreishauptmannschaft, legte ausdrücklich Protest dagegen ein – schließlich widersprach solches Vorgehen dem Waffenstillstandsvertrag –, zog aber dann samt seinen Beamten nach Retz ab. Es war der Rest eines mitteleuropäischen Friedensrituals, das sich in Mähren nicht erst seit dem erfolgreichen Ausgleich von 1907 eingelebt hatte.

Die tschechoslowakischen Truppen kamen mit klingendem Spiel und unbehelligt. An ihrer Spitze marschierten tatsächlich zwei Ententeangehörige, der italienische Leutnant Rudolf Gabriš und der französische Feldwebel Josef Friml – ein Slowake und ein Tscheche. Als erste Maßnahme verhaftete man den Oberpostverwalter und den stellvertretenden Bahnhofsvorstand, danach wurde das deutsche Stationsschild abmontiert. „Niemals noch ward mit so niedrigem Einsatz ein so hohes Spiel gespielt und gewonnen“, vermerkt dazu am 3. Dezember

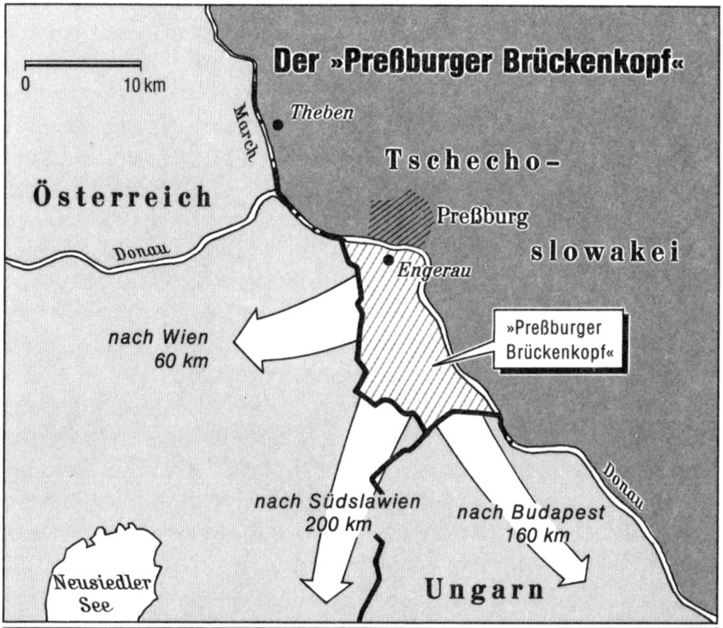
Der »Preßburger Brückenkopf«
0
10 km
March
Theben
Tschecho-
slowakei
Österreich
Preßburg
Donau
Engerau
»Preßburger
Brückenkopf«
nach Wien
60 km
nach Südslawien
200 km
nach Budapest
160 km
Donau
Neusiedler
See
Ungarn

Wien
Preßburg
Korridorostgrenze nach:
Beneš
Masaryk
Chervin
Eisenstadt
Wieselburg
Donau
Ödenburg
Raab
Komarom
Österreich
Westgrenze des von der
Tschechoslowakei geforderten
Korridors nach Südslawien
Güns
Ungarn
Steinamanger
Graz
Eisenburg
Körmend
St. Gotthard
Plattensee
Marburg
Südslawien
Varaždin
0
50 km

1918 das „Neue Wiener Tagblatt". Doch es blieb nicht bei der Besetzung Südmährens.
Alsbald melden die Wiener Zeitungen Zwischenfälle um die Bahnhöfe Marchegg, Hohenau und Gänserndorf, also aus Gebieten, die bereits in Niederösterreich liegen. Anfang Dezember wollen tschechoslowakische Verbände in Marchegg den aus Wien kommenden Personenzug angreifen, geraten dabei aber mit heimwärts rollenden Truppen der deutschen Armee Makkensen in Konflikt. Herbeigerufene österreichische und ungarische Soldaten drängen gemeinsam mit den deutschen die tschechischen Einheiten zurück. So wird die Verbindung nach Ungarn wieder frei. Wozu diese Scharmützel?
Abermals gibt ein Blick auf die Landkarte Auskunft: Sollte die angestrebte gemeinsame Grenze mit den Südslawen je Wirklichkeit werden, so brauchte der neue Staat der Tschechen und Slowaken auch eine eigene doppelgeleisige Bahnverbindung nach Süden. Die vorhandene lief von Lundenburg über Hohenau und Gänserndorf entlang der Grenze in Richtung Wien. Bahnhöfe waren somit Verkehrsfaustpfänder eines größeren Dessins: Wäre das spätere Burgenland oder ein Streifen davon zur ČSR gekommen, so hätte man leichter den Korridor nach Jugoslawien befahren können. Damit wäre Ungarn vom deutschsprachigen Raum abgeschnitten gewesen – ein Plan, der damals durchaus im Interesse der Siegermacht Frankreich lag. Von jeher war dessen jakobinisch-republikanische Linke nicht nur ein Todfeind der Casa d'Austria und ihrer Staatsidee, sondern auch, in der Person des „Tigers" Georges Clemenceau, ein absoluter Gegner Deutschlands.
Kleinere eisenbahntechnische Überlegungen standen auch hinter den tschechischen Wünschen nach dem Besitz des Bahnhofs Gmünd. Freilich kam es in Paris dann anders. Beim Pokerspiel der Diplomaten übersahen die Vertreter Prags, daß sich mit dem Erreichen eines Ziels die Interessen der Staaten auch ändern können: Nun wollte die andere Siegermacht Italien keine weitere Stärkung der Südslawen mehr, die ihr an der oberen Adria schon genügend Kopfzerbrechen bereiteten. Die Logik des Raums meldete sich zurück: Plötzlich lehnte auch der englische Delegierte im vorbereitenden Territorialausschuß der Mächte den Wunsch nach einer slawenverbindenden Landbrücke ab. Dafür wurden der Republik Österreich noch einige niederösterreichische Randgebiete abgenommen. Insgesamt waren es 18 Gemeinden mit mehr als 20 000 deutschsprechen-

den Einwohnern aus den Bezirken Mistelbach, Gmünd und Schrems.
Vom nationalen Standpunkt aus betrachtet, erschien das aber nur noch als eine Lappalie. Denn schließlich gewann die neue ČSR allein in Mähren 24 Gerichtsbezirke im Umfang von 5 100 Quadratkilometer und nahezu 720 000 Menschen deutscher Umgangssprache hinzu. (63 andere Gerichtsbezirke und 1,86 Millionen Menschen bekannten sich zur tschechischen Sprachgemeinschaft.) Zweifellos ein tschechischer Triumph.
Trotzdem hätten es die Österreicher noch viel schlechter treffen können, etwa mit einem völligen Verlust des späteren Burgenlands oder gar durch die Verwandlung in eine Kolonie nach dem absurden Muster „Středomezi“ ... So aber fiel nur noch der Preßburger Brückenkopf an die neuen Nachbarn im Norden und gleichzeitig dem tschechischen Ministerpräsidenten Kramář ein Stein vom Herzen, wie er später berichtete. Denn nun besaß die ČSR immerhin einen ausbaufähigen Stützpunkt am rechten Donauufer, und Preßburg konnte besser verteidigt werden.
Aber konnte das alles eine gute und dazu noch dauerhafte Lösung sein?

7
WENN BLINDE FÜHREN

„Das Wunderlichste im Leben ist das Vertrauen,
daß andere uns führen werden."

Johann Wolfgang von Goethe

Nadelstiche und starke Worte

Unter dem Staatswappen der neuen Tschechoslowakei war der Spruch „Pravda Vitezi", die Wahrheit siegt, zu lesen. Prompt wurde die „Wahrheit" zum ersten großen Streitthema zwischen Deutschen und Tschechen – nämlich darüber, wem die Urschuld am späteren Geschehen zuzumessen sei. Bei der Eröffnung der ersten, aufgrund von allgemeinen Wahlen zustande gekommenen tschechoslowakischen Nationalversammlung am 1. Juni 1920 stellte das deutsche Element ein knappes Viertel der Abgeordneten. Doch als sich der deutsche Sprecher Dr. Rudolf Lodgman von Auen erhob, gab er sogleich eine feierliche Erklärung ab: „Dieser Staat ist auf Kosten der geschichtlichen Wahrheit entstanden. Die entscheidenden Großmächte sind über den wahren Sachverhalt getäuscht worden." Das Ergebnis der Friedensverträge war für Lodgman daher die Sanktionierung eines Gewalt- und nicht eines Rechtszustands, die deutschsprachige Bevölkerung somit eine Nation zweiter Klasse.

Der Dissens saß tief – auch wenn er allmählich heilbar gewesen wäre. Tatsächlich waren die Deutschen niemals um ihre Meinung zur Konstitution des neuen tschechoslowakischen Staats gefragt worden, denn die vorangegangene verfassunggebende Versammlung von 1918 bis 1920 setzte sich nur aus Tschechen und Slowaken zusammen. Trotzdem erließ diese Konstituante bereits Bestimmungen über das Schulwesen, erließ die Bodenreform, bei der die Deutschen vom Erwerb des aufgeteilten Großgrundbesitzes weitgehend ausgeschlossen waren, verabschiedete das Sprachenrecht und die neue Wahlordnung. Ganz so, wie es die Worte des tschechischen Ministers Alois Rašin bereits im November 1918 hatten anklingen lassen: „Das Selbstbestimmungsrecht ist eine schöne Phrase. Jetzt aber, da die Entente gesiegt hat, entscheidet die Gewalt." Ausdrücklich bezeichnete sich die neue Republik als ein National- und nicht als ein Nationalitätenstaat. Warum das so kam, ist bis heute umstritten. Als gleich nach dem Umsturz in Prag 1918 deutsche Vertreter wie Lodgman oder Seliger nach Prag kamen, um über die ersten, lebenswichtigen Fragen zu verhandeln, bekamen sie von jenem Dr. Rašin die berühmt gewordene Antwort: „Mit Rebellen verhandeln wir nicht" – denn es war ja bekannt, daß sich die deutschen Bevölkerungsteile für Österreich entscheiden wollten. Die deutschsprachige Politik setzte auf Zeitgewinn, die tschechische nutzte die Gegenwart. Schon im Juni 1919 kam es zwar zu gemeinsamen Gemeindewahlen, doch betrafen sie nur lokale Angelegenheiten, bei den drei Millionen Deutschen hoffte man noch auf die endgültige Entscheidung der Friedenskonferenz. Nach dem Resultat von Saint-Germain war es aber bereits zu spät, um auf die inzwischen verabschiedeten Verfassungsartikel Einfluß zu nehmen. Die Minderheitenschutzbestimmungen, die zwischen den Alliierten und der Tschechoslowakischen Republik vereinbart worden waren, galten als vage und hätten nach moderner Auffassung selbstverständlich nicht ohne die betreffende Minderheit beschlossen werden dürfen. Als es sudetendeutsche Beschwerden an den Völkerbund gab, wurden die Deutschen von der Prager Regierung abermals als Verräter bezeichnet. Es war also kein Wunder, daß diese ČSR an der innerlichen Opposition der Deutschen krankte. Umgekehrt war die Ablehnung der neuen Verhältnisse durch das deutsche Element auch der Grund, warum die Tschechen und die von ihnen geführten Slowaken in den nächsten Jahren unter sich sein wollten. Im Grund genommen dachten weder die Tschechen noch die Deutschen „schweizerisch" im Sinn eines freiwilligen, auf Gemeinschaftsbeschlüssen beruhenden Zusammenlebens. Auch die in den Sudetengebieten besonders starke deutsche Sozialdemokratie wollte „weiterhin und unverbrüchlich" am Selbstbestimmungsrecht festhalten. Theoretisch wird dieser Streit sogar bis heute fortgeführt: In den Materialien des Sudetendeutschen Rats von 1989 wird an die gefälschten Bevölkerungskarten erinnert, die Beneš vor 71 Jahren der Pariser Konferenz präsentiert hatte (der Vergleich mit den offiziellen Bevölkerungsstatistiken der ČSR von

1930 belegt tatsächlich die Manipulation). Auf der anderen Seite betrachten die tschechischen Historiker von heute die Unterlagen der Österreicher noch immer als falsch, da sie sich auf die Volkszählungsergebnisse des Jahres 1910 stützten, „welche aber keine Nationalität anerkannte, sondern nur die Umgangssprache. Es handelt sich also um eine grobe Täuschung, denn die gegebene Unterlage entsprach nicht der Wirklichkeit". (Zdeněk Štípek, 1968.) Die naheliegende Frage, warum dann die tschechische Seite eine Volksbefragung ablehnte, stellte sich für ihn nicht.

Doch es liegt wohl auf der Hand, daß es in all diesen Jahrzehnten nicht um eine objektive akademische Auseinandersetzung ging, sondern um nationalen Volkstumskampf, und da ist man bei den Mitteln selten wählerisch. Auffallend ist aber doch die verbissene Rechthaberei, mit der Deutsche wie Tschechen um Begriffe und Zahlen kämpften, so als wären Geschichte und Politik nur ein einziger, hitzig geführter Zivilprozeß. Aber in diesem Konflikt gab es weder eine Verfahrensordnung noch ein Richtergremium und auch keine Exekutivorgane. (Bekanntlich ist selbst heute die internationale Antwort auf solche Fragen nur ansatzweise gefunden worden.) Es gab einfach keinen Ersatz für einen nach innen auszuhandelnden, vernünftigen Kompromiß von beiden Seiten. Alles hing somit von der weiteren demokratischen Entwicklung ab. Schließlich können Gesetze verbessert, Angstneurosen durch Alltag und Wohlstand beruhigt und neue Zugehörigkeiten eingeübt werden. Hätte sich die sudetendeutsche Aufregung gelegt, hätte man von den Tschechen allmählich die Weisheit der Sieger erwarten können. Die Chancen für eine solche Evolution standen im Grund gar nicht so schlecht, wie man im Wissen über die späteren Ereignisse anzunehmen geneigt ist. Der neue tschechoslowakische Staat war, abgesehen von den mangelnden Minderheitenschutzbestimmungen, eine freie Republik westlicher Prägung. Die persönlichen Rechte und das Eigentum, die Versammlungs- und die Pressefreiheit sowie die Freiheit der Parteigründung waren einwandfrei gewährleistet. Nicht alle seine Bürger wollten diesen Staat, aber alle Bürger, mit Ausnahme der Kommunisten, wollten die Demokratie. Während sich die Wiener „Arbeiterzeitung" am 24. November 1918 beklagt, daß Österreich eine „Republik ohne Republikaner" sei, identifizierte sich die überwältigende Mehrheit der Nachbarn im Norden sehr wohl mit dieser Bezeichnung.

Auch Lodgman von Auen will nicht zurück: Bereits in einer Rede am 28. Dezember 1918, zum Anlaß der damals noch in Wien tagenden deutsch-böhmischen Landesversammlung, zeigt sich der provisorische Landeshauptmann Böhmens von der Demokratie im Sinn Wilsons beeindruckt. Lodgman wendet sich unter Zitierung Masaryks gegen Theokratie und Autokratie und rechnet mit der monarchischen Vergangenheit drastisch ab: „Von verblendeten Politikern geführt, von Königen betrogen“, habe das deutsche Volk im Krieg standgehalten. Nun aber sei es dessen tragisches Schicksal, daß die „Imperialisten aller Staaten ... darauf sinnen, die Demokratie des deutschen Volkes das entgelten zu lassen, was das Gottesgnadentum an ihm gesündigt hat“.
Die Demokratie – sie hätte eine verbindende Klammer zwischen den Völkern sein können. Allerdings verbietet sich bei der Betrachtung im nachhinein auch jegliche Naivität. Denn das damalige Zeitklima war noch von ganz anderen Begriffen besetzt, von jenen des Volks, des Klassenkampfs und der kulturellen Über- und Unterordnung. Große Worte standen vielen anderen großen Worten im Weg. Auch in dieser Konfusion, in ihrer Identitätskrise und bei der Suche nach einer neuen Rolle in der Geschichte zeigen Tschechen und Österreicher eine gewisse Verwandtschaft. Der spätere autoritäte Ständestaat Dollfuß’ und Schuschniggs begreift sich als eine Gemeinschaft der „besseren Deutschen“. Und von František Palacký bis zu Tomáš Masaryk spannt sich der Bogen der Aussagen, die den Stamm der Tschechen als „bessere Slawen“ ausweisen sollen. „Böhmentum“ erschien schon dem tschechischen Wiedererwecker des 19. Jahrhunderts, Havliček, wichtiger als „slawischer Cosmopolitismus“. Palacký will, anläßlich der Auseinandersetzung mit einem Warschauer Professor, entweder Böhme sein oder sonst nichts, alles andere wäre ihm gleichgültig, und Masaryk wird nicht müde, den alten tschechischen Vorsprung herauszustreichen, vom „frühen Imperialismus der Přemysliden“ über die tschechische Vorreiterrolle bei der Reformation bis zur modernen politischen Kultur. 1899 ist ihm Rußland zu „kosakisch“, ja „die eigentliche Gefahr“. Wie bei den Österreichern dürfte dahinter ein gewisser Minderwertigkeitskomplex stecken, der vieles kompensieren muß. Kleine Völker, so argumentiert Masaryk einmal, könnten überhaupt viel „intensiver denken“ als größere. Selbst in den tschechoslowakischen Konferenzthesen für Saint-Germain kommt dieser Anspruch zum

Ausdruck. Dem tschechischen Volk, so heißt es darin, sei es gelungen, „den ersten Platz unter allen slawischen Nationen zu erringen“. Um so mehr erstaunt freilich eine gewisse Engherzigkeit der weiteren tschechischen Politik.

Böhmens neuer König

Immer wieder fällt in diesen Anfangsjahren der Blick auf die überragende Person Tomáš Masaryks. Auch für den Österreicher von heute ist er eine faszinierende Erscheinung. Der unerbittliche Habsburghasser erwies sich gleichzeitig als ein echtes Produkt dieser verspielten, verwehten Donaumonarchie und wie eine kurzzeitige Widerlegung der sonst so bitter bestätigten Ängste Karel Kramářs, daß die junge tschechische Republik am Fehlen einer eigenständigen, politischen Klasse, am Mangel an verantwortungsbewußter Führerschaft zugrunde gehen könnte. Der erste Präsident wirkte wie ein demokratischer Přemyslide, auch rein physisch: die Haltung stolz und aufrecht, ein schlohweißer Schnauzbart über einem militärisch-strengen Reitrock und dazu nachdenkliche Augen, das Pferd in sicherem Griff beim Ausritt unter Sokol-Begleitung vor der Prager Burg oder vor dem Staatsschloß in Topol'čianky. So zeigen ihn die Bilder, und da dachte damals keiner mehr, daß dieser Mann der Sohn eines halbanalphabetischen slowakischen Kutschers und einer deutschsprachigen hanakischen Köchin war. Der Vater mußte noch seine Herrschaft um Erlaubnis fragen, um den jungen Tomáš überhaupt in die Realschule schicken zu dürfen. „Als Leibeigener geboren und Leibeigener geblieben“ – so schildert ihn der spätere Präsident. 1886 will sich Tomáš Masaryk aus Begeisterung frühzeitig zum Krieg gegen die Preußen melden, bei einem Rückzugsgefecht hilft er mit, einen verwundeten österreichischen Offizier zu bergen. Die entscheidenden Bildungseindrücke erfährt er dann in Wien: Deutsch schlägt ihm, so berichtet er, die Brücke zur Weltliteratur. Insgesamt hält er sich zwölf Jahre an der Donau auf. Als Philosophiestudent macht Masaryk Bekanntschaft mit dem böhmischen Reformkatholizismus, er wird ein leidenschaftlicher Schüler Franz Brentanos und gerät ganz in die antihegelianische und kantkritische Tradition des österreichischen Denkens. „Platoniker blieb ich ein Leben lang“, erzählt er Karel Čapek und empfindet sich selbst als der Typus eines „Gläubigen der Zukunft". Die Ehe mit der amerikanischen Musikstudentin Charlotte Garrigue – er lernte sie beim Studium in Leipzig kennen – erschließt Masaryk die naive Glaubenskraft des amerikanischen Protestantismus. Der spätere Präsident ist unbändig stolz auf die alte hugenottische Pionierfamilie, mit der er sich verbindet. Nach amerikanischem Brauch wählt er den Mädchennamen seiner Frau zu seinem Mittelinitial. Das Leben mit ihr und mehrere Aufenthalte in den USA bringen Masaryk eine Erfahrung, die seiner Zeit weit vorausläuft: Der künftige Staatsmann lernt die selbstverständliche Art der Volksherrschaft kennen, den lockeren Umgang der Amerikaner mit anderen freien Bürgern. Ähnliches werden die meisten jungen Europäer erst ein halbes Jahrhundert später kennenlernen, mit dem Einzug amerikanischer Truppen nach dem Zweiten Weltkrieg und deren Verbleib auf dem Kontinent.

Masaryk war kein Soldat, dachte aber in scharf konturierten Ehrbegriffen. Mit Energie und Fähigkeit trat er nicht nur gegen die Königinhofer Fälschungen, also gegen die Manipulationen seiner eigenen Landsleute auf, sondern verteidigte auch das Judentum gegen die Ritualmordlüge. Als Abgeordneter in Wien kämpfte er für die universitäre Lehrfreiheit, gegen Bürgermeister Lueger. Den Tschechen als einer kleinen Nation empfiehlt Masaryk, „mehr zu arbeiten und gewandter zu sein als die anderen und sich bei Gewalt nicht kleinkriegen zu lassen", das sei alles ... Klassenkampf und Gleichmacherei sind ihm suspekt, das Individuum schätzt er hoch. Die Vorstellung ist reizvoll, wie sich die Geschichte der Monarchie wohl weiterentwickelt hätte, wenn anstelle Kaiser Franz Josephs der Slawenfreund Rudolf im Besitz der Krone gewesen wäre, gleich alt wie Masaryk und so wie dieser antiklerikal, frankophil und kritisch im Hinblick auf den deutschen Bündnispartner.

Dennoch steckt in diesem Mann, wie bei jeder interessanten Persönlichkeit, auch Zwiespältiges. Der gleiche Politiker, der während des Ersten Weltkriegs den nationalen Minderheiten „gewisse Garantien" zusichert, der sich zu „Gleichberechtigung, nicht Oberherrschaft" der Tschechen bekennt, bleibt während der ersten Jahre der jungen tschechischen Republik seltsam abgewandt, wenn es um die staatspolitisch so wichtige Grundfrage der Verwirklichung des versprochenen „Schweizer Modells" geht. So fällt es der sudetendeutschen Agitation nicht schwer, Masaryk von Anfang an festzunageln, etwa als dieser gleich nach Ausrufung des neuen Staats von „deutschen Immigranten und Kolonisten" redet. Um so entschlossener wird in der „Burg", der Bezeichnung für das inoffizielle, doch um so effektivere Machtzentrum des Präsidenten im Hradschin, das Majoritätsprinzip zur Anwendung gebracht. Wieder ist hier der Einfluß eines raumfremden Prinzips zu spüren, nämlich des französischen Zentralismus – der gleichen Faszination waren schon Friedrich II. von Preußen und Kaiser Joseph II. erlegen. Ähnlichkeiten also auch bei den Fehlern, die Deutsche und Tschechen machten ...

Die „Burg" wirft auch einen leisen Schatten auf das propagierte Selbstverständnis einer angeblich urdemokratischen, politischen Organisation „von unten nach oben", wie sie von den tschechischen Historikern der Anfangsjahre gepriesen wird. Zur strikten Anwendung des Majoritätsprinzips in der Nationalitätenfrage kam nämlich eine ausgeprägte Gruppenoligarchie innerhalb der Parteienlandschaft. Ursprünglich besaß der Präsident der ČSR zwar weitreichende Befugnisse, hatte aber selber kein Recht zu Gesetzesinitiativen im Parlament. Dennoch wollte – und mußte – Tomáš Masaryk, der charismatische Anführer, den Kurs bestimmen. So schuf sich das Staatsoberhaupt das dafür passende Instrument in Form einer Art von Koalitionsausschuß. Der Ausschuß bestand aus einem Fünferklub der Herren Alois Rašin (Nationaldemokrat), Antonín Švehla für die Agrarier, Jiří Střibrny für die nationalen Sozialisten, Jan Šramek für die Katholische Volkspartei und Rudolf Bechyně für die Sozialdemokraten. Deutsche waren keine darunter.

Dieses Gremium traf in allen wichtigen Fragen, auch in der Nationalitätenpolitik, seine Vorentscheidungen, das Parlament wurde de facto zu einem Exekutivorgan. Bis 1921 regierte der Fünferklub fast wie ein Direktorium, später wurde er, nach Maßgabe neuer Wahlergebnisse und Koalitionsbildungen, zwar erweitert, behielt aber seinen starken Einfluß. Bemerkenswert ist, wie kritisch die offizielle kommunistische Geschichtsschreibung mit der „Burg" umspringt. In Václav Čsadas kurzem Abriß über die Entstehung der modernen Tschechoslowakei heißt es, daß der Präsident, unabhängig von den Wahlergebnissen, mit Hilfe eines sehr gut organisierten Nachrichtendiensts abgestuft in alle politischen Parteien hineingewirkt habe. Damit sei die „Burg" eine außerparlamentarische „machtpolitische Gruppierung der tschechoslowakischen Bourgeoisie" geworden.

Sieht man von der Ironie ab, daß hier ein kommunistischer Historiker die Schwächung des Parlaments beklagt, verbleibt doch eine Bestätigung, daß es damals mit echten Mitgestaltungsrechten für die nationalen und politischen Minderheiten nicht gut ausgesehen haben dürfte. Wie stark aber das zeitgenössische Bewußtsein vom Nationalitätenproblem beherrscht war, zeigt ein weiteres Zitat, abermals aus kommunistischer Sicht, vom 27. März 1931 aus dem Prager Abgeordnetenhaus: „Wir tschechischen Kommunisten erklären ... daß wir ... das Selbstbestimmungsrecht der vom tschechischen Imperialismus unterdrückten Teile des deutschen Volkes bis zur letzten Konsequenz wahren und durchsetzen werden." So formulierte damals der KP-Abgeordnete Václav Kopecky. Die erste Republik kämpfte nämlich nicht nur mit der inneren Ablehnung durch die Deutschen, sondern auch mit dem Problem der starken kommunistischen Opposition. Alle Koalitionskonstruktionen rings um die tschechischen Agrarier und die Sozialdemokraten hatten nur den Sinn, die extreme Linke von der Macht fernzuhalten. Das war kein leichtes Unterfangen. Denn bei den Wahlen vom November 1925 wurden die Kommunisten mit 41 Sitzen zur stärksten Partei, die tschechischen Sozialdemokraten schrumpften von 52 auf 29 und die Nationaldemokraten Kramářs von 22 auf 13 Mandate. Nun mußte man, um regieren zu können, auf die kleineren tschechischen und auch auf die starken deutschen Parteien zurückgreifen; diese hatten insgesamt 71 Mandate bekommen. Mehrere Versuche der Regierungsbildung scheiterten zunächst, bis Präsident Masaryk, damals immerhin schon 76 Jahre alt, vehement eingriff und 1926 dem konzilianten Agrarier Švehla beistand, gegen den Widerstand der tschechischen Nationalen ein tschechisch-deutsches Kabinett zu etablieren.

Wieder einmal schlug eine böhmische Schicksalsstunde. Mit der Perspektive des Staatsmanns hatte Masaryk die internationalistische, aber totalitäre Linke abgewehrt und gleichzeitig die Tür zur überfälligen Versöhnung zwischen den Nationen geöffnet. Nun ergab sich eine Chance, so großartig, wie sie der neue „König der Böhmen" in seinen Gesprächen mit Karel Čapek Ende der zwanziger Jahre anvisiert hatte: „Unsere Geschichte, die Politik der Přemysliden des heiligen Wenzel, Karl IV., König Georg (Podiebrad) muß das Vorbild unserer Politik gegenüber unseren Deutschen sein. Die Tatsache, daß wir rings vom großen deutschen Nachbarn umgeben sind, nö-

tigt den denkenden Tschechen zu einer umsichtigen und geradezu weisen Politik.“
An einer anderen Stelle seiner Memoiren bemerkt Tomáš Masaryk zu Čapek allerdings auch, daß die Tschechen zwar „tüchtige Leute seien, aber häufig danebentreten“ würden.
Mit dieser Feststellung sollte der greise Präsident leider recht bekommen.

Taktik statt Strategie

Nun gehörten bis zum Katastrophenjahr 1938 dem tschechischen Kabinett fortan zwei, letztlich sogar drei deutsche Minister an. Ein Christlichsozialer wurde Justizminister, ein deutscher Landbündler Minister für öffentliche Arbeiten. Immer wieder stößt man dabei auf Namen, die schon durch ihre Herkunft aufzeigen, wie grotesk der verbissene Streit der nationalen Kulturkämpfer auf beiden Seiten war: Der Vorsitzende der deutschen Sozialdemokraten und Fürsorgeminister ab 1929 heiß Ludwig Czech, ein anderer deutscher Minister von 1936 bis 1938 Erwin Zajiček. Einer ihrer tschechoslowakischen Kollegen hingegen hieß Némec – also „Deutscher“. Germanisierte Tschechen und tschechisierte Germanen, seit vielen Jahrhunderten miteinander verwandt, kulturell überschichtet, ökonomisch und politisch verbunden und dennoch ohne tieferes Verständnis füreinander – das sollte, trotz einiger Versuche Gutwilliger, ihr Schicksal bleiben. Wahrscheinlich lag es daran, daß beide Stämme in ihren Sehnsüchten so ähnlich waren. Die Freude am glitzernden Begriff der Nation hatten die Tschechen von den Deutschen gelernt. Beide waren voll Stolz auf ihre Geschichte, beide ehrgeizig und vom Gedanken ihrer kulturellen Mission erfüllt – die Tschechen gegenüber den Slowaken, die Deutschen gegenüber den Slawen. Beide waren mit ihrem Nationalismus in Europa etwas zu spät gekommen, die Tschechen noch mehr als die Deutschen. Nun gerieten die Rollenbilder durcheinander: Die Deutschen wollten schon seit Jahrzehnten nicht verstehen, daß jede erfüllte Mission auch Rückzug bedeutet. Und die Tschechen erkannten nicht, daß jeder große Sieg die Pflicht zur Großmut auferlegt. Vor allem aber meinten sie, noch sehr viel Zeit zu haben, Zeit, die ohnedies alle Probleme lösen würde. Das war vielleicht ihr größter Fehler. So blieb es beim bloßen Taktieren, bei Lavieren und scheinbarer Schläue,

wo eine kraftvolle, große Entscheidung fällig gewesen wäre. Nicht nur Aktion und Reaktion, auch die unterlassenen Taten machen Geschichte.
Niemals kam für das deutsche Element eine echte Beteiligungsmöglichkeit im Entscheidungszentrum der „Burg“ zustande. Die Reformen und Verbesserungen, über die man weitere zehn Jahre, bis 1935, redete, erstickten im Kleinkram. Liest man heute die Polemiken von damals, so bestürzt nicht nur der Mangel an Einsicht, sondern auch die Nähe der möglichen Antworten. 1928 argumentieren etwa zwei prominente Fachleute gegeneinander, Dr. Kamil Krofta für den tschechischen Standpunkt und Dr. Bruno Kafka für den deutschen. Beide Männer sind hochqualifizierte bürgerliche Intellektuelle, Krofta ist zu diesem Zeitpunkt tschechischer Gesandter in Berlin, später wird er Außenminister. Kafka ist deutscher Professor in Prag. Wieder macht sich die Ironie der Namen bemerkbar, eigentlich könnte jeder auch den des anderen tragen, ohne daß man den nationalen Unterschied erkennen müßte. Krofta versichert zunächst, daß an eine Tschechisierung der Deutschen nirgends gedacht werde, und geht von der Tatsache aus, daß der deutsche Bevölkerungsanteil von 3,1 Millionen nun stabilisiert sei. Krofta betont ausdrücklich den „wohltuenden Einfluß“ der Deutschen auf die wirtschaftlichen und sozialen Verhältnisse in Böhmen. Das Problem stecke im Detail, bei den drei großen Fragenkomplexen Amtssprache, Schule und Bodenreform. Bei der Amtssprache verweist Krofta auf die Möglichkeit der deutschen Minderheit, überall dort, wo sie zwei Drittel der Einwohner stellt, bei Gerichten und Ämtern in ihrer Muttersprache zu verhandeln. Aber das, so belegt dagegen Kafka, ist nur eine „Kann“-, nicht eine „Muß“-Bestimmung der Behörden, also ein wesentlicher juristischer Unterschied. Dazu gilt jetzt überall im deutschen Gebiet die „innere tschechische oder slowakische Dienstsprache“, es müssen also auch deutsche Bezirksverwaltungen miteinander tschechisch korrespondieren. Mit den gleichen Problemen hatte man sich schon im Reichsrat von 1897 herumgeschlagen. Nach 1918 entschieden dann die Tschechen den Streit für sich. Das schmerzte die Deutschen – allerdings betraf der Zwang zur Zweisprachigkeit nur die Beamten, so wie es für tschechische Beamte im altösterreichischen Böhmen seit 1880 Pflicht gewesen war. Hätte die neue ČSR auf weniger bestehen sollen, als einst der Graf Badeni vorgeschlagen hatte?

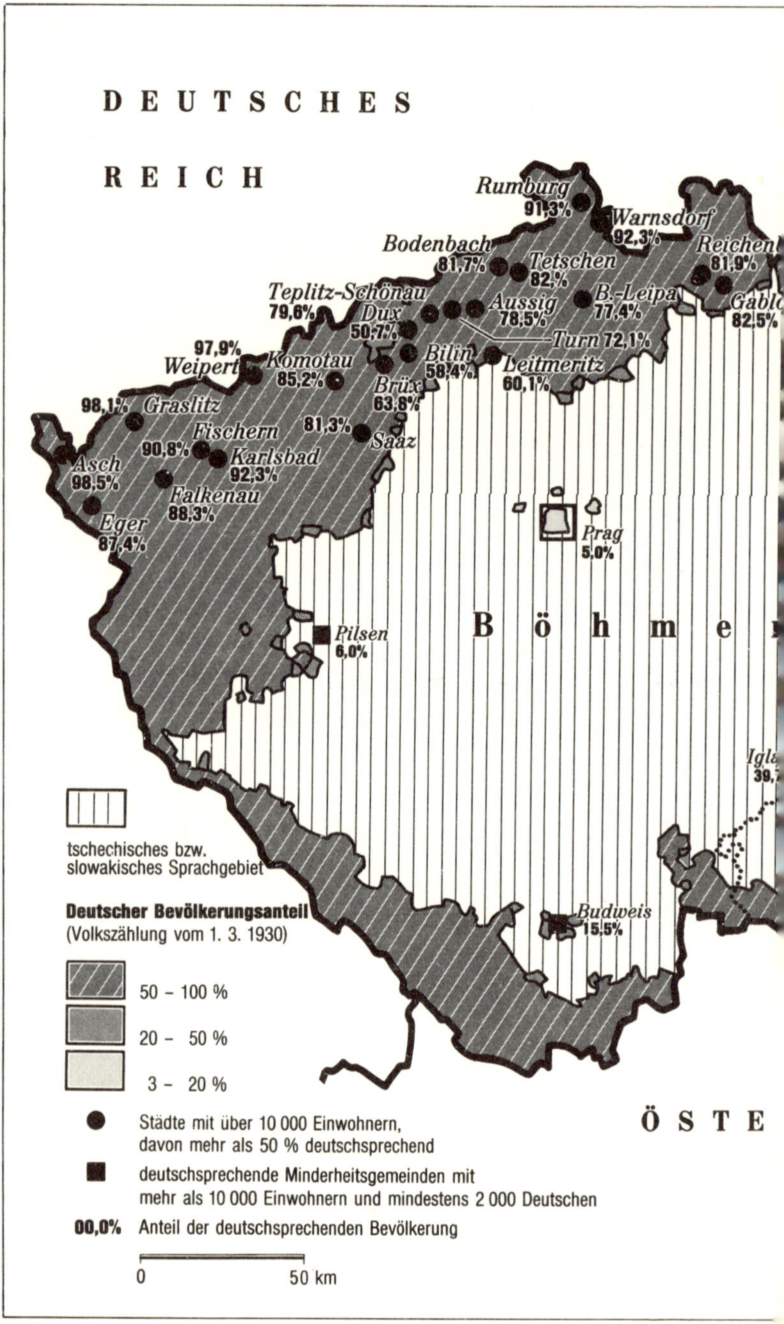

DEUTSCHES
REICH
Rumburg
91,3%
Warnsdorf
92,3%
Bodenbach
81,7%
Tetschen
82,%
Reichen
81,9%
Teplitz-Schönau
79,6%
Dux
50,7%
Aussig
78,5%
B.-Leipa
77,4%
Gabl
82,5%
Turn 72,1%
97,9%
Weipert
Komotau
85,2%
Bilin
58,4%
Leitmeritz
60,1%
Brüx
63,8%
98,1%
Graslitz
Fischern
81,3%
Saaz
90,8%
Karlsbad
92,3%
Asch
98,5%
Falkenau
88,3%
Eger
87,4%
Prag
5,0%
Pilsen
6,0%
Böhmen
Igla
39,
Budweis
15,5%
ÖSTE
tschechisches bzw. slowakisches Sprachgebiet
Deutscher Bevölkerungsanteil
(Volkszählung vom 1. 3. 1930)
50 - 100 %
20 - 50 %
3 - 20 %
Städte mit über 10 000 Einwohnern, davon mehr als 50 % deutschsprechend
deutschsprechende Minderheitsgemeinden mit mehr als 10 000 Einwohnern und mindestens 2 000 Deutschen
00,0% Anteil der deutschsprechenden Bevölkerung
0
50 km

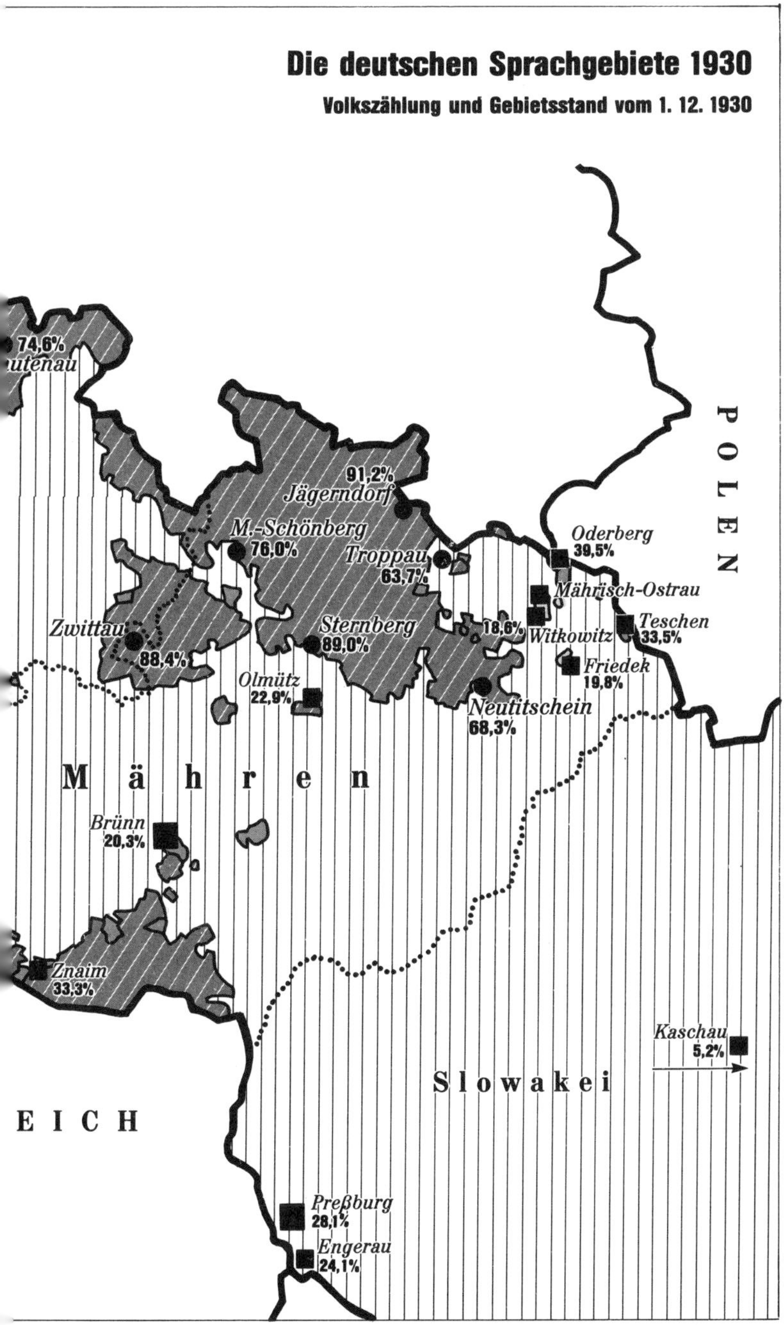
Die deutschen Sprachgebiete 1930
Volkszählung und Gebietsstand vom 1. 12. 1930
74,6%
utenau
91,2%
Jägerndorf
M.-Schönberg
76,0%
Troppau
63,7%
Oderberg
39,5%
POLEN
Mährisch-Ostrau
Teschen
33,5%
18,6%
Witkowitz
Zwittau
88,4%
Sternberg
89,0%
Friedek
19,8%
Olmütz
22,9%
Neutitschein
68,3%
Mähren
Brünn
20,3%
Znaim
33,3%
Kaschau
5,2%
Slowakei
EICH
Preßburg
28,1%
Engerau
24,1%

Bei den Schulen war die Entwicklung schon gravierender: Zwischen 1918 und 1925 sank die Zahl der deutschen Klassen um 3 733, wogegen die der tschechischen Schulen um 1 646 anstieg, bei etwa gleich starkem Rückgang der Kinderzahlen bei beiden Volksgruppen. Noch deutlicher war die deutsche Benachteiligung bei der Aufteilung des früheren Großgrundbesitzes. Ein ausländischer Beobachter, Professor René Brunet, berechnete 1924 den deutschen Anteil an dieser Aktion und kam auf lediglich 2,9 Prozent; parlamentarische Kontrolle gab es keine. Selbst Krofta gab zu, daß diese Bodenreform eine „nationale Seite“ hatte. Die Punktation der weiteren deutschen Beschwerden, von der Wahlkreiseinteilung bis zur Benachteiligung bei den höheren Beamtenposten, ist viele Seiten lang. Der Nestor unter den österreichischen Spezialisten des Minderheitenrechts, Professor Theodor Veiter, stellte 1988 jedenfalls fest, daß in der ersten Tschechoslowakischen Republik insgesamt eine „extrem deutschfeindliche Politik“ betrieben worden sei. Es ist derselbe Professor Veiter, dem von deutschkärntner Seite in den letzten Jahren immer wieder der Vorwurf des „Slowenenfreunds“ gemacht wurde, also wohl ein ausbalancierter und nicht nur besonders sachkundiger Zeuge.
Um so stärker beeindruckt im Rückblick die zivile Höflichkeit, mit der Krofta und Kafka einander damals begegneten. Krofta erinnerte an die große Aufgabe „unserer Deutschen“ als Vermittler zwischen Westen und Osten, begrüßte sogar deren wirtschaftliche und kulturelle Ausdehnung und wandte sich nur gegen die expansive Macht des Deutschtums. Noch verlief die Auseinandersetzung in jenen bürgerlichen Formen, die sich durch das jahrhundertelange Zusammenleben im Verband der Monarchie allmählich herausgebildet hatten. Auch das äußere Verhältnis der ČSR zum großen deutschen Nachbarstaat stabilisierte sich, hier wie dort gab es eine Atempause für Vernunft und Demokratie. Seit 1925 gehörte auch Deutschland dem Völkerbund an. Im Grund waren die Voraussetzungen für eine spätere Verfassungsrevision mit garantierten Minderheitenrechten gar nicht so schlecht. Der Rechtsradikalismus war schwach, auch in der Tschechoslowakei. Bei den ersten Parlamentswahlen vom 18. April 1920 hatte die rabiate junge NSDAP von insgesamt 72 möglichen deutschen Mandaten nur 5 geschafft. Doch da trat gegen Ende der zwanziger Jahre ein neuer Faktor auf, der alle positiven Erwartungen über den Haufen warf – die große Wirtschaftskrise ab Herbst 1929.

Der Fluch der großen Krise

War es in anderen Staaten Westeuropas schon arg, so geriet die Krise in den deutsch-böhmischen Gebieten zu einer Katastrophe. Von den Braunkohlenrevieren im Norden bis zu den Porzellanfabriken des Egerlands „schrie die Not nach einem Ausweg zum Himmel“, wie der sudetendeutsche Sozialdemokrat Wenzel Jaksch formulierte, dessen Partei seit 1929 im Prager Kabinett vertreten war. Während die Krise anderswo schon wieder abflaute, nahm sie in den deutschbesiedelten Gegenden sogar noch zu, auch als Folge einer kurzsichtigen Politik der Prager Zentrale. Sie vergab ausgerechnet in diesen Zeiten Staatsaufträge nur an solche Firmen, die bei ihren Arbeitern einen Bevölkerungsproporz einhielten, wodurch die bestehenden deutschen Betriebe benachteiligt wurden. Der betreffende Erlaß wurde zwar wieder zurückgenommen, aber die Atmosphäre war aufs neue vergiftet. Allmählich begannen die staatsloyalen deutschen Parteien vor ihren arbeitslosen Wählern das Gesicht zu verlieren. Bei den öffentlich Bediensteten wurde die nationale Verdrängung noch härter. Auf dem Höhepunkt der Krise 1936 gab es unter den 846 000 Arbeitslosen in der ČSR 525 000 Deutsche. Dagegen lockte von jenseits der Grenzen das Deutsche Reich, wo seit der Machtergreifung Adolf Hitlers die Arbeitslosigkeit im Handumdrehen zurückgegangen war.

Am 19. Mai 1935 wurde in der ČSR wieder gewählt. Erst da gab es einen Erdrutsch: Konrad Henleins neue Sudetendeutsche Heimatfront, die spätere Anschlußbewegung, schaffte auf Anhieb die Zweidrittelmehrheit bei den deutschen Stimmen, sie erhielt sogar um 73 000 Stimmen mehr als die stärkste Partei der Tschechen. Doch immer noch war diese Heimatfront keine bloße Kopie der Nationalsozialisten, ebenso wie der Ständestaat Dollfuß’ und Schuschniggs kein Ableger des deutschen Rechtsradikalismus gewesen ist. Die Heimatfront bekannte sich zu Demokratie und christlicher Weltanschauung, den Nationalsozialismus lehnte sie anfangs ausdrücklich ab.

Vordenker der Sudetendeutschen war damals Othmar Spann, der „ganzheitliche“ autoritäre Wiener Staatsphilosoph, dessen Emissäre eifrig konspirierend auch bei den Deutsch-Böhmen tätig waren. Noch immer bewiesen die alten Bindungen an Österreich ihre Kraft. Doch für solche feineren Unterschiede bei den Deutschsprachigen zeigten die tschechischen Politiker nur wenig Verständnis. Überdies war in Prag im gleichen Jahr

1935 der greise Tomáš Masaryk als Staatspräsident abgetreten. Nachfolger wurde sein langjähriger Außenminister Edvard Beneš, ein Historiker wie der Vorgänger, doch ohne gute Nachrede in seiner Zunft. Ein „Taktiker und Mann der kleinen Finessen", so beschreibt ihn der altösterreichische Aristokrat Alfons Clary-Aldringen, der ihn bei Versöhnungsversuchen kennengelernt hatte. Dabei deckt er sich im Urteil mit dem Tschechen Jan Patočka: „Ein schwacher Mensch, gut als Sekretär, weiter nichts."

„Lieber Hitler als Habsburg", das wird Edvard Beneš als Ausspruch zugeschrieben, und sein weiteres Verhalten bestätigt diese Blindheit, für die ihn Golo Mann sogar einen „Halbidioten" nennt. Schon Karel Kramář hatte Beneš als den „bösen Genius des tschechischen Volkes" bezeichnet.

Seine alte Abneigung gegen die Habsburgermonarchie übertrug Beneš auch auf das klein gewordene, neue Österreich. Bertha Zuckerkandl, die einflußreiche und mit dem „Tiger" Clemenceau verwandte Wiener Chronistin der ersten Jahrhunderthälfte, berichtet von Beneš' verhängnisvollem Einfluß auf die französische Außenpolitik: Immer dann, wenn es um westliche Hilfe für die Alpenrepublik ging, habe der „allmächtige" Beneš seine Beziehungen spielen lassen und die österreichischen Vorschläge torpediert. Für die wachsende Gefahr im eigenen Land blieb der Präsident hingegen blind.

Allerdings ist es wichtig, diese Animosität auch aus tschechischer Sicht begreifen zu lernen. Noch Jahre nach dem Ersten Weltkrieg war Prags Politik von einer dreifachen Angst geprägt – der Furcht vor einem Anschluß Österreichs an Deutschland, vor einer Restauration der Habsburger und vor der Rache der Magyaren. Deshalb schaukelt Beneš zwischen großer und kleiner Entente: Rumänien wird gegen die Ungarn und Frankreich gegen Österreich ausgespielt. Für sein Anschlußstreben wird Wien mit negativen Entscheidungen der alliierten Grenzkommission bestraft, die auf Intervention der Tschechen zustande kommen. Ähnliches ereignet sich bei österreichischen Kreditwünschen. Damit soll die Alpenrepublik zur Annäherung an die ČSR bewogen werden. Solches wird auch in Wien durchaus verstanden. Schon bei den Verhandlungen zwischen Renner und Beneš im Jänner 1920 entspannt sich die Atmosphäre. Beneš verspricht ein liberales Minoritätengesetz. Nach anfänglichem Widerstand unterstützt die ČSR die Aufnahme Österreichs in den Völkerbund. Beneš bekräftigt auch den Anspruch

Wiens auf Westungarn – nur eine Donaukonföderation sei eine Utopie. Später, im September 1933, bietet Beneš im Fall eines nationalsozialistischen Handstreichs Dollfuß sogar militärische Hilfe an, wenn Österreich dies wünsche. Gleichzeitig setzt er sich für eine verstärkte Berücksichtigung der österreichischen Linken ein – wobei er aber bestätigt, daß die damalige Sozialdemokratie „nicht koalitionsfähig“ sei. Dahinter steckt ein politisches Endziel, das der tschechische Außenminister eineinhalb Jahre später, am 20. Mai 1935, seinem österreichischen Amtskollegen so darstellt: eine Entente Österreich–Ungarn–Tschechoslowakei, also doch eine neue Art von Donaukonföderation, unter offenkundiger Führung Prags. „Was wir auseinandergeschlagen haben, müssen wir jetzt wieder zusammentun, sonst kommt keiner weiter“, bekräftigt damals der Gesandte Jan Masaryk. Nur wurde keine zusammenhängende Politik daraus.

Nun verstärkte sich noch jener Prozeß, der die deutschen Demokraten Böhmens in die Enge trieb und gleichzeitig die Weltmeinung, von der soviel abhing, in für Prag negativem Sinn beeinflußte. Alle neuerlichen Forderungen der Sozialdemokraten und später der Heimatfront nach Anerkennung der Sudetendeutschen als zweites Staatsvolk der Tschechoslowakei wurden abgelehnt. Am 10. Juli 1937 bemerkte Arnold Toynbee zu diesem Problem, daß die Methoden, mit denen „die Tschechen die Oberhand über die Sudetendeutschen führen, nicht demokratisch“ seien. Das verfehlte nicht seine Wirkung auf die Westmächte, bei denen immer mehr das Gefühl entstand, einen Fehler der Verträge von Saint-Germain und Versailles korrigieren zu müssen. Dazu verstärkte sich die Agitation aus Hitlers Deutschland, ein Geldstrom unterstützte die Wirkung der NS-Propaganda.

Gegenüber solchen Gefahren wehrt sich Beneš nicht mit einem historischen Kompromiß, sondern mit administrativen Mitteln: Seit 1933 regiert er mit einem Ermächtigungsgesetz, das der Regierung erlaubt, wirtschaftliche und politische Entscheidungen ohne das Parlament zu treffen. Mit seiner Hilfe werden Verbotsmaßnahmen gegen die deutsche nationale Rechte gesetzt, gegen die Kommunisten allerdings ebenso wie gegen die paramilitärische Volkssportvereinigung der DNSAP und der Deutschen Nationalpartei. Diese Mittel werden freilich zum Bumerang, da nun Henleins Sudetendeutsche Partei den Anschein gewinnt, als wäre sie die einzige anerkannte oppositio-

nelle Vertretung der deutschen Volksgruppe. Nun strömen ihr erst recht die Anhänger der aufgelösten Parteien zu. Doch immer noch sind deutsche Sozialdemokraten, Christlichsoziale und deutsche Landwirte Mitglieder des Prager Kabinetts. Gemeinsam unternehmen sie abermals einen Vorstoß bei der Staatsführung, um neue Verfassungsformen für ein freundschaftliches Zusammenleben von Tschechen und Sudetendeutschen zu erreichen.
Aber da war es schon zu spät: Mit dem gewaltsamen Anschluß Österreichs an das Deutsche Reich schlug im März 1938 die Stimmung bei den Deutsch-Böhmen vehement um: Die Parteien der Sozialdemokraten, der Christlichsozialen und der Landwirte lösten sich auf, das Verhandeln ihrer gemäßigten „Aktivisten“ mit der Prager Regierung erschien als sinnlose Schwäche.

Zwischen Hus und Schwejk

Alles, was nachher kommt, vom letzten Aufbäumen des tschechischen Staats bis zur fatalen Münchener Konferenz zwischen Engländern, Franzosen, Deutschen und Italienern im Herbst 1938 wirkt wie ein Rückfall in längst vergangene Epochen – von der aufflammenden Begeisterung der Hussitenzeit bis zur dumpfen Resignation der frühen Habsburgerherrschaft. Bloß, daß sich alles wie im Zeitraffer vollzog, in wenigen Wochen und bei vollem Besitz der staatlichen Macht. Eigentlich hätte man in der ČSR an die Empfehlungen Tomáš Masaryks denken müssen, sich bei Gewalt nicht kleinkriegen zu lassen. Für eine Auseinandersetzung waren die Tschechen viel stärker gerüstet, als es im nachhinein den Anschein hat. Nach einer Vollmobilisierung standen 1,5 Millionen Mann unter Waffen. Im Norden und Westen erleichterte eine tiefgestaffelte Festungslinie die Verteidigung, und die Bevölkerung war zum Kampf motiviert, geschlossen wie schon lange nicht. Selbst die Sudetendeutschen waren großteils eingerückt, wenn auch ungern. Sie sorgten sich vor allem um die Bewahrung des Friedens.
Da erst kurz vorher, im September 1938, der Putschversuch eines von Deutschland aus operierenden „Sudetendeutschen Freikorps“ mangels Begeisterung der Bevölkerung gescheitert war, konnte man auf eine gewisse Loyalität zum tschechoslowakischen Staat schließen. Die deutschen Sozialdemokraten

des Sudetenlands formierten sich erneut und veranstalteten, unterstützt von den Kommunisten, Aufmärsche ihrer „Republikanischen Wehr", deren damaliger Aufruf wert ist, zitiert zu werden. „Wir lieben den Frieden glühend und leidenschaftlich. Glühender und leidenschaftlicher lieben wir die Freiheit und darum werden wir mit dem Einsatz unseres Lebens zu kämpfen wissen." Daran schloß sich ein Gruß an die Armee der ČSR und an Präsident Beneš ... Deutlicher als andere Politiker spürten sudetendeutsche Sozialdemokraten die schreckliche Bedeutung, die den bevorstehenden Ereignissen anhaftete. Wenzel Jaksch, der Vorsitzende der DSAP (Deutsche Sozialdemokratische Arbeiterpartei), warnte in Erinnerung an den Ersten Weltkrieg vor den Folgen unmenschlicher Machtpolitik. „Ein Deutschtum ... welches nach Vorherrschaft über andere Völker strebt, wird früher oder später in einen blutigen Konflikt ... verstrickt werden. In einer gewaltsamen Entscheidung wird wieder eine waffenstarrende Welt gegen das deutsche Volk aufstehen. Die Sudetendeutschen werden das erste Schlachtopfer sein. Ihre Heimat würde im Zusammenprall der Weltkräfte vernichtet. Ihre Zukunft ausgelöscht!"

Die Zeichen standen an der Wand, und auch die Propheten waren zur Stelle. Aber noch weitaus klarer war die geschichtliche Herausforderung für die Tschechen. Es ging, angesichts der ultimativen Gebietsforderungen Hitlers, um die Zertrümmerung Böhmens in seinen so sehr beschworenen historischen Grenzen und somit um die Selbstbehauptung der Tschechen als Staat. Zwar hatte die Annexion Österreichs die strategische Lage der ČSR sehr zum Nachteil verändert, doch mußten umgekehrt die Deutschen auch an ihre Front gegen Frankreich denken. Selbst wenn dieser Krieg nicht gewonnen werden konnte, so hätte er doch, bei entsprechender Entschlossenheit der Tschechen, ein Risiko auch für die Deutschen werden können. Im Generalstab der Wehrmacht dachte man zu diesem Zeitpunkt bereits an Putschpläne gegen Hitler, falls dieser einen neuen Weltkrieg riskiert.

Da geschah das völlig Unerwartete: Beneš und seine Regierung kapitulierten, die Truppen wurden wieder nach Hause geschickt. Schon vorher hatte es Signale an die Westmächte gegeben, daß man in Prag bereit wäre, den Wünschen Hitlers teilweise entgegenzukommen. Für Englands und Frankreichs Appeaser Chamberlain und Daladier war es die willkommene Bestätigung, daß man mit der ČSR beliebig verfahren könne, um dem Führer ein letztes Opfer zu bringen und den Weltfrieden zu retten. Die Sudetengebiete wurden abgetreten, auch die Polen und die Ungarn erhielten ihren Teil. Die Tschechoslowakei verlor damit mehr als ein Drittel ihres Gebiets und ihrer Bevölkerung, dazu 40 Prozent ihres Industriepotentials und den Festungsgürtel im Westen. Mehr als eine Dreiviertelmillion Tschechen war nun wieder unter fremder Verwaltung. Doch bei der Münchener Konferenz am 29. September 1938, die all dies beschloß, waren tschechische Vertreter gar nicht mehr anwesend. Edvard Beneš gab sogar auf, ohne vorher das eigene Parlament befragt zu haben. Alle Augenzeugenberichte von damals sprechen von der furchtbaren Niedergeschlagenheit, die daraufhin die tschechische Bevölkerung überfiel. Es war wie ein Hohn: Im Augenblick der schlimmsten Gefahr waren alle Beschwörungen einstiger Größe verflogen, taktische Schläue redete von der Notwendigkeit des Überlebens, wo es sich in Wahrheit um Selbstaufgabe handelte. Schwejk, der kleine Schlaue, siegte über Jan Žižka, den großen Hussitenfeldherrn, dessen überdimensionales Denkmal seit 1932 vom Vitkov-Berg über die Moldau blickte. Was Böhmens Slawen damals empfanden und was diese Schande bedeutete, beschrieb Milena Jesenska im „Přitomnost“ vom 28. September 1938: „Nie hat es etwas umsonst gegeben und nie hat etwas mehr Blut gekostet als die menschliche Freiheit. Und so entstand im Laufe der Jahrhunderte das ungeschriebene Gesetz auf Erden – wer nicht kämpft, bekommt nichts, wer sich nicht verteidigt, verliert alles . . . Die Menschen weinten, weil sie sich nicht verteidigen durften.“ Kurze Zeit darauf verloren die Tschechen tatsächlich den Rest dessen, was sie zunächst gerettet glaubten.

8
DER LÖWE WIRD LÄCHERLICH

„Niemals ist ein Mensch, der sich gekrümmt hat, fähig, andere geradezubiegen."

Meng-tse (Mencius), chinesischer Staatsphilosoph, 372–289 v. Chr.

Der Preis der Selbstaufgabe

738 000 Tschechen kamen gemeinsam mit den Sudetengebieten ans Deutsche Reich. Aber auch die Polen und die Ungarn hatten sich an der wohlfeilen Beute bedient. Mit echter Selbstbestimmung im Sinn Wilsons hatte das Münchener Diktat ja nicht das geringste zu tun, nicht einmal bei den Sudetendeutschen. Sie kamen heim zu ihrem Volk, verloren aber ihre Freiheit. Allein zwischen Oktober und Dezember 1938 wurden 2 500 Sudetendeutsche ins KZ Dachau eingewiesen, insgesamt erfolgten etwa 20 000 Verhaftungen. 30 000 Sudetendeutsche flüchteten zunächst in die Rumpf-Tschechoslowakei und danach, wenn sie konnten, ins westliche Ausland. Darunter waren Mitglieder linker Parteien, Juden, Christlichsoziale. Viele von ihnen erlebten aber auch eine schreckliche Überraschung. Die tschechischen Behörden, voll Zorn auf ihre früheren Alliierten und in tiefer Angst vor weiterem deutschen Druck, trieben diese unbequemen Existenzen wieder zurück ins nationalsozialistische Herrschaftsgebiet. Oft mußten diese Sudetendeutschen mit aufgepflanztem Bajonett gezwungen werden, die Eisenbahnzüge zu besteigen. Nun fielen die Gebiete um Znaim, Nikolsburg und Neubistritz wieder an das Land Niederösterreich, und auch das Gebiet um Krumau an der Moldau und Kaplitz kamen wieder zu Oberösterreich. Das eigentliche Sudetenland wurde zu einem Reichsgau mit Reichenberg als Hauptstadt. Schlagartig war die Arbeitslosigkeit beseitigt, es trat sogar ein Mangel an Arbeitskräften ein, da Hitlers Rüstungsboom die Wirtschaft zum Blühen brachte.

Aber gleichzeitig setzte auch jene erste, riesige Aussiedelungswelle ein, von der die Dokumente der sudetendeutschen Landsmannschaft nur ungern zu berichten wissen: Zwischen Herbst 1938 und Herbst 1939 wanderten rund 400 000 Tschechen aus dem neugewonnenen deutschen Reichsgebiet ab. Zehntausende von ihnen ergriffen sofort die Flucht, als die deutschen Truppen kamen. Für die Verbliebenen gab es zwar laut Münchener Abkommen ein „Optionsrecht", doch war dies unter den Bedingungen der Gestapoherrschaft nur die Fiktion einer freien Entscheidung. Der spätere Reichsprotektor von Böhmen und Mähren, Karl Hermann Frank, versuchte die tschechischen Aussiedler vor allem ins „Altreich", also ins deutsche Reichsgebiet abzuschieben, um ihre Entnationalisierung voranzutreiben. Auf diese Weise sollten die Grenzgebiete frei von tschechischen Bewohnern werden. Allerdings gelang das nur zum Teil, denn mit dem Kriegsausbruch und dem Abgang der deutschen Männer an die Front stieg auch der Bedarf nach tschechischen Arbeitskräften, was größere Bevölkerungsverschiebungen verhinderte. So lebten schließlich doch rund 290 000 Tschechen im abgetretenen Gebiet, etwa 10 Prozent der Gesamtbevölkerung. Obwohl es also, vor allem rings um Brüx und Hohenstadt, starke tschechische Minderheiten gab, existierten keinerlei Schutzbestimmungen. Der größte Teil der tschechischen Volksschulen und sämtliche höheren Schulen wurden geschlossen, alle tschechischen Aufschriften entfernt. Eine Rechtfertigung für die Greuel bei der Verjagung der Deutschen 1945 sind diese Vorgänge trotzdem nicht. Aber es war ein fataler Anfang gemacht.

Die Slowakei geht eigene Wege

Nun rächte sich auch die aus tschechischer Sicht gutgemeinte Bevormundung der Slowaken durch Prag. Ähnlich wie deutsche Biertischhistoriker die tschechische Vergangenheit als minderwertig ansahen, hielten damals tschechische Nationalisten die zivilisatorisch zurückgebliebenen Slowaken für ein „geschichtsloses Volk", das lediglich ein „Zweig" der Tschechen sei. Im Widerstand gegen die kulturelle Entwicklungshilfe aus dem noch dazu als „gottlos" empfundenen, freidenkerischen Prag war in der Slowakei das Gefühl katholischer Eigenständigkeit gewachsen. Autoritär-ständisches Gedankengut

floß ein, wie damals überall in Mittel- und Osteuropa. Die einen, so berichtet Ladislav Mňačko, spekulierten mit Mussolini, die anderen dachten an eine Verbindung mit dem ebenfalls autoritär regierten Nachbarn Polen, die dritten suchten Anlehnung an das Hitlersche Deutsche Großreich. Zwei Pfarrer machten große Politik: Pater Andrej Hlinka gründete die Katholische Volkspartei, nach ihm wurde Jozef Tiso deren Vorsitzender. Rasch avancierte die Volkspartei zur zweitstärksten politischen Gruppe im Land. Schon mit der Abtretung der Sudetengebiete hatten die Tschechen im eigenen Staat das Gesicht verloren. In Preßburg war man dazu noch über den Verlust der Ostslowakei an Horthy-Ungarn böse. Es gab eine Folgewirkung, die Franzosen und Engländer in München nicht berechnet hatten: Bereits im Oktober 1938 reißt Tiso mit Hilfe der bürgerlichen Parteien die Macht an sich und verkündet den slowakischen Einheitsstaat, auch die Sozialdemokraten geben nachträglich ihre Zustimmung. Alle Parteien werden aufgelöst, Tiso wird Ministerpräsident. Als die separatistischen Neigungen immer stärker werden, reagiert Prag nach einigem Zögern mit der Verhängung des Ausnahmezustands, um dem drohenden Abfall vorzubeugen. Am 10. März 1939 erklärt Staatspräsident Hácha die Regierung der autonomen Slowakei für abgesetzt, tschechische Truppen werden in Marsch gesetzt.
Nun konnte Adolf Hitler abermals zeigen, welch subtiler Psychologe des Terrors er war. Tiso wird nach Berlin geladen, wo man ihm die Erklärung der slowakischen Unabhängigkeit empfiehlt. Um diesem Wunsch Nachdruck zu verleihen, erinnert ihn der Führer an das historische Umfeld, in dem die Slowaken leben: „Wenn die Slowakei zögert oder eine Trennung von Prag ablehnt, werde ich das Schicksal der Slowakei Ereignissen überlassen, für die ich nicht mehr verantwortlich bin.“ Damit spielt Hitler auf den Appetit der befreundeten Ungarn an, sich auch noch den Kern des alten ungarischen Hoheitsgebiets, das es im Vertrag von Trianon hergeben mußte, wieder zurückzuholen. Tiso versteht sofort. Am folgenden Tag proklamiert der Preßburger Landtag die Unabhängigkeit der Slowaken. Gleich darauf erklimmt der politisierende Kleriker den Höhepunkt seiner Laufbahn. Unter der jubelnden Zustimmung von 80 Prozent der Slowaken wird Tiso zum ersten Staatspräsidenten gewählt. Alsbald wird der neue Staat international anerkannt – auch von der Sowjetunion. Als nächsten Schritt beginnt man in der Slowakei, die unsympathisch gewordenen Tschechen aus dem

Land zu weisen. Die Lehrer und Beamten durften, so berichtet Mňačko, maximal 24 Kilo Gepäck mitnehmen und wurden nahezu restlos vertrieben. Für einen kurzen Zeitraum profitierte die selbständige Slowakei nach allen Seiten. Mňačko nennt sie eine „Insel der Stabilität und Ordnung, eine quantitative und qualitative Blüte", doch gleichzeitig graut ihm vor diesem „slawischen Übermenschentum". Denn in aller Prosperität und freiwillig übernimmt dieser Staat auch die Nürnberger Rassengesetze und organisiert perfekt den Abtransport von 60 000 slowakischen Juden. Bei der Übergabe an die deutschen Behörden kassiert man ein Kopfgeld von 10 000 Kronen pro Stück. Ab Sommer 1939 wirkt in Preßburg eine deutsche Militärmission, die dem neuen Staat beim Aufbau einer eigenen Armee zur Seite steht. Das erweist sich als schwierig, da ja auch die meisten Offiziere Tschechen waren und mit diesen das Land verlassen mußten. Doch das deutsche Aufbauwerk verläuft recht erfolgreich, und zwei Jahre später kann die faschistische Slowakei immerhin ein Armeekorps in der Stärke von insgesamt 45 000 Mann stellen, das an der Seite der Wehrmacht am Überfall auf die Sowjetunion teilnimmt und dort bis Mitte 1943 Schulter an Schulter mit den Deutschen kämpft. All das geschieht, wohlgemerkt, ohne deutsche Besetzung und auf freiwilligen Entschluß, wenn auch auf starken diplomatischen Druck Berlins. Die slowakische Staatsführung in Preßburg erhofft sich im Fall des Siegs eine territoriale Belohnung durch Hitler auf Kosten Ungarns.
Dies muß erwähnt werden, weil es in der bisherigen populären Geschichtsschreibung der ČSSR nur im kommunistischen Sinn gefärbt oder gröblich verkürzt vorkommt. Doch ohne den damals getrennten Geschichtsverlauf von Tschechen und Slowaken ist deren Nachkriegsentwicklung nicht zu verstehen: Mit dem Frontwechsel der slowakischen Armee im August 1944 und dem anschließenden und wieder niedergeschlagenen Nationalaufstand wurde zwar die antifaschistische Ehre gerettet, doch nicht das staatsrechtliche Dilemma beseitigt, nämlich daß da eine selbständige, von den Großmächten anerkannte Slowakei existiert hatte. Diese war dann zwar ein Verliererstaat, aber immerhin ein Staat. Heute interpretiert Prags Nachkriegsgeschichtsschreibung den Aufstand als eine Willenskundgebung der Slowaken, die Tschechoslowakische Republik zu erneuern. Doch eben dies hat man die Slowaken nie offiziell gefragt, und auch die Alliierten dachten nicht daran, sich mit solchen Klei-

nigkeiten zu befassen. Sie beschlossen einfach die Wiederherstellung der Tschechoslowakischen Republik, so wie sie vor dem Münchener Abkommen bestanden hatte. (Mit Ausnahme der Karpato-Ukraine, die nun an die Sowjetunion fiel.)
Immerhin wurde der frühere Prager Zentralismus revidiert: Nun erhielten die Slowaken endlich ein eigenes Parlament, und die Annahme einer „tschechoslowakischen Sprache“ – ein Kunstprodukt – wurde fallengelassen. Ursprünglich hatten die Slowaken sogar Zollhoheit und ein eigenes Wirtschafts- und Währungsgebiet verlangt, konnten sich damit aber nicht durchsetzen. Dafür verstärkte sich nach dem Krieg die weitere Industrialisierung der Slowakei, da die Kommunisten wußten, was sie an diesem enttäuschten slawischen Stamm gutzumachen hatten. Der eigentliche Aufschwung begann allerdings erst mit dem Prager Frühling von 1968 und den Karrieren der Slowaken Alexander Dubček und Gustav Husák, so unterschiedlich deren historische Rollen auch sonst sein mögen.
Aber kehren wir in den März 1939 zurück.
Adolf Hitler konnte die Abspaltung der Slowakei nun zum Anlaß nehmen, auch die Rest-Tschechei in die Knie zu zwingen. Wie das vor sich ging, ist abermals ein denkwürdiges Beispiel brutalster deutscher Überheblichkeit, aber auch qualvoller Unsicherheit auf tschechischer Seite.
Der neue Staatspräsident Emil Hácha entschließt sich aus eigenen Stücken, nach Berlin zu fahren. Dort spricht er gleich zu Anfang von den „wunderbaren Ideen Adolf Hitlers“. Danach stellt er sich im Gespräch mit dem zum Sprung ansetzenden Führer und Reichskanzler selber in Frage. Hácha äußert Zweifel, „ob es überhaupt für die Tschechoslowakei ein Glück sei, ein selbständiger Staat zu sein“. Den Abfall der Slowakei bestätigt er als einen völlig legalen Akt und setzt hinzu, daß er den Slowaken im übrigen „keine Träne nachweine“. Daraufhin teilt ihm Hitler mit, daß soeben der Einmarsch der deutschen Truppen begonnen habe. Die entsprechenden Unterschriften unter die Kapitulationsurkunde erzwingt er mit der Drohung, Prag mittels eines Angriffs der Luftwaffe zu vernichten. Hácha, völlig überrumpelt, willigt in alles ein und verteidigt sich später mit dem Argument, daß er zwar nicht den Staat, aber immerhin das Volk gerettet habe. Damit schlüpfte er aber auch in jenes Rollenbild, das sich der übermächtige Gegner von ihm machte – in das eines unterwürfigen Lakaien, der am besten daran tat, seine eigene Geschichte zu vergessen, so wie es Hitler dem tsche-

choslowakischen Gesandten einige Monate zuvor ausdrücklich empfohlen hatte.
Man muß diese Demütigungen schildern, um die Verwüstungen zu verstehen, die sie in der tschechischen Psyche anrichten mußten. Auf die abermalige Kapitulation folgte die weitgehende Kollaboration, nur war es ein Irrtum anzunehmen, daß solche Selbstverstümmelung ein Dauerzustand ohne weitere Konsequenzen sein könnte.
Hätte dieser äußere und innere Zusammenbruch der ersten Tschechischen Republik vermieden werden können? Ähnliche Fragen sind auch bei der Anschlußdebatte in Österreich gestellt worden. Tatsächlich gab es gewisse Gemeinsamkeiten: Der Kleinstaat Österreich wurde 1938 von den Großmächten ebenso aufgegeben wie kurz darauf sein wesentlich stärkerer Nachbar im Norden. Es entstand eine Art mitteleuropäischer Dominoeffekt, denn mit dem Fall Österreichs war auch die ČSR nur noch schwer zu verteidigen. Die gemeinsame Grenze mit Deutschland war 1 800 Kilometer lang. Konflikte in diesem Raum lassen sich niemals begrenzen, es sei denn durch dauerhaftes Engagement der Großen.
An beiden Entwicklungen war nicht nur die Friedenssehnsucht der alliierten Völker und deren Rüstungsdefizit schuld, sondern auch simpler Informationsmangel. Niemals darf gerade ein Kleinstaat die Welt darüber im Zweifel lassen, wie er sich im Bedrohungsfall zuletzt entscheiden wird. Kein General und kein Diplomat kann etwa nach dem Winterkrieg von 1939 gegen die Sowjets glauben, daß sich die Finnen im Wiederholungsfall nicht abermals wehren würden. Vor allem aber kommt es auf das Vorbild der Führenden an. Wenn sie versagen, vermag die Stimmung der Massen innerhalb von Tagen, ja Stunden ins Gegenteil umzukippen. War das im Österreich vom März 1938 nicht ähnlich? Hier gab Bundeskanzler Kurt Schuschnigg an einem Tag die Parole „Rot-Weiß-Rot bis in den Tod“ aus, um gleich darauf eben diese Flagge zu streichen. Das war für die meisten Menschen einfach zuviel. Alsbald stimmten sie mit überwältigender Mehrheit für den Anschluß, obwohl zu vermuten ist, daß eine vollzogene Abstimmung unter Schuschnigg eine ebenfalls kräftige Mehrheit dagegen ergeben hätte.

Mehrfach Betrogene

Als dann am 15. März 1939 die Kolonnen der Wehrmacht in Prag einrollten, jubelten nur die überraschten Prager Deutschen, die etwa fünf Prozent der Bevölkerung in der Hauptstadt stellten (übrigens differieren auch hier tschechische und deutsche Angaben). Auf den Gesichtern der tschechischen Prager hingegen standen Erbitterung, Trauer, Ratlosigkeit und stummer Zorn geschrieben.

Welch ein Unterschied zum „Blumenfeldzug" Adolf Hitlers bei seinem Einmarsch vor Jahresfrist in Wien! Dort hysterische Begeisterung, hier in Prag allgemeine Ablehnung und Resignation. Gab es dennoch Ähnlichkeiten zwischen der österreichischen und der tschechischen Reaktion?

Zunächst dürfte die Erscheinung des österreichischen Deutschen Adolf Hitler auf viele seiner Landsleute wie eine moderne Wiederkehr des alten Reichsgedankens gewirkt haben. Der Führer, so dachten wohl viele, wäre eine kraftvollere und realistischere Ausgabe der alten Habsburger. Nun schien die Zeit der verzweifelten Existenzkämpfe, der mangelnden internationalen Beachtung, der Sorge ums Ansehen vorbei. Man war wieder wer, und keiner der anderssprachigen Nachbarn durfte es wagen, mit Gebietsforderungen aufzutreten, wie aus den Tagen des Kärntner Abwehrkampfs, der Besetzung Südtirols und Südmährens oder der beschämenden Behandlung in Saint-Germain noch deutlich in Erinnerung war. Viele junge Frontkämpfer von 1918 standen 1938 erst in ihren besten Mannesjahren. Mit der Tschechoslowakischen Republik hatte sich Österreich zwar längst arrangiert, aber da gab es doch kräftige Ressentiments, die sich zu wirksamen Schlagworten verdichteten. Etwa jenes von Tomáš Masaryk als den „Totengräber der Monarchie", als deren Herzstück sich die Wiener empfunden hatten. Dazu kam die Erinnerung an einige tschechische Erpressungsversuche, etwa an die angedrohte Sperre von Kohlelieferungen im Nachkriegswinter 1918/19.

Somit bereitete der Fall von Prag vielen Österreichern auch ein gewisses Maß an Genugtuung. Nun erfuhren eben „die Böhm", was sie sich mit der Verweigerung des Selbstbestimmungsrechts für die deutschsprachigen Böhmen und Mährer eingebrockt hatten. Andererseits gab es aber auch Wiener, die viel freundlichere Assoziationen hatten. So lebte im Gedächtnis der Sozialdemokraten das Bild jenes Gastlands, das ihnen nach dem

Februaraufstand von 1934 Asyl gewährt hatte: Damals wechselten ungefähr 2 000 Emigranten vor allem nach Mähren, Brünn war zu einem alternativen Agitationszentrum der linken Arbeiterbewegung geworden. In Brünn erschien die in Österreich illegale „Arbeiterzeitung“, von der auf Schleichwegen über das Thayatal, über Nikolsburg, Lundenburg und Preßburg allein zwischen Februar und Juli 1934 rund 750 000 Exemplare nach Wien geschmuggelt wurden. In Brünn fanden Otto Bauer, Luitpold Stern, Ernst Winkler und viele andere Zuflucht, Franz Jonas, der spätere Bundespräsident, war Leiter eines Flüchtlingslagers für Schutzbündler in Znaim. Trotz der großen Wirtschaftskrise und der vorangegangenen Belastung durch die Aufnahme vieler deutscher Genossen, die schon ein Jahr früher vor Hitler geflohen waren, übernahmen die tschechischen Sozialdemokraten die Bezahlung von zwei Drittel der Aufenthaltskosten ihrer österreichischen Gesinnungsfreunde. Wenn auch die Prager Regierung die österreichischen Asylanten immer wieder abmahnte, mit ihren Aktivitäten nicht zu weit zu gehen (neben den Zeitungen wurden manchmal auch Waffen nach Niederösterreich und Wien gebracht), war das Verhältnis insgesamt ein sehr gutes. Abgesehen von ihrer problematischen Nationalitätenpolitik war die ČSR ein vergleichsweise eindrucksvoller Rechtsstaat, und das war im damaligen Mitteleuropa äußerst selten. So erschien die Nachbarrepublik den österreichischen Sozialdemokraten und Kommunisten wie eine Oase der Freiheit, was sich im Rückblick verstärkte: Wanderten doch viele nach Moskau weiter, wo sie nach anfänglich überschwenglichem Empfang sehr schnell die Methoden der stalinistischen Unterdrückungsmaschinerie kennenlernten, bis hin zur physischen Vernichtung.
Auch nach dem 12. März 1938, der Okkupation Österreichs, gab es sofort wieder einen Exodus der Bedrohten über die südmährische Staatsgrenze. Kommunisten, Juden und Sozialdemokraten versuchten die Flucht. Nicht alle mit dem gleichen Erfolg – denn allein in den ersten beiden Tagen nach dem Anschluß wurden mehr als 300 Österreicher auf Weisung des Prager Innenministeriums zurückgewiesen, für viele bedeutete diese Ablehnung Gefängnis oder gar den Tod. Schon machte sich die vorauseilende Angst der tschechischen Staatsführung bemerkbar. Zwar setzte sofort eine Protestwelle der oppositionellen ČSR-Presse dagegen ein, so daß die Einreisesperren wieder gelockert wurden, aber da war es meist schon zu spät. Nun

blieb nur noch die grüne Grenze, die mit tatkräftiger Hilfe der lokalen Bevölkerung immer wieder begangen wurde, bis dann die Absperrmaßnahmen des Dritten Reichs jegliche Flucht unmöglich machten.
Wie aufgewühlt, geschockt und von den verschiedensten Spekulationen verwirrt die Gemütslage der Österreicher tschechischen Ursprungs war, beweist deren Verhalten anläßlich der großen Volksabstimmung am 10. April 1938. Nur wenige wissen, daß damals den Wiener Tschechen von den NS-Behörden eine separate Abstimmung zugebilligt worden war. Für sie gab es 27 eigene Bezirkswahlpropagandastellen und 35 eigene Wahlsprengelleiter. Ein selbständiger Wahlausschuß, der Schulverein Komenský und die drei Wiener tschechischen Zeitungen stellten sich überraschenderweise voll hinter den Anschlußgedanken, und zwar mit durchschlagendem Erfolg: Von 23 263 abgegebenen Stimmen votierten 23 200 mit Ja und nur 31 mit Nein, 32 waren ungültig. Das Ergebnis übertraf also noch den gesamtösterreichischen Durchschnitt von 99,73 Prozent.
Die Erklärung ist freilich nicht in einer übergroßen Sympathie für das Dritte Reich, sondern in der Volkstumsangst der Wiener Tschechen zu suchen. Wiens NS-Bürgermeister Hermann Neubacher hatte vorher versprochen, den Minderheiten all jene nationalen Rechte zuzugestehen, die das deutsche Element anderswo auch für sich verlangte. Es gab also eine Art von Geschäftsversuch auf Gegenseitigkeit. Mit der Loyalitätsbekundung der Wiener Tschechen sollte den Nationalsozialisten jeder Grund für künftige diskriminierende Maßnahmen genommen werden.
Damals, so meint Karl M. Brousek, der diese Ereignisse genau dokumentierte, habe sogar Neubacher an das Abkommen geglaubt und sich daran gehalten. Nach der „Heimkehr ins Reich“ der Sudetendeutschen kam es dann freilich anders. Alsbald werden verschiedene Funktionäre der Wiener Tschechen verhaftet und die Minderheit systematisch unter Druck gesetzt. Bei dieser Politik, so stellt Brousek fest, konnte die NS-Führung „auf die Unterstützung einer soliden Mehrheit der Wiener Bevölkerung bauen“. Tschechen, so hieß es sogar in einer formellen Eingabe an den Bürgermeister, seien „erfahrungsgemäß nicht minder schädlich wie Juden . . . durch angeborene und anerzogene Gehässigkeit“. Die seinerzeitige Separatabstimmung belegt aber, wie kompliziert es wird, wenn man Grundsatzkon-

flikten mit Finassieren und allzu großer Geschicklichkeit ausweichen möchte. Im Fall der Wiener Tschechen führte es nicht nur zu weiteren Positionseinbußen, sondern auch zu Kompromissen, die im nachhinein geradezu abenteuerlich wirken. So durfte etwa die weiterbestehende Wiener Sokol-Vereinigung im Sommer 1938 nur unter der Bedingung zum großen gemeinsamen Sokol-Fest nach Prag fahren, wenn sie dort die Hakenkreuzfahne mit sich tragen würde. So geschah es auch, und sicher hat man an der Moldau sehr gelacht. Doch mit den Methoden Schwejks war man bei Himmler und Heydrich fehl am Platz, in Wien ebenso wie in Prag. Die uralten Rezepte des mitteleuropäischen Raums, das vorsichtige Abwarten und das Vertrauen auf die praktische Vernunft, das kleine Arrangement mit den Mächtigen, der Kompromiß und die Spekulation mit dem Zeitgewinn setzen Partner voraus, die sich an gewisse Spielregeln halten. Doch die waren ab sofort außer Kraft gesetzt.

9
ERFÜLLTE PROPHEZEIUNG

„Nimmer verdient Schicksal zu heißen,
bloß weil er geschehen, der Blödsinn."

Max Frisch, Biedermann und die Brandstifter

Die Kolonie an der Moldau

Über Nacht wurde aus der Rest-Tschechei das „Protektorat Böhmen und Mähren". Es war eine Halbkolonie inmitten Europas, bei zunächst freundlicher Behandlung der Eingeborenen – mit Belohnung der Gutwilligen und harten Strafen für all jene, die sich widersetzten. In seiner grundlegenden Arbeit über das Schicksal der Tschechen während der deutschen Besetzung erinnert Detlef Brandes daran, daß der Protektoratsvertrag angeblich nach dem Beispiel des Abkommens zwischen Frankreich und dem Bei von Tunis aus dem Jahr 1881 entworfen worden ist. Nun gab es wieder eine doppelte Gerichtsbarkeit für deutsche Staatsangehörige und für die anderen Protektoratsbewohner, wie unter den frühen Přemysliden – nur daß diesmal die Deutschen die Lehnsherren waren und sie diesmal niemand ins Land gerufen hatte. Zunächst gab es tatsächlich eine gewisse Autonomie, jedoch bei völligem Zugriffsrecht der eigentlichen Protektoratsmacht. Jedes Gesetz mußte von Berlin bestätigt werden. Als erste Konsequenz verschwanden die ohnehin schon dezimierten politischen Parteien, und es entstand eine neue Einheitspartei, die Národni souručenství, die Nationale Gemeinschaft. Der Beitritt der Tschechen erfolgte so gründlich, daß es im Nu 99 Prozent Organisierte gab. Neuer Ministerpräsident wurde der ehemalige Divisionsgeneral Alois Elíaš. Für die meisten Tschechen war es nur eine Neuauflage der gewohnten Beamtenkabinette.

Mit Elíaš begann jene diffuse Mischung aus Anpassung und vorsichtigem Widerstand, die jegliches Urteil über die Kollaboration so schwierig macht. Nur wer aus eigener Beobachtung oder früher Erinnerung spüren kann, was für ein schrecklich wirksames Instrument der Terror ist, kann auch verstehen, auf welcher Gratwanderung sich die Funktionäre der Protektoratsregierung befunden haben mußten. Zumal die Fremdherrschaft zunächst sanft begann, mit der Versicherung des ersten Reichsprotektors, von Neurath, einem württembergischen Karrierediplomaten und ehemaligen Außenminister, „die Länder Böhmen und Mähren im Lebensraum des Großdeutschen Reiches zu Glück und Wohlstand zu führen".

Solche Verheißungen fielen bei den Tschechen in ein seelisches Vakuum, denn gleichzeitig mit dem Versagen der alten Führung hatte auch die parlamentarische Demokratie abgedankt. Der amerikanische Ostspezialist George F. Kennan war damals als junger Diplomat in Prag und berichtete nach der deutschen Invasion folgendes nach Hause: „Nur wenige wünschen eine Rückkehr zum Vielparteiengezänk, zur kleinbürgerlichen Feigheit und zum platten Materialismus, der das frühere Regime gekennzeichnet hat." Dazu kam der Eindruck der übermächtigen deutschen Präsenz. Niemand konnte voraussehen, ob nach der Bestätigung durch die Westmächte das „Tausendjährige Reich" nicht tatsächlich lang bestehen würde. Nicht nur Englands und Frankreichs damalige Führung, auch Präsident Roosevelt dachte ähnlich. So bekannte er nach dem Münchener Abkommen in einem Schreiben an den US-Botschafter in Rom, daß ihn dieses Verhandlungsergebnis „nicht einmal ein bißchen" aufrege – was nur abermals belegt, daß alle Siegermächte des Ersten Weltkriegs zur Auffassung gelangt waren, mit den seinerzeitigen Pariser Friedensschlüssen einen großen Fehler gemacht zu haben, der korrigiert werden mußte. Doch sollten dabei gewaltsame Mittel, so empfahl Roosevelt in einem Brief an Hitler, vermieden werden. Nach der Vergewaltigung ohne Gegenwehr waren die Tschechen mehrheitlich eine zwar ressentimentgeladene, aber nutzbare Menge geworden. Sogar eine kleine tschechisch-faschistische Gemeinde regte sich, samt Bekenntnis zu einer „Lösung der Judenfrage auf rassischer Grundlage".

Ministerpräsident Eliáš versuchte unter solchen Umständen das Beste aus der Lage zu machen: Isolierung der schlimmsten Kollaboranten aus den eigenen Reihen, die Weigerung, antijüdische Gesetze zu erlassen, und systematischer Kontakt mit den tschechischen Politikern im Exil. Gleichzeitig war man freundlich zu den deutschen Oberbehörden. Das war freilich

eine trügerische Ruhe, und der deutsche Sicherheitsdienst kam bald zu dem Schluß, daß die „Maßnahmen der deutschen Verwaltung ... ständig auf Widerstand stoßen". Elíaš' stärkste Waffe war die Drohung mit dem Rücktritt – einerseits benötigte die deutsche Vormacht einen einigermaßen glaubhaften Partner im Protektorat, zum anderen durfte der Widerstand aber nicht zu weit gehen, um Partei und SS-Dienststellen nicht allzusehr zu strapazieren. Es war ein seltsamer Schwebezustand: mit Berichten seitens der wichtigen tschechischen Ministerien direkt an Beneš im Londoner Exil, bei gleichzeitigen Verhandlungen mit Berlin über ein „Treuegelöbnis" für den Schutzherrn Adolf Hitler. Eine klare deutsche Protektoratspolitik war noch nicht vorhanden.
Es war die internationale Lage, die die Ereignisse vorantrieb. Am 23. August 1939 wurde der Nichtangriffspakt zwischen der Sowjetunion und dem Deutschen Reich unterzeichnet. Am 1. September überfiel die Wehrmacht Polen, am 3. September herrschte Kriegszustand mit Großbritannien und Frankreich. Und schon am 27. September kapitulierte Warschau. Sabotageakte seitens der Tschechen gab es bis Ende 1939 nur wenige. Die Parolen, die der Widerstand ausgab, beschränkten sich auf die Empfehlung passiver Resistenz, auf das Ignorieren der Deutschen und das Bloßstellen von Verrätern. Man wartete auf den weiteren Kriegsverlauf. Bei den Kommunisten herrschte nach dem Hitler-Stalin-Pakt große Verwirrung. Was konnte man mit Moskauer Funksprüchen anfangen, die in diesen Tagen zur „Einheitsfront mit dem deutschen Proletariat gegen den westlichen Imperialismus als Aggressor" aufriefen? Oder die sich gegen die Londoner Exilregierung wandten, gegen die Bildung einer Auslandsarmee oder den Kampf für die „volle Souveränität des derzeitigen slowakischen Staates" propagierten? Der Krieg war da – und schien trotzdem schon wieder vorbei zu sein. Die tschechische Untergrundbewegung, meist ehemalige Offiziere und Unteroffiziere, die nach der Auflösung der tschechischen Armee in Pension geschickt worden waren und nun viel Zeit hatten, sah nach der Kapitulation Polens die Gelegenheit zum offenen Kampf entschwinden und empfahl die „unauffällige" Aktion.
Doch da kam die Gelegenheit des 28. Oktober 1939, des ersten tschechoslowakischen Staatsfeiertags seit der deutschen Besetzung. Er sollte zur ersten machtvollen zivilen Demonstration gegen den Protektoratszustand genutzt werden. Spontan ent-

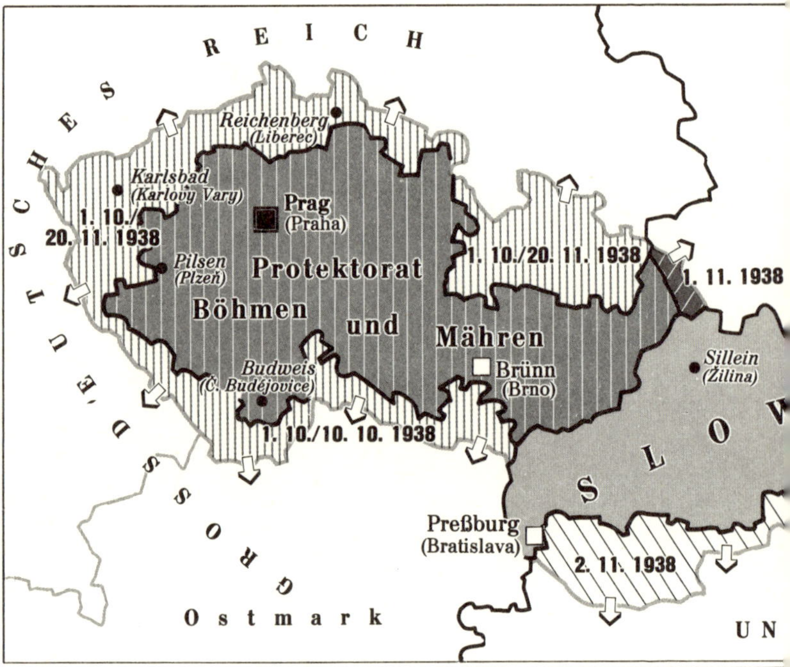
DEUTSCHES REICH
Reichenberg (Liberec)
Karlsbad (Karlovy Vary)
Prag (Praha)
1. 10./20. 11. 1938
Pilsen (Plzeň)
Protektorat Böhmen und Mähren
1. 10./20. 11. 1938
1. 11. 1938
Sillein (Žilina)
Budweis (Č. Budějovice)
Brünn (Brno)
1. 10./10. 10. 1938
SLOW
Preßburg (Bratislava)
2. 11. 1938
GROSSDEUTSCHES
Ostmark
UN

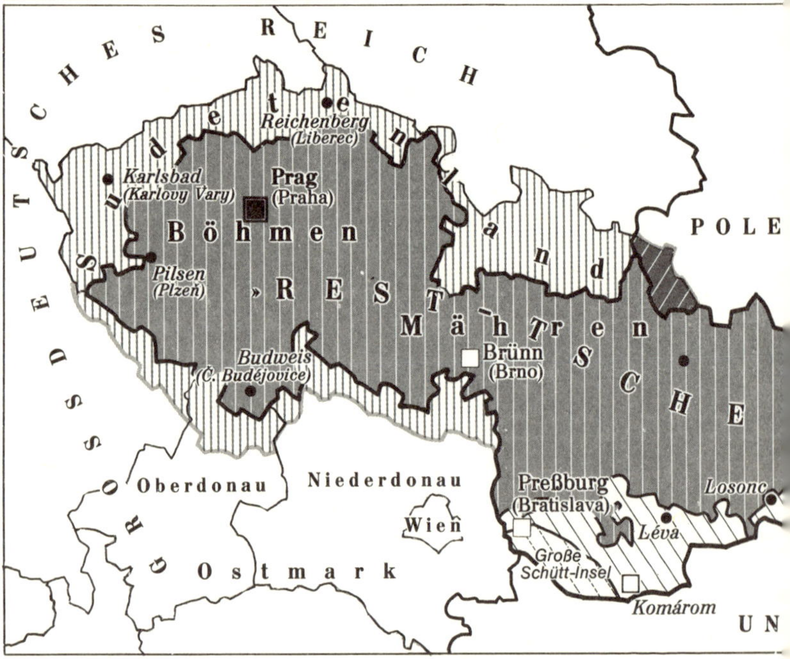
GROSSDEUTSCHES REICH
Reichenberg (Liberec)
Sudetenland
Karlsbad (Karlovy Vary)
Prag (Praha)
Böhmen
Pilsen (Plzeň)
»REST-TSCHECHE
Mähren
Budweis (Č. Budějovice)
Brünn (Brno)
POLE
Oberdonau
Niederdonau
Wien
Ostmark
Preßburg (Bratislava)
Losonc
Léva
Große Schütt-Insel
Komárom
UN

Die Aufteilung der Tschechoslowakei (1938 bis 1945)

Sudetendeutsche Gebiete an das »Großdeutsche Reich«

Olsagebiet an Polen

Wiener Schiedsspruch (2. 11. 1938):

Südslowakei und südliches Karpatorußland an Ungarn

Slowakische Republik

Die Slowakei wurde am 6. 10. 1938 autonom, am 14. 3. 1939 selbständiger Staat.

Nördliches Karpatorußland

Das nördliche Karpatorußland wurde am 8. 10. 1938 autonom, am 14. 3. 1939 selbständig, ab 23. 3. 1939 von Ungarn besetzt.

Die deutschen Forderungen (1938/39)

Sudetendeutsche Gebiete

»Rest-Tschechei«

Die tschechischen Restgebiete Böhmen und Mähren wurden am 14./16. 3. 1939 als autonome Territorien mit beschränkter Souveränität dem »Großdeutschen Reich« angeschlossen.

Die polnischen und ungarischen Forderungen (1938)

Olsagebiet

Die tschechische Regierung fügte sich einem polnischen Ultimatum (1. 10. 1938) und verzichtete auf das sogenannte »Olsagebiet«.

Tschechisches Angebot

In den Verhandlungen von Komárom erklärte sich die tschechische Delegation bereit, die »Große Schütt-Insel« (1 838 km^2, 105 418 Einwohner) an Ungarn abzutreten (9. 10. 1938).

Ungarische Forderung

Ungarn forderte hingegen die gesamte südliche Slowakei (12 940 km^2, 1 034 714 Einwohner).

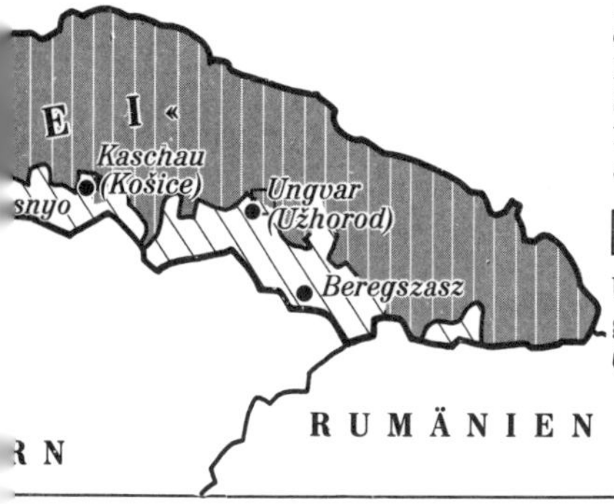

standende Gruppen arbeiteten mit den einzelnen Widerstandszellen zusammen, auch die Kommunisten schlossen sich an. Flugblätter wurden gedruckt, Kokarden in den Nationalfarben hergestellt, 5 000 Masaryk-Mützen verkauft (ein Symbol, das der einstige Staatsgründer getragen hatte). Schließlich kam es in Prag zu einem Aufmarsch von 40 000 bis 50 000 Menschen, auch in Kladno, Ostrau und Pilsen gab es Demonstrationen. Vom Wenzelsplatz bis zum Altstädter Ring kam es zu Zusammenstößen. Es wurde abgedrängt und geprügelt. Aber es wurde auch geschossen, einzelne Gestapogruppen und deutsche Polizisten griffen ein. Am Ende des Tages gab es einen toten Bäckergesellen und einen schwer verwundeten Medizinstudenten, der bald darauf ebenfalls starb. Sie wurden die ersten Todesopfer des tschechischen Widerstands in einer langen Reihe, die nun erst beginnt.

Alsbald eskaliert die Gewalt zu einem makabren Höhepunkt, der gleichzeitig zu einer ersten Zäsur in der Besatzungspolitik wird: Als die Prager Studenten eine Totenfeier für ihren gefallenen Kommilitonen veranstalten, wird daraus am 15. November abermals eine antideutsche Kundgebung. Obwohl man diese sehr rasch auflöst, bietet sie dem zweiten Mann in der Protektoratshierarchie, Staatssekretär Karl Hermann Frank, Heinrich Himmlers Vertrauten in Prag, die willkommene Gelegenheit zum „Durchgreifen“. Nach Rücksprache bei Hitler läßt Frank, im Zivilberuf ein sudetendeutscher Buchhändler, willkürlich neun Funktionäre des tschechischen Studentenverbands verhaften und schon am 17. November ohne weiteres Verfahren erschießen. Unter den Toten befinden sich auch Akademiker und Dozenten. Als weitere Konsequenz wird die Schließung aller tschechischen Universitäten verfügt, zunächst für drei Jahre – woraus dann aber sechs wurden. 1 340 Studenten wurden in das KZ Sachsenhausen abtransportiert, wo 26 von ihnen starben, der Rest kam erst nach vielen Jahren wieder frei.

Nun wußten die Tschechen, daß jede weitere Geste des öffentlichen Protests mit dem Risiko der Auslöschung ihrer Intelligenz, mit höchstem Risiko für die Nation behaftet war. In dieser Beziehung war man seit den Zeiten des Kulturkampfs besonders empfindlich, und das wußte auch der böhmische Landsmann Karl Hermann Frank. Das grauenhafte Beispiel des Nachbarn Polen stand am Horizont. Als Folge der Erfahrungen vom 28. Oktober und vom 15. November 1939 gab es im

Protektorat Böhmen und Mähren keine öffentlichen Massendemonstrationen gegen die deutsche Besatzung mehr ...
Die blutige Niederlage des zivilen Widerstands der Tschechen war auch eine politische des Reichsprotektors von Neurath. Wenn aber Staatspräsident Hácha glaubte, daraus gewisse Vorteile herausschlagen zu können, so befand er sich im Irrtum. Denn selbst wenn Neurath in klassischer Diplomatenart versuchte, eigene Politik zu machen, und nach der Zerstückelung Polens die Rückgabe des Teschener Gebiets an das Protektorat empfahl, so blitzte er damit bei seinen Vorgesetzten in Berlin kläglich ab. Dort wurde man überhaupt langsam allergisch, wenn der Name Neurath fiel. Der Freiherr mit den guten Verbindungen zum tschechischen Adel galt als konservativ und viel zu altmodisch in seinen Methoden, obwohl man ihm ideologisch sicher nichts vorwerfen konnte. Schließlich war der Reichsprotektor gleichzeitig auch SS-Obergruppenführer und volkstumspolitisch der gleichen Auffassung wie sein Vize Frank – daß das Tschechentum allmählich zu verschwinden habe.
Über die Frage, wie dies geschehen sollte, gab es freilich heftigen Streit. Am erbittertsten reagierten die NS-Machthaber des Protektorats, als ihnen einschlägige Teilungspläne der deutschen Nachbargaue zu Ohren kamen. Sowohl der Sudetengau als auch Schlesien, die bayerische Ostmark und Ober- und Niederdonau wollten sich an der böhmischen Konkursmasse beteiligen. Wäre es etwa nach den Wünschen des Gauleiters von Niederdonau Hans Jury gegangen, so hätte ganz Mähren bis inklusive Olmütz zu seinem Machtbereich kommen sollen.
Aber gegen solche Pläne regte sich nun eine seltsame Abart des böhmischen Staatsdenkens, diesmal aus der Interessenlage der NS-Protektoratsinhaber: Sowohl Neurath als auch Frank lehnten jegliche Reduzierung ihres Machtbereichs strikt ab und beschwerten sich über die Teilungspläne in Berlin. Um der Sache ein Ende zu machen, kam es schließlich am 9. Oktober 1940 zu einer Konferenz, bei der Hitler zwischen Aufteilung, kompletter Aussiedlung der Tschechen und ihrer Assimilierung zugunsten der dritten Alternative entschied. Die Tschechen sollten zu Germanen werden ... Alsbald begann die Erfassung der tschechischen Bevölkerung nach „rassisch wertvollen“ und weniger geeigneten Menschen. Personen mit slawischen Merkmalen, so hieß es in den Richtlinien, seien „auszusondern“, ebenso die „rassisch wertvollen Reichsfeinde“. Alle anderen durften

Deutsche werden. Aber das war das Langzeitprogramm. Inzwischen liefen Maßnahmen, die das Tschechische in seiner kulturellen Bedeutung zurückdrängten und einen allgemeinen Sprachübergang anvisierten. Wer sich als Tscheche zum deutschen Volk bekannte und als „eindeutschungsfähig" galt, der konnte es auch zu etwas bringen. Diese systematische Entnationalisierung war aber kein Beschluß, den man im Protektorat an die große Glocke hängte. Nach außen gab man weiterhin beruhigende Erklärungen ab, so wie Hitler gleich nach dem Einmarsch in Prag den Tschechen kulturelle Autonomie versprochen hatte. Offiziell war nur die Loyalität zum Reich gefordert. Demgegenüber befanden sich Hácha und Eliáš in einer verzweifelten Lage: Jedesmal, wenn sie sich an die Londoner Exilvertretung um Rat wandten und ihren Rücktritt ankündigten, bekamen sie von Beneš die Weisung, doch lieber im Amt zu bleiben. So mischten sich Kollaboration und passive Resistenz zu einem problematischen Amalgam, bis hin zu freiwilliger Demütigung. Als Reaktion auf Hitlers weitere militärische Triumphe sandte Hácha ein Glückwunschtelegramm nach Berlin, das er auch noch mit „Sieg Heil" unterzeichnete; dies löste sowohl zu Hause wie bei den Alliierten Empörung aus. Umgekehrt erreichten Hácha und Eliáš mit solcher Flexibilität auch kleinere Erfolge, wie die Zurücknahme einer Frühpensionierungsaktion für tschechische Beamte, die Ausschaltung der tschechischen Faschisten im Konkurrenzkampf um die deutsche Gunst und eine gewisse Zurückhaltung von SD und Gestapo bei der Verhaftung von Protektoratsangehörigen. Dafür brachten sie dem Deutschen Reich drei unschätzbare Vorteile: die volle Eingliederung der tschechischen Wirtschaft in die deutsche Rüstungsproduktion, das ziemlich klaglose Funktionieren der Protektoratsverwaltung und den beachtlichen „Matrikularbeitrag", einen Kriegskostenzuschuß für die Kasse des Deutschen Reichs, der in Berlin höchst willkommen war. Die eiskalten Machthaber und sehr viele Schwejks beäugten einander, und beide Seiten warteten, wie es mit Hitlers Feldzügen weiterging.

Am 22. Juni 1942 überfällt die deutsche Wehrmacht die Sowjetunion. Nun wußten auch die Kommunisten im Untergrund wieder, auf welcher Seite sie zu stehen hatten. Schon 14 Tage später fragt Hácha bei Neurath an, ob vielleicht eine Unterstützung durch tschechische Truppen gewünscht sei, meint das aber selber nicht so ganz ernst, indem er auf die bedeutenden

Wirtschaftsleistungen verweist, die das Protektorat ohnedies erbringt. Hitler erinnert sich an Schwejk im Ersten Weltkrieg und lehnt mehrfach und nachdrücklich ab. In Berlin ist man angesichts des alles entscheidenden Ostfeldzugs zu einem ganz anderen Entschluß gelangt. Nun will man mit der Annahme eines scheinbar selbständigen Protektoratsstaats Schluß machen, um das tschechische Volk endgültig an das deutsche Reich zu binden. Der neue Mann, der dieses Programm vollziehen soll, heißt Reinhard Heydrich, Chef des Reichssicherheitshauptamts, des perfektesten Überwachungssystems, das Europa bis dahin kennt. Der junge SS-General löst von Neurath, den „gutmütigen und friedlichen" älteren Herrn, wie ihn Hitler einschätzte, am 27. September 1941 ab. Heydrich, Sohn eines Opernsängers und einer Schauspielerin, setzt sogleich einen Paukenschlag: Wenige Stunden nach seiner Ankunft in Prag verhängt er den Ausnahmezustand und läßt Ministerpräsident Elíaš verhaften. Bis Ende November werden 404 Personen wegen „Störung der Sicherheit, des Wirtschafts- oder Arbeitslebens" standrechtlich erschossen. Elíaš wird wegen seiner ohnedies längst bekannten Verbindungen zum tschechischen Widerstand der Prozeß gemacht und abseits aller bis dahin gültigen Regeln des Völkerrechts zum Tod verurteilt.
Wenn irgendein Deutscher imstande war, die Haßgefühle des tschechischen Volks auf sich zu ziehen, so war es Heydrich. Noch heute ranken sich um ihn die verschiedenartigsten Deutungen, obwohl der gescheiterte Marineoberleutnant (ein Ehrengericht hatte ihn in den dreißiger Jahren wegen Verlogenheit bei einer Frauenaffäre ausgestoßen, das gab es damals), dieser aggressive Fechter und Fünfkämpfer, begabte Mathematiker und Organisationskünstler nichts anderes als die vollendete Verkörperung des absoluten Machtprinzips seiner Zeit gewesen sein dürfte. Auf Heydrichs Konto, diesen Techniker des Terrors, gingen die Vorbereitungen zur „Endlösung der Judenfrage" und die Schlächterarbeit der Einsatzkommandos von SS und SD in Polen und in Rußland. Hitler hat ihn einmal den „Mann mit dem eisernen Herzen" genannt, der Schweizer Völkerbundkommissar Carl Burckhardt den „jungen, bösen Totengott" des Dritten Reichs. Daneben beherrschte dieser Mann das Violinspiel – bei dem er gelegentlich vor Rührung weinte. Heydrich brachte ebenso bedenkenlos Freunde zu Fall, wie er devot vor Heinrich Himmler buckelte. Sein Instinkt für das Ausnützen menschlicher Schwächen machte ihn geradezu zum

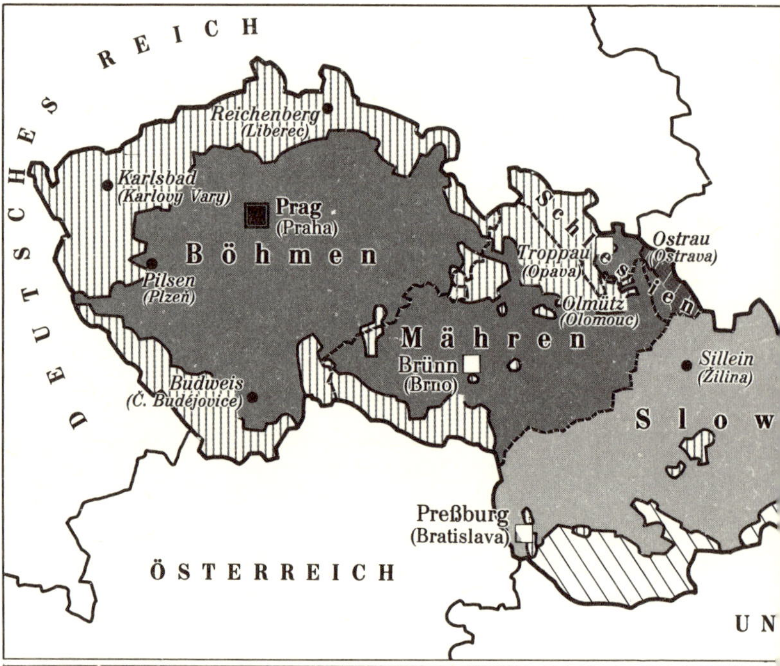
DEUTSCHES REICH
Reichenberg (Liberec)
Karlsbad (Karlovy Vary)
Prag (Praha)
Böhmen
Pilsen (Plzeň)
Budweis (Č. Budějovice)
Schlesien
Troppau (Opava)
Ostrau (Ostrava)
Olmütz (Olomouc)
Mähren
Brünn (Brno)
Sillein (Žilina)
Preßburg (Bratislava)
ÖSTERREICH

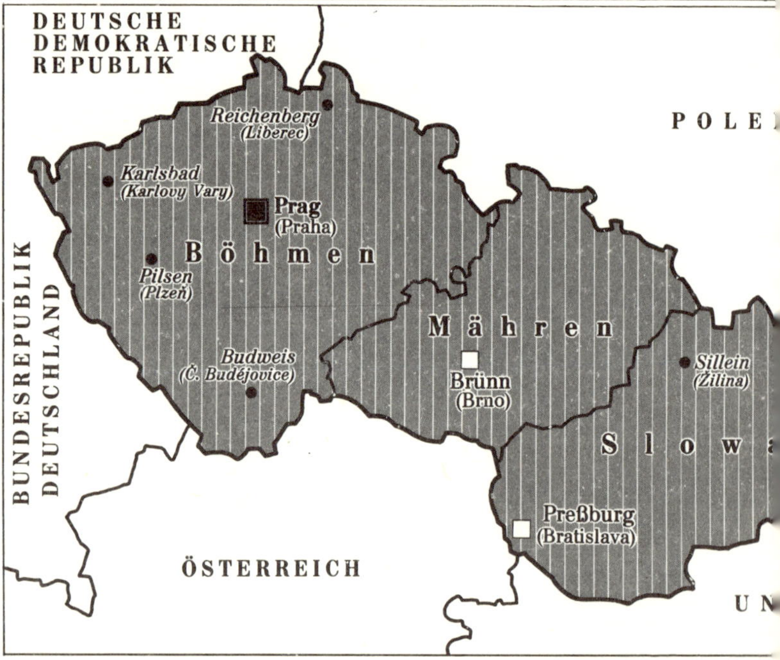
DEUTSCHE DEMOKRATISCHE REPUBLIK
BUNDESREPUBLIK DEUTSCHLAND
Reichenberg (Liberec)
Karlsbad (Karlovy Vary)
Prag (Praha)
Böhmen
Pilsen (Plzeň)
Budweis (Č. Budějovice)
Mähren
Brünn (Brno)
Sillein (Žilina)
Preßburg (Bratislava)
ÖSTERREICH

Die Tschechoslowakische Republik – Nationalitätenvielfalt (1918 bis 1938)

Die Volkszugehörigkeit der Gesamtbevölkerung (1. 12. 1930)

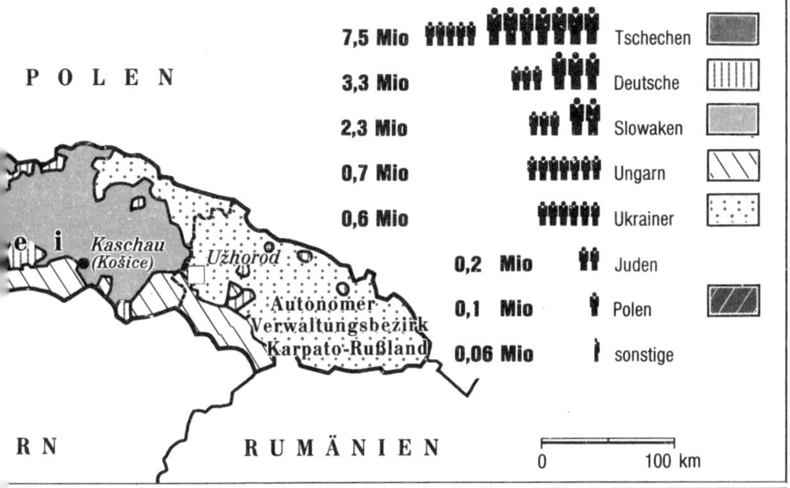

Die Tschechoslowakische Sozialistische Republik (ab 1948)

Die Volkszugehörigkeit der Gesamtbevölkerung nach dem Zweiten Weltkrieg (1. 3. 1950)

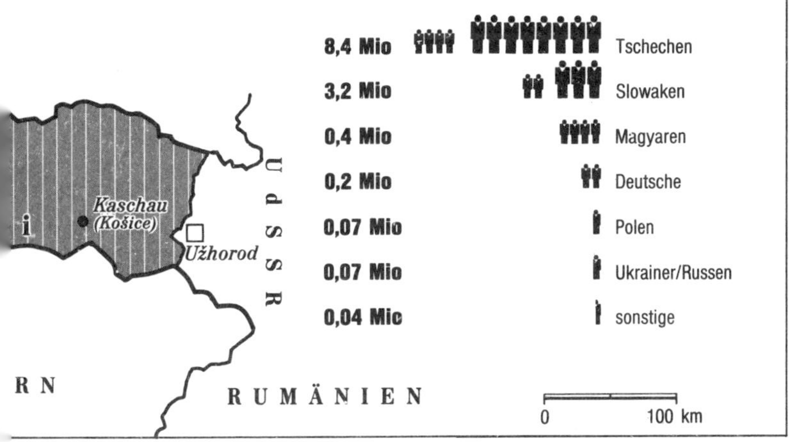

idealen Kandidaten für das Amt eines Reichsprotektors in Böhmen und Mähren. Was Heydrich eigentlich beabsichtigte, das machte er bald nach seinen Amtsantritt am 2. Oktober 1941 vor den Spitzen von Partei und deutscher Exekutive klar. Seine Rede ist im Wortlaut erhalten geblieben und dermaßen deutlich, daß sie später zu einem Hauptargument der tschechischen Rechtfertigung für die Austreibung der Sudetendeutschen wurde. Zunächst stellte Heydrich fest, daß „der Tscheche in diesem Raum letzten Endes nichts mehr verloren hat“. Bis dahin müsse aber zwischen einer „Nahaufgabe“ und einer „Endaufgabe“ unterschieden werden. Zunächst brauche man die Tschechen als Rüstungsarbeiter und damit Ruhe. Dann aber müsse es zur rassisch-völkischen Endlösung für die Böhmen kommen, und die sehe so aus: „Die einen sind gutrassig und gutgesinnt ... die können wir eindeutschen. Dann haben wir die anderen, das sind die Gegenpole: Schlechtrassig und schlechtgesinnt. Diese Menschen muß ich hinausbringen. Im Osten ist viel Platz. Dann bleibt in der Mitte nun eine Mittelschicht, die ich genau durchprüfen muß. Da sind ... schlechtrassig Gutgesinnte und gutrassig Schlechtgesinnte. Bei den schlechtrassig Gutgesinnten wird man es wahrscheinlich so machen müssen, daß man sie irgendwo im Reich oder irgendwie einsetzt und nun dafür sorgt, daß sie keine Kinder mehr kriegen ... Dann bleiben übrig die gutrassig Schlechtgesinnten. Das sind die gefährlichsten, denn das ist die gutrassige Führerschicht ... Bei einem Teil der gutrassig Schlechtgesinnten wird nur eines übrig bleiben, daß wir versuchen, sie im Reich, in einer rein deutschen Umgebung anzusiedeln, einzudeutschen und gesinnungsmäßig zu erziehen oder, wenn das nicht geht, sie endgültig an die Wand zu stellen ...“

Der slawische Mensch als eine Art von Bio-Masse, beliebig zu manipulieren und dementsprechend zu gebrauchen ... Zur Vorbereitung künftiger Selektion begann man, eine Rasseninventur zu organisieren. Nicht nur im Protektorat, sondern bei allen regelmäßigen Untersuchungen im Reich, z. B. von Schulkindern oder bei Rekruten, wurden von der Größe und Haarfarbe bis zu den Schädelformen und Nasengrößen charakteristische Merkmale aufgeschrieben. Allerdings stieß man bei diesen Arbeiten auf Resultate, die das ganze Unternehmen in seiner abgründigen Dummheit entlarvten. Beim Vergleich der Meßdaten bestätigte sich nämlich, was man auch ohne „wissenschaftliche“ Rassenkunde schon vorher hätte wissen können –

daß die Bewohner Böhmens und Mährens völlig durchmischt waren. Zumindest die Hälfte von ihnen, so stellte Karl Valentin Müller, ein Dresdner Anthropologe, fest, sei germanischen Ursprungs. Ein anderer deutscher Experte, Walter König-Beyer, entdeckte gar etwas Fürchterliches: daß das Rassenbild der Tschechen „wesentlich vorteilhafter" aussehe als der Durchschnitt bei den Sudetendeutschen ...

Was war nun wichtiger – die „Eindeutschungswürdigkeit" nach dem Aussehen oder die „Eindeutschungsfähigkeit" nach der politischen Überzeugung? Ging Strammheit vor Stirnhöhe oder Augenschnitt vor nationaler Widerborstigkeit? Komplizierte Regeln traten in Kraft.

Im Fall des Ertapptwerdens beim Geschlechtsverkehr mit deutschen Frauen wurden männliche Tschechen nach ihrer politischen Einstellung gefragt. Zeigten sie sich reichsfeindlich, so kamen sie sogleich ins KZ. Wenn nicht, so versuchte man, sie zur Eheschließung zu überreden (oft mit Erfolg, was nicht verwundert). Galt der Betreffende aber als rassisch minderwertig, so ging er auf jeden Fall ins Lager. Hätte Hašek noch gelebt, so hätte er für Schwejk unzählige neue Späße erfinden können – würde einem nicht das Lachen vor Entsetzen angesichts der tatsächlichen Folgen solcher Überlegungen in der Kehle stekken bleiben.

Mit dem Eintreffen Heydrichs war auch die NS-Vernichtungsmaschinerie für die jüdischen Protektoratsbewohner auf Touren gekommen. Von knapp 200 000 blieben nach dem Krieg nur noch 3 371 übrig. Umschlagort des Todes war Theresienstadt, die alte k. u. k. Garnison aus der Zeit der österreichischen Kaiserin. Die ursprünglichen Bewohner wurden ausgesiedelt, und aus einer Stadt für wenige tausend Menschen wurde eine für knapp 50 000. Kein KZ im Sinn eines Vernichtungslagers und dennoch ein Vorhof des Schreckens und des Untergangs. Zum einen war Theresienstadt ein Altersgetto und der Abschiebeplatz für „transportgeschützte" Juden, die man wegen ihrer früheren Verdienste vorläufig schonte, etwa Generalmajor Sommer, den Operationsleiter des österreichischen Bundesheers bei den Kämpfen um das Burgenland 1921, oder den berühmten Juristen Dr. Heinrich Klang. Zum anderen gingen von hier die Züge mit ganz normalen Personenwaggons nach Auschwitz ab. Theresienstadt und seine grauenhafte Enge wurde zu einem Durchgangslager für die Juden Mitteleuropas, auch aus Österreich. Hier entstand der schaurige Film „Der

Führer schenkt den Juden eine Stadt", als die NS-Propaganda versuchte, Theresienstadt als eine Art „Mustergetto" darzustellen.
Doch selbst von diesem apokalyptischen Schauplatz wird berichtet, daß es „zwischen neu eingetroffenen österreichischen und deutschen und den schon länger in Theresienstadt lebenden Juden" zu ernsthaften Spannungen gekommen sei. Der Grund: das Sprachenproblem. Tschechische Juden lehnten den Tonfall der deutschen Schicksalsgenossen ab und dabei wieder vor allem den „preußischen Schnarrton deutscher Juden". Damit war wohl ein infernalischer Höhepunkt im deutsch-tschechischen Konflikt erreicht. Die Sprache, das vornehmste Verständigungsmittel unter den Menschen, trennte selbst diese Todgeweihten, die das wichtigste Verbindungsglied zwischen den beiden Kulturen gewesen waren. In seinem ungemein verdienstvollen Sammelwerk über das Schicksal der verschollenen Dichter Böhmens schildert Jürgen Serke das Ende einer dieser Brückengestalten, des Journalisten, Literaten und Diplomaten Camill Hoffmann. Hoffmann war, wie so viele andere, Deutscher, Tscheche und Jude zugleich. Er begann als Gymnasiast in Prag, wurde vor dem Ersten Weltkrieg Redakteur in Wien und danach in Prag. Er gehörte zum Kreis um Hofmannsthal, Salten und Zweig, ebenso wie er später als Presseattaché in der ČSR in Berlin zu den Freunden Alfred Döblins und Walter Mehrings gehörte. Ein Leben lang bemühte er sich um die deutsch-tschechische Verständigung. Präsident Masaryk vertraute und betraute ihn. Auch Camill Hoffmann wird mit seiner Frau nach Theresienstadt deportiert, wo er von April 1942 bis Ende Oktober 1944 lebte. Dort sprach er nur noch tschechisch, schrieb aber deutsch. Camill Hoffmann kritzelte seine Gedichte auf Kassiber, die aus dem Lager geschmuggelt werden konnten. Mit dem letzten Transport, der nach Auschwitz abging, fuhr auch das Ehepaar Hoffmann ins Gas.

„Heimat, Freundschaft und Glück,
Wirf sie beizeiten ab,
Wirf sie beizeiten zurück!
Gut ist ein Wanderstab.
Alles wird sein, mein Kind,
Ohne Dich, ohne mich, wie je.
Du bist auch nur ein Blatt im Wind,
Reiß Dich los, tut's auch weh."

Die unvorstellbare Einsamkeit der jüdischen Böhmen stieß an viele Mauern. Auch an die Zurückhaltung mancher tschechischer Nachbarn. Vojtech Mastny, während der dreißiger Jahre ČSR-Botschafter und Vorgesetzter Hoffmanns in Berlin, ein heftiger interner Kritiker des einsichtslosen Kurses von Präsident Beneš gegenüber dem deutschen Volksteil, beschreibt das Verhalten seiner Landsleute so: Obwohl viele Tschechen mit den verfolgten Juden sympathisierten, war echte Hilfe selten. Nur 424 konnten in Untergrundverstecken überleben, prozentuell gleich viel wie in Deutschland auch oder sogar noch weniger. Und Mastny kommt zu dem Schluß: „Konkret betrachtet war es den Nazis gelungen, die Juden von der Bevölkerung zu isolieren." Bei der Bewachung von Theresienstadt waren auch tschechische Gendarmen dabei.
Das war aber nur ein Symptom für einen viel weiter reichenden Tatbestand: daß es Reinhard Heydrich gelungen war, mit seiner Mischung aus totaler Brutalität und materieller Bestechung auch die Tschechen als Volk zu spalten. In eine kleine Minderheit, die an aktiven Widerstand dachte, und in eine große Mehrheit, die zwar ungern, aber achselzuckend in den Rüstungsbetrieben Großdeutschlands diente. Bei seiner programmatischen ersten Rede hatte Heydrich diese Taktik angekündigt: Man müsse „dem tschechischen Arbeiter das Fressen geben ... daß er seine Arbeit erfüllen kann". Alsbald begann eine gespenstisch wirksame Übertragung reichsdeutscher Einrichtungen auf das Protektorat. Als Ableger der DAF, der Deutschen Arbeitsfront, entstand die tschechische NOUZ, eine unpolitische Gewerkschaftsorganisation, die sich um das Wohlergehen der Beschäftigten kümmerte. Sie sorgte für geregelte Urlaube und „Kraft durch Freude"-Aktionen. NOUZ-Funktionäre in Böhmen und DAF-Volksgenossen kümmerten sich bei den zahlreichen tschechischen Fremdarbeitern in Deutschland um die Einhaltung der sozialen Schutzbestimmungen und um die korrekte Auszahlung der Löhne. Später, unter Heydrichs Nachfolger Frank, wurden auch die Lebensmittelrationen im Protektorat an die des Altreichs angeglichen – mit Ausnahme der Fettzuteilungen, was prompt Unmut erregte. All das fand bei den Massen eine gewisse Anerkennung.
Zwischen Druck und Verführung geriet Präsident Hácha völlig außer Fasson. Am 8. November 1941 hielt er auf eigenen Wunsch eine Radioansprache, in der er die Tschechen aufforderte, nur ja nicht auf die Stimmen aus dem Exil zu hören und

ihre Pflichten gegenüber dem Reich „vollständig und ernsthaft“ zu erfüllen. Es gehe, so meinte er abermals, nicht um das Schicksal von einzelnen, sondern um die Zukunft der Kinder und der ganzen Nation.

Das bewirkte zwar den endgültigen Bruch mit Beneš in London, war aber für Heydrich die erwartete Bestätigung seiner Politik. Nun konnte die Illusion tschechischer Subautonomie beendet und das Protektorat mit Hilfe deutscher Beamter wie ein fremdsprachiger Bestandteil Deutschlands regiert werden. Dazu genügte eine Handvoll Menschen: Mastny nennt es ein einzigartiges Phänomen im besetzten Europa – 738 deutsche Beamte der Protektoratsregierung und weitere 1 146 deutsche Funktionäre in nachgeordneten Dienststellen steuerten mehr oder weniger reibungslos insgesamt 350 000 öffentlich Bedienstete der Tschechen, ohne daß gleichzeitig eine Verstärkung der deutschen Polizei oder Heeresverbände notwendig gewesen wären. Die traditionsreichen Sokol-Verbände wurden aufgelöst, und ihr Vermögen wurde eingezogen, die Güter des tschechischen Adels unter NS-Zwangsverwaltung gestellt, von den Schwarzenberg bis zu den Kinsky und von den Lobkowitz bis zu den Czernin. Langsam wurde die Zahl der tschechischen Schulen reduziert – aber Theater und Kinos durften nach der Aufhebung des anfänglichen Ausnahmezustands wieder spielen.

Indessen zeigten die Gestapo-Statistiken über verübte Sabotageaktionen rückläufige Zahlen. Nach wie vor bestand die Hauptaktivität des Widerstands im Sammeln von Informationen und deren Weitergabe an London. Bis man sich in der englischen Hauptstadt zu einer spektakulären Aktion entschloß: Reinhard Heydrich sollte getötet werden! Zu diesem Zweck wurden zwei Fallschirmspringer entsandt, die Agenten Kubiš und Gabčik. Nach der Vereinigung mit anderen Widerständlern, die bereits vorher abgesetzt worden waren, gelang am 27. Mai 1942 um 10.30 Uhr der große Coup. In einer engen Straßenkurve in Prag-Libén wurde der Wagen des Reichsprotektors gestellt und Heydrich durch eine Handgranate schwer verletzt.

Acht Tage später stirbt er an den Folgen dieser Verwundung. Als erste Reaktion will Adolf Hitler sofort 10 000 Tschechen erschießen lassen, später sogar 30 000. Frank kann ihm das unter Hinweis auf die verheerenden Folgen für die Kriegswirtschaft ausreden, doch ist die Rache schlimm genug. Das Dorf

Lidice, wo man Kontakte der Fallschirmagenten vermutete – Beweise gibt es dafür bis heute nicht –, wird dem Erdboden gleichgemacht, alle männlichen Einwohner werden erschossen. Die Frauen kommen ins KZ und bei den Kindern geht man nach den vorhin erwähnten Rasseregeln vor. Die „eindeutschungsfähigen" werden SS-Familien zugeteilt, der Rest einer „anderen Erziehung" zugeführt. Insgesamt wurden in „Liditz" (so heißt Lidice in den deutschen Berichten) 199 Menschen ermordet.
Ähnlich ergeht es, was weniger bekannt ist, dem Ort Ležáky, wo man die Funkstelle der Widerständler entdeckt; dort werden auch die Frauen umgebracht. Doch damit nicht genug. Bis zum 1. September setzt es 1 357 Todesurteile, 477 Personen werden nur wegen des Tatbestands eines „Gutheißens des Attentates" erschossen. Unter ihnen finden sich allein 20 Universitätsprofessoren, 15 Rechtsanwälte, neun Ärzte, 57 hohe Beamte, elf Architekten, drei Geistliche und viele andere Meinungsführer. Die eigentlichen Täter, sieben tschechische Fallschirmspringer, findet man am 18. Juni in der Kyrill-und-Method-Kirche in Prag, nachdem ihr Versteck durch Verrat eines Beteiligten bekanntgeworden ist. Alle fallen im Kampf oder begehen Selbstmord.
Man muß sich vergegenwärtigen, was die neuerliche Schrekkenswelle für die Nation der Opfer bedeutete. Wieder waren neben vielen Sympathisanten des Widerstands auch völlig Unschuldige getroffen worden, und wieder regte sich neben tiefem Haß verstärkter Zweifel am Sinn kämpferischer Aktionen. Hácha, der völlig Unheroische, erklärte im Rundfunk Beneš zum „Volksfeind Nummer eins" und forderte zur Denunziation aller Agenten auf. Zusammen mit hohen Kopfprämien verfehlte all das seine Wirkung nicht. Wie eine Seuche durchsetzte Verrat die Reihen des tschechischen Widerstands. Gestapoagenten konnten in viele oppositionelle Gruppen eindringen, Folter besorgte ein übriges. Erneut war der Widerstand schlechthin in Frage gestellt.
Trotz der vielen Toten lief jedoch das allgemeine Leben in erstaunlicher Ordnung weiter. Nach der Peitsche gab Karl Hermann Frank das Zuckerbrot. Wer in den folgenden Jahren nach Prag oder in andere böhmische Städte kam, staunte über das Straßenbild: Damen mit eleganten Hüten beim Korso auf den Boulevards, gut versorgte Geschäfte, volle Kaffeehäuser. Am Kiosk tschechische Zeitungen, im Radio tschechische Unter-

haltungsprogramme, Tanz- und Sportveranstaltungen am Abend und an den Wochenenden. Verglichen mit den Verhältnissen im unterjochten Polen erschien es fast wie ein Friedenszustand, ohne Hunger und ohne Massenevakuierungen, sogar bei relativer Sicherheit – vorausgesetzt, man verhielt sich so, wie es die Obrigkeit wünschte, nämlich arbeitsam und unpolitisch.

Insgesamt, so urteilt Vojtech Mastny, sei somit das Attentat auf Heydrich ein Fehlschlag gewesen. Denn bis knapp vor Kriegsende stellte der tschechische Widerstand im Protektorat für die NS-Herrschaft kein wirklich ernsthaftes Problem mehr dar. Nur langsam bauten vor allem unabhängige Kommunisten und Sozialdemokraten aufs neue kleine Zellen auf. Wobei nicht vergessen werden soll, daß daran auch Sudetendeutsche ihren Anteil hatten. Ein „Sudetendeutscher Freiheitssender" strahlte von der baschkirischen Stadt Ufa und später von Moskau aus ein durchlaufendes Propagandaprogramm aus. Leopold Grünwald, der dort ab 1943 als Chefredakteur arbeitete, berichtet von 185 dokumentarisch belegten deutschen Widerstandsgruppen, die sich vor allem in zahlreichen Großbetrieben formierten. Deutsche Widerständler sprangen ebenso wie Tschechen mit dem Fallschirm ab und teilten mit ihnen das gleiche Schicksal – nach kurzer Zeit aufgespürt und vernichtet zu werden. Insgesamt wird die Zahl der von den Nazis hingerichteten Sudetendeutschen auf mehr als 1 000, ihr Anteil an KZ-Insassen auf mehr als 4 000 geschätzt, und 20 000 sollen verhaftet oder verschickt worden sein.

Nach dem Krieg hat die tschechische Propaganda diesen blutigen Beitrag der Deutschen zur Befreiung der Tschechoslowakei ebenso unterschlagen, wie sich Sudetendeutsche heute ungern daran erinnern, daß viele ihrer Eltern während der Protektoratszeit zu den Scharfmachern gehörten. Zahlreiche Berichte des SD belegen, wie tief der Haß zwischen den Volksgruppen war. Immer wieder verlangten damals Protektoratsdeutsche ein noch härteres Vorgehen gegen die tschechische Opposition, wurden die deutschen Behörden als viel zu nachgiebig und „weich" bezeichnet. Von einer im Land verbliebenen Allianz der Demokraten war nichts zu spüren. Offenkundig waren die Floskeln von der schicksalsbedingten Helotenrolle der Tschechen und der Minderwertigkeit ihrer „Scheinintelligenz", wie Frank formulierte, zu einer Selbstverständlichkeit geworden. Umgekehrt glitten viele einfache Menschen in jenes Rollenbild, das sich der zynische Feind von ihnen machte: angstvoll geducktes Warten, Beflissenheit und stumme Wut. Johannes Urzidil, dem als Halbjude 1941 die Flucht nach Amerika gelang, entwirft in seiner Novelle „Letztes Läuten" die Inkarnation des tschechischen Dienstboten. Maschka und Joschka übernehmen die Wohnung ihrer geflüchteten Herrschaft in Prag. Joschka beginnt ein Verhältnis mit einem deutschen Soldaten, und Maschka sieht halb grimmig, halb unsicher zu. Doch letztlich poliert sie die Stiefel des Deutschen: „Wenn so eine Art Befehl über mich kommt, so bin ich, wie die Leut' sagen, hypnotisiert."

Die Wirtschaft der einstigen ČSR lief auf Hochtouren, mit immer neuen Produktionsrekorden für das Reich. Von Škoda in Pilsen bis zu den Waffenwerken in Brünn liefen Panzer und Flugzeugmotoren vom Band, von den Flakgeschützen der Type 8,8 bis zum Jäger Me 109, von wichtigen Teilen der Raketenbomben V 1 und V 2 bis zur Munition wurde alles hergestellt, was die Wehrmacht so dringend benötigte. Allein Brünn stieß monatlich 30 000 Gewehre und 3 000 Maschinengewehre aus, dazu kam die LKW-Produktion im Protektorat. Von den Produktionsplänen bis zur kapitalmäßigen Verflechtung waren diese Betriebe eng mit den Hermann-Göring-Werken in Linz verbunden, der heutigen VOEST.

Dieses klaglose Funktionieren wiegte die deutsche Bevölkerung aber auch in einer falschen Sicherheit. Eine deutsche Niederlage schien ihnen vielleicht denkbar – ein völliger Verlust der seit vielen Jahrhunderten bewohnten Heimat nicht. Als dann die Katastrophe doch hereinbrach, wurde sie von vielen als Werk von Edvard Beneš und Josef Stalin empfunden, was aber in dieser Ausschließlichkeit nicht zutrifft. Längst war auch der tschechische Widerstand zu radikalen Forderungen für die nationale Zukunft entschlossen, so daß Beneš – sicher nicht ungern – bei seinen Austreibungsplänen auch darauf Bezug nehmen konnte. Die arg dezimierte Widerstandsgruppe Rada TRI (R 3) verlangte 1944 in ihren „Zehn Geboten" ausdrücklich einen „Staat ohne Deutsche und Ungarn". Schon vorher war der national-revolutionäre Ausschuß PVNR für eine weitgehende Deklassierung der Deutschen eingetreten: Beschlagnahme ihres Eigentums, Aufenthaltserlaubnis nur für staatstreue Deutsche, die lediglich als Ausländer, also ohne Wahlberechtigung, im Land bleiben sollen. Auch der Vorbereitungsausschuß eines neuen Nationalrats strebte in seinem Programmentwurf die

komplette Aussiedlung der Deutschen und der Ungarn und die Beschlagnahme ihres Besitzes an. Einzelne Kampfanweisungen ließen erkennen, in welchem Stil der Machtwechsel erfolgen würde, nämlich „hussitisch“ und ohne Schonung, nach dem Prinzip von „Auge um Auge, Zahn um Zahn ...“
Jahrelang wurden die Tschechen von den Deutschen als minderwertig behandelt. Nun benahmen sich viele auch so. Es geschahen Verbrechen, die an Niedrigkeit nicht mehr zu unterbieten waren. Manchmal stoppten erst russische Offiziere das fürchterliche Treiben.

Vertriebene Geschichte

Waldkirchen ist nur eine kleine Gemeinde nordwestlich von Raabs an der österreichisch-tschechischen Grenze. Der Friedhof liegt an einem Hang oberhalb des Orts und wird so gepflegt, wie das hierzulande üblich ist. An seiner einen Seite fallen die schlichten Namenstafeln von zwei Dutzend Kindergräbern auf, alle aus der gleichen Zeit und zur Erinnerung an das gleiche Ereignis: die Verjagung der deutschen Bevölkerung aus Böhmen und Mähren, der Schlußpunkt einer mehr als 700jährigen Siedlungsgeschichte.
Die Ausweisungsbefehle der ersten, „wilden“ Aussiedlungswelle kamen binnen weniger Stunden, manchmal waren es auch nur Minuten. Die erste Plünderung des Gepäcks erfolgte meist schon an den Sammelstellen. Prügel, Erniedrigungen, Vergewaltigungen und Mord waren keine Einzelerscheinungen, sondern häufige Praxis. Dann setzten sich die Elendszüge nach Süden in Bewegung, es waren meist Frauen, Kinder und alte Leute, denn die Männer waren ja in der Gefangenschaft. Die Berichte der vielen Schandtaten, die gleich nach dem Zusammenbruch geschahen oder danach folgten, eignen sich nicht dafür, in derart kurzer Form, noch dazu in einer Zeit der Versöhnung, im Detail geschildert zu werden. (In diesem Buch geschieht dies auch nicht bei den Verbrechen der Nationalsozialisten.) Aber der Rückfall in die Haßorgien des Mittelalters, als Menschen gepfählt und verbrannt, verstümmelt und ertränkt wurden, ist nachweisbar. Die Sudetendeutsche Landsmannschaft hat Tausende Zeugenaussagen schon frühzeitig protokollieren lassen, ausländische Beobachter haben sie bestätigt, die Quellen sind allgemein zugänglich.

Am Waldkirchener Friedhof finden sich, ebenso wie in Drasenhofen und in den anderen Grenzgemeinden, nur die Überreste jener kranken Menschen, die noch mit letzter Kraft die österreichische Grenze erreichen konnten und dann starben. Für längere Tagesmärsche ohne Verpflegung und für Übernachtungen bei strömendem Regen im Freien waren diese Flüchtlinge nicht vorbereitet, überdies standen sie unter dem Schock der gewaltsamen Begleitumstände. Für die einen dauerte der Zug nach Süden fünf Tage, für andere acht Wochen, für wieder andere setzte es Zwangsarbeit bis in den Herbst. Viele warteten monatelang in Hungerlagern, es verbreiteten sich Ruhr und Hungertyphus, beim Abmarsch füllten sich die Straßengräben mit zurückgelassenen Gepäcksstücken und Leichen. Kinder und Alte starben als erste. Beim berüchtigten Brünner Todesmarsch brachen am 30. Mai 1945 die ersten von rund 30 000 Zivilisten auf, von denen letztlich nur 20 000 überlebt haben sollen. Nun war die Hauptstadt Südmährens, die Rudolf von Habsburg 1278 zur deutschen Reichsstadt erhoben hatte und deren Bevölkerung laut Statistik von 1930 immer noch zu einem Viertel aus Deutschen bestand, eine rein slawische Stadt. „Rot-weiß-blau – böhmische Sau!" So hatten es in der Protektoratszeit und davor viele deutsche Buben gesungen. „Němci Svinja, němci svinja!" So scholl es nun zurück.
Jene Sudetendeutschen, die vorläufig noch im Land bleiben durften, erfuhren am eigenen Leib, wie es früher den Juden ergangen war. Gekennzeichnet mit weißen Armbinden, durften sie weder Verkehrsmittel benutzen noch ihre nähere Umgebung verlassen. Briefe schreiben war ebenso verboten wie das Betreten öffentlicher Lokale. Sie erhielten Lebensmittelzuweisungen im Ausmaß der früheren „Judenkarten", mit Hungerrationen ohne Abschnitte für Eiweiß, Fett oder Obst. Die Kleine Festung in Theresienstadt war, neben 50 anderen Plätzen, abermals ein Konzentrationslager, mit Folterstrafen und Hunger für ehemalige SS- und Wehrmachtsangehörige, aber auch für Frauen und Greise aus den Reihen der Prager Deutschen, sofern diese überhaupt dem fürchterlichen Massaker der Maitage entronnen waren.
Zu den Exzessen hat Präsident Beneš psychologisch beigetragen. Sein Aufruf „Wehe, wehe, wehe den Deutschen!" über das Radio war gut verstanden worden. Es war das Böse, das in jedem Menschen steckt und sich nur allzugern Bahn bricht, wenn es durch Befehl und Beispiel zu einem Anlaß findet. Beneš

wurde nicht müde, ihn zu liefern: Er bezeichnete die Sudetendeutschen zu 90 Prozent als Kriegsverbrecher und als die Schuldigen für München, 70 Prozent waren für ihn „Reiche und Nazis". Um so schwerer wiegen die Fälle, bei denen sich Tschechen bemühten, trotz der allgemeinen Rachepsychose den verfolgten Deutschen beizustehen, wie beim Aussiger Bürgermeister Vondra, dessen Bemühungen allerdings auch nicht ausreichten, um den grauenvollen Blutsonntag vom 30. Juli 1945 zu verhindern, bei dem ein rasender Mob von Revolutionsgardisten nahezu 1 000 deutsche Zivilisten – auch Frauen und Kinder waren darunter – niedermetzelte.
Die erste, durchaus beabsichtigte Terrorwelle dauerte bis zum Sommer und trieb insgesamt rund 750 000 Personen außer Landes. Dann erst erhielt Beneš auch das offizielle Plazet aller Alliierten. Am 2. August 1945 stimmten die drei Großmächte USA, UdSSR und Großbritannien in Potsdam dem „Transfer", der Überführung der deutschen Bevölkerung oder von Bestandteilen derselben nach Deutschland und Österreich, zu. Allerdings sollte dieser Transfer in „ordnungsgemäßer und humaner Weise erfolgen". Erst jetzt wurde der Abtransport systematisch organisiert. Die Wohnung mußte in vollster Ordnung verlassen werden, erlaubt war ein Gepäck von 60 Kilogramm. Dazu kam Handgepäck von höchstens 10 Kilogramm. Teppiche oder Tischdecken durften nicht mitgenommen werden, dafür sollten die verbliebenen Betten mit Laken, Kissen und Decke frisch bezogen sein. Geld und Wertsachen, mit Ausnahme von 100 Reichsmark, durften nicht mitgenommen werden. Ab Februar 1946 verließen täglich rund 3 000 Sudetendeutsche per Eisenbahn das Land. In das Gebiet der späteren Bundesrepublik gelangten insgesamt 2 Millionen, in das der späteren DDR 900 000 und nach Österreich etwa 140 000 Personen (knapp 100 000 wurden in Österreich eingebürgert). Zwischen Tätern, Mitläufern und Opfern wurde bei der Ausweisung kaum ein Unterschied gemacht. Die Kollektivschuld, ein Deutscher zu sein, genügte – selbst wenn man ein überlebender deutscher Jude war und aus dem KZ kam.
Die Grundsatzentscheidung über die Vertreibung der Deutschen aus Mittel- und Südosteuropa war schon vorher gefallen, bei der Konferenz von Jalta im Februar 1945 und nach vielerlei Stufenplänen, bei denen Edvard Beneš immer stärker zum Gefangenen von Molotow und Stalin geworden war, denn nur in ihnen erblickte er seine Hauptverbündeten. Plötzlich, so

schreibt der tschechische Historiker und Aufdecker der stalinistischen Geheimprozesse der fünfziger Jahre, Karel Kaplan, gehörten die Kommunisten „zu den Vorkämpfern der Aussiedlung der Deutschen und zählten zu jenen, die sie am leidenschaftlichsten unterstützten". Zwar überboten sich auch alle anderen tschechischen Parteien in antideutschem Nationalismus – aber die Kommunisten verstanden es rasch, jene Stellen zu besetzen, die für die Verteilung der konfiszierten Grundstücke, der 200 000 Einfamilienhäuser und der einen Million Wohnungseinrichtungen zuständig waren. Das verlieh ihnen nun doppelten Einfluß, als Spender der Beute und als deren künftiger Schutzpatron. „Bohemus", das Pseudonym einer Prager Forschergruppe, die sich nach dem Sowjeteinmarsch von 1968 mit den Hintergründen der eigenen Geschichte auseinandersetzte, hat die Folgen der damaligen Austreibung längst auf den Punkt gebracht: Sie veränderte den bisherigen Charakter der Tschechen und der Slowaken, demoralisierte einen Großteil der Bevölkerung und ebnete späteren Gesetzwidrigkeiten den Weg. Bis heute bereitete es Schwierigkeiten, von offizieller tschechischer Seite genauere Zahlen und Quellenangaben über die Opferkategorien zu bekommen, denn gleichzeitig mit all diesen Ereignissen setzte auch deren gezielte propagandistische Ausschlachtung ein. Wahrscheinlich betragen die Kriegs- und Besatzungsverluste der Tschechoslowakei rund 360 000 Menschen, darunter etwa 200 000 Juden. Etwa 35 000 Tschechen und Slowaken fielen bei Kampfhandlungen oder wurden danach im KZ umgebracht. Die Sudetendeutschen beklagen Vertreibungsverluste von geschätzten 240 000 Menschen, wobei die Todesfälle durch Krankheit, Hunger und andere Folgewirkungen schwer voneinander zu trennen sind. Der Reformkommunist Leopold Grünwald kommt in seinen Berechnungen „nur" auf etwa 100 000 deutsche Opfer. Die Grundeinsicht, daß Menschenrechte unteilbar sind, beseitigte allmählich auch die Tabuisierung des Themas der Deutschenaustreibung und der damals geschehenen Untaten. „Nach 1945", so schreibt Jan Přibram, „hatten wir es bei uns nur mit einem auf nationale Instinkte und prahlerische Eigenschaften degradierten Patriotismus zu tun gehabt . . . Wir wurden roher, grauer und oberflächiger [sic] als je zuvor."
Historikerkommissionen werden nun Texte und Quellen vergleichen und nach neuen Zahlen und Antworten suchen. Aber der weitere Geschichtsverlauf hat die seine schon gegeben.

1948: Der ganz legale Putsch

„Es war die Bourgeoisie, die es 1938 nicht zuwege brachte, den eigenen Staat vor der Gefahr des Faschismus zu bewahren.“ So lautet kurz und bündig das Urteil der bisherigen kommunistischen Geschichtsschreibung über die Nachkriegsentwicklung der ČSR bis zum März 1939. Das ist nicht ganz falsch und dennoch nicht richtig. Zunächst scheint es fragwürdig, die blamable Kurzsichtigkeit und das persönliche Versagen einzelner mit der Entscheidung einer ganzen Bevölkerungsschicht gleichzusetzen. Hat man sie denn überhaupt je gefragt? Zum anderen weiß man, daß mit der Bezichtigung einer bestimmten Klasse nur eine andere Vergewaltigung legitimiert werden sollte: die Machtübernahme durch die KP am 25. Februar 1948. Denn in seinem Leben als Staatsmann kapitulierte Präsident Beneš gleich zweimal. Als Oberbefehlshaber der Armee hätte er nämlich 1948 theoretisch die Möglichkeit besessen, als letzten Ausweg notfalls mit Waffengewalt dem Druck der demonstrierenden kommunistischen Massen entgegenzutreten. Beneš zögerte ein wenig, gab aber dann nach. Abermals sollte Blutvergießen und scheinbar sinnloser Widerstand gegen eine Übermacht – diesmal der Straße – vermieden werden. So wurde die ČSR zur gleichgeschalteten Volksdemokratie, obgleich gar keine sowjetischen Truppen im Land standen. Zu Tode gefürchtet, so lautet ein Sprichwort, ist auch gestorben ...

Diese neue ČSSR war der einzige Ostblockstaat, in dem sich, rein juristisch betrachtet, die kommunistische Machtergreifung sozusagen als ganz legaler Putsch ereignete. Der Parlamentarismus westlicher Prägung verendete nahezu lautlos, fast lächerlich. Dafür gab es viele Gründe: Schon seit Herbst 1943 hatte Präsident Beneš die Vertreter eines westlichen Kurses kaltgestellt. Seine erste auf altem tschechoslowakischen Boden am 4. April 1944 in Kaschau (Košice) gebildete Regierung betonte sogleich „die slawische Linie ihrer auswärtigen Politik“ und wollte „so eng wie möglich an der Seite der Sowjetunion“ stehen. Antisowjetismus galt als verwerflich, Bolschewismus als ein „ewiges Ideal“, wie es in der Propaganda hieß. Der Preis war eine überaus mächtige KP, die bei den ersten freien Nachkriegswahlen 38 Prozent der Stimmen erhielt und zur stärksten Partei avancierte. Die unentwegte Beschwörung des „Verrats“ der Westmächte von 1938, die Befreiung durch die Rote Armee, historische Erinnerungen an alte Böhmische-Brüder-Traditionen und das Bestreben, die sudetendeutsche Beute abzusichern, taten ein übriges. War die Sowjetunion Josef Stalins unter solchen Umständen nicht der einzig mögliche, wirklich starke und scheinbar brüderliche Partner? Kommunisten übernahmen Schlüsselpositionen, vor allem das Innenministerium und das Informationsministerium. Das Verteidigungsressort leitete Ludvik Svoboda, ein Nationalheld aus dem Kampf gegen das Besatzungsregime. Heute weiß man, wie zwielichtig seine Rolle war: Obwohl kein Parteimitglied, besaß Svoboda aus den Kriegstagen beste Kontakte zum sowjetischen Geheimdienst. Seinen Wunsch, schon damals in die KP einzutreten, hatte Klement Gottwald, der Parteichef und spätere Staatspräsident, abgelehnt. Jiří Pelikan, der führende Mann des Fernsehens aus dem Prager Frühling von 1968, nannte das Motiv – Svoboda war Gottwald weitaus nützlicher, wenn er offiziell parteilos blieb und damit zu einem „schlafenden" Mitarbeiter wurde. Ludvik Svoboda, der Mann mit dem gutgeschnittenen Soldatengesicht und der großen Vergangenheit, wurde tatsächlich gebraucht. Im März 1968 wählten ihn die Reformer zum Präsidenten der Republik – doch nach dem 20. August ließ er sich von Breschnew und Gromyko benutzen. Pelikan fällt ein vernichtendes Urteil über Svoboda: „Er trug eine zweideutige und reservierte Haltung zur Schau; bis zu dem Tag, da man sich bewußt wurde [wie Smrkovsky bestätigt], daß es Svoboda war, der den Sowjets half, Dubček und den anderen Führern das Moskauer Diktat aufzuzwingen und sich im April 1969 bereit fand, Dubček zu verdrängen, um Husák an die Macht zu bringen." (Josef Smrkovsky, einer der Anführer des Prager Aufstands vom Mai 1945, zur Zeit des Stalinismus zu lebenslänglicher Haft verurteilt, 1968 Politbüromitglied der neuen KP, 1970 neuerlich aus der Partei ausgeschlossen, 1974 verstorben.) So dürfte es gewesen sein. Aber ist es die ganze Wahrheit? Heute weiß man auch, daß es Svoboda war, der 1968 durch Drohung mit seinem Selbstmord die sowjetischen Machthaber davon abhielt, mit Dubček, Smrkovsky und den anderen Männern des Prager Frühlings kurzen Prozeß zu machen. Svoboda bewahrte sie damit vor Einkerkerung und möglicher Hinrichtung. Irrtum, Ehrgeiz, Verrat und letztlich ja doch Solidarität mit den eigenen Landsleuten – sie liegen bei vielen Kollaboranten dicht beieinander, nicht nur bei den Tschechen.

Dieser Mann also kommandierte 1948 die Armee der Tschechoslowakei. Vielleicht wäre somit ein Befehl Präsident Beneš'

von Svoboda gar nicht befolgt worden, vielleicht war ohnedies schon alles zu spät. Dennoch verblüfft die Kläglichkeit des demokratischen Widerstands: Abermals versuchte man es nur mit der Taktik der Selbstverweigerung, statt den Konflikt offen auszutragen.
Am 20. Februar reichen zwölf Minister aus drei verschiedenen Parteien ihren Rücktritt ein. Wahrscheinlich war dieser Schritt mit Beneš abgesprochen, man will sich aus der kommunistischen Umklammerung mit einer Regierungsneubildung, mit Neuwahlen oder durch die Berufung eines Beamtenkabinetts befreien. Aber der Versuch ist ebenso schwach wie erfolglos, denn die 14 restlichen Minister, darunter die Kommunisten, aber auch die Sozialdemokraten und die Parteilosen Jan Masaryk (der Sohn Tomáš Masaryks) und Svoboda bleiben auf ihren Plätzen. Die Agitation der KP hat freie Hand. Im Rundfunk hört man nur noch KP-Propaganda, die bürgerliche Presse wird durch Streiks lahmgelegt, den zurückgetretenen Ministern wird der Zutritt zu ihren Ämtern verweigert. KP-Innenminister Nosek läßt gegen die Prager Studenten, die für die Freiheit nach westlichem Verständnis demonstrieren, die Polizei antreten. Beneš, zu dem eine Abordnung vordringen will, hört die Studenten nicht einmal an. Der Präsident ist zu diesem Zeitpunkt alt, schwer krank und längst am Ende seines politischen Lateins. Edvard Beneš, dem eine „sozialisierende Demokratie" vorschwebte, was immer das sein mochte, der andererseits aber auch keine Diktatur des Proletariats wünschte, gab schließlich den Wünschen von KP-Chef Gottwald nach. Eine neue Kabinettsliste wurde aufgestellt und ein umfassendes Nationalisierungsprogramm bestätigt. Bei der Debatte in der Nationalversammlung stimmte bei einem Verhältnis von 106 Kommunisten zu 124 Abgeordneten anderer Parteien kein einziger Delegierter gegen die Regierungserklärung! Bereits im Mai gab es eine Verfassungsänderung nach volksdemokratischem Muster. Die anschließenden allgemeinen Wahlen erfolgen bereits nach dem bewährten System der Einheitslisten und bescheren dieser eine Zustimmung von 90 Prozent. Am 7. Juni trat Beneš zurück.
Abermals war die politische Führung Böhmens in jene Verhaltensweisen zurückgesunken, die sie seit Jahrhunderten schon fast selbstquälerisch zelebrierte: Nach der Aufgabe der bisherigen Positionen ein jäher Stimmungsumschwung, danach Resignation, überstarke Anpassung und Fatalismus, bis hin zu zy-

nischen Scherzen. Hat all dies nicht auch mit dem ins Karikaturistische verzerrten Eigenschaften jenes Schwejk zu tun, den die Literaturhistoriker als pfiffigen Strategen gegen jede diktatorische Bevormundung feiern, mit Idiotie als Waffe und übereifriger Dienstfertigkeit als bösartigster Form der Sabotage? Zweifellos wirkte der Sensationserfolg, den die Geschichte dieses Hundehändlers in den zwanziger Jahren hatte, auch auf das Verhalten ein, das viele Tschechen während der Protektoratszeit und unter der Herrschaft der kommunistischen Bürokratie an den Tag legten. Doch man muß Jaroslav Hašek, den Schöpfer dieser Figur, auch in Schutz nehmen: An Naziterror und stalinistische Perfidie hat er als Autor sicher nicht gedacht. Hašek war Pazifist und Moralist: Daß ein Vorschützen von Dummheit bei derart anders gelagerten Verhältnissen nicht genügt – das hätte Hašek wohl als erster selber ausgesprochen.
Doch literarische Klischees leben länger als die Zeiten, denen sie entstammen, und auch ihr Mißbrauch hat neue Wirkungen. Als vor einigen Jahren Jörg Mauthe, dieses rare österreichische Exemplar eines politischen Literaten, Prag besuchte, drückte er nachher sein Unverständnis darüber aus, wie man „eine Laus zum Nationalhelden" machen könne, und meinte damit die allgegenwärtige Präsenz der Puppe Schwejk.
Schade, daß Mauthe heute nicht miterleben kann, wie eine neue Generation von Tschechen den überfälligen Abschied von diesem zugeschriebenen Leitbild genommen hat und die Figur des Hundeverkäufers bei seinen eigenen Landsleuten auf Widerwillen stößt. Pavel Kohout, der böhmische Österreicher, dem Prag, „das schönere Wien und Wien das funktionierende Prag" bedeutet, hat diese Wandlung der Einstellung so begründet: Schwejk spiele im nationalen Leben der Tschechen eine ziemlich traurige Rolle. Er vermittle den Eindruck, daß es genügen könne, „ein paar Anekdoten heimlich zu erzählen, um damit die Bürgerpflichten zu erfüllen". Aber das sei vollkommen falsch. „Freiheit wird selten angeboten, man muß sie sich nehmen." Auf diese Weise, meint Kohout, habe jedes Volk letztlich genau die Regierung, die es verdient.
Das war noch vor dem Amtsantritt durch Václav Havel. In der Zwischenzeit kann sich jeder Besucher selber überzeugen, wie wenig die frischen Gesichter der Prager Studenten, die Nationalökonomen am Prognostischen Institut oder die Besucher der „Laterna Magica" mit der Visage des braven Soldaten gemein haben. Wer Schwejk in österreichischen Zeitungen als

„typisch tschechischen Helden“ bezeichnet, bekommt empörte Leserbriefe aus dem Nachbarland. Schwejk scheint endlich abgetreten zu sein.
Oder doch nicht ganz?
Als an jenem denkwürdigen Dezembertag 1989 die bisherige „politische Null“ Václav Havel vom Prager Parlament unter dem Vorsitz des früher verfemten Alexander Dubček zum neuen Staatspräsidenten erkoren wurde, kam es zu einer surrealen Szene. Mit zunehmendem Staunen und kaum merkbarem Spott in den Augenwinkeln wiederholte Dubček die Frage an die vielen Delegierten, ob es denn gar keine Gegenstimme, ja nicht einmal eine Enthaltung gäbe? Es gab keine einzige. Doch in dieser Hinsicht wirken ja alle Wendehälse des früheren Ostblocks so, als seien sie von Hašek erfunden worden.

10 MORAL AN DER MACHT: DER EPOCHENWECHSEL

„Beim Einmarsch der Deutschen 1939
hat die Armee nicht geschossen,
beim Einmarsch der Warschauer-Pakt-Staaten 1968
hat die Armee auch nicht geschossen.
Unter mir wird die Armee in einem solchen Fall schießen."

Staatspräsident Václav Havel 1990
vor der Generalität seines Landes

Es gibt historische Aussagesätze von solcher Deutlichkeit, daß man an ihnen nichts verändern und nichts hinzufügen kann. Der obige Ausspruch Havels gehört dazu. Noch ein halbes Jahr zuvor pflegte dieser Mann zu Gesprächsterminen mit zwei Rollen Toilettenpapier in der Aktentasche zu erscheinen, weil er niemals sicher sein konnte, nicht abermals verhaftet zu werden. Fünf Jahre Erfahrung mit dem Gefängnis führten bei ihm zu ganz bestimmten Verhaltensregeln, zur Vorsicht und einer sehr praktischen Vernunft. Sie ist das wohltuende Korrektiv einer Moralität, die derart ungewöhnliche Formulierungen hervorbringt wie diese: „Es handelt sich um die Rehabilitierung von Werten wie Vertrauen, Offenheit, Verantwortung, Solidarität, Liebe ... Wir sind moralisch erkrankt, da wir uns daran gewöhnten, etwas anderes zu sagen, als zu denken ... Selbstbewußtsein ist nicht Stolz ... die Trennungslinien in meinem Land verlaufen nicht zwischen Kommunisten und dem Rest des Volkes, sondern zwischen Gut und Böse im Herzen jedes einzelnen ... sobald der Mensch sich selbst zum höchsten Sinn der Welt und zum Maß aller Dinge gemacht hatte, begann die Welt die menschlichen Dimensionen zu verlieren."
Havel, der Held wider Willen, der schlicht die Wahrheit sagte und schrieb und damit die „Macht der Machtlosen" demonstrierte, entlarvte mehrere Jahrzehnte offizieller tschechischer Selbstdarstellung als bloßes Gewäsch. Eine Mehrheit von Anpassern und Zynikern, von Technokraten und Mitläufern hat letztlich doch nicht recht behalten. Niemand konnte es vorher-

sehen. Am wenigsten Havel selber: Noch 1989 schrieb er vom lähmenden Grau der inneren Destruktion in seinem Land, vom „furchtbar allgegenwärtigen Tod des Nichtgeschehens". Die gesellschaftliche Manipulation erschien ihm übermächtig, die Langeweile das reale Schicksal seiner Nation.
Nun aber lassen sich allmählich die Konturen und damit die volle Bedeutung des verblüffenden Machtwechsels in der ČSR erkennen, auch wenn dieser erst seinen Anfang nimmt. Er wirkt, als sollten nicht bloß aus 40, sondern aus nahezu 400 Jahren böhmisch-tschechischer Geschichte Lehren gezogen werden. Dieser Wechsel kommt einer Totalrevision bisheriger politischer Voraussetzungen gleich. Die alte Feindschaft mit Rom ist begraben, die Kirche des greisen Kardinal Tomašek und seiner Priester gehörte zu jenen Schutzzonen, aus denen der Opposition Kraft und Mut erfloß. Bei den entscheidenden Tagen in Prag sah man Demonstranten und Ministranten Arm in Arm. Die Vision von der „sozialisierenden Demokratie" wurde als totalitärer Alptraum erkannt, das System der Kommandowirtschaft als blanker Unsinn. Die Instinkte des kleinen Mannes gelten, zumindest an der Staatsspitze, nicht mehr als das Maß aller Dinge. Der Panslawismus, schon in der Ersten Republik der Tschechen zurückgedrängt, hat nach den Erfahrungen von 1968 und danach jegliche Bedeutung verloren. Wichtiger noch: Zur neuerlichen Hinwendung an die Ideale der westlichen Demokratie kommt nun das Bestreben, das nationale Schicksal in die eigene Hand zu nehmen. „Die Durchsetzung des sowjetischen Willens hat im Bewußtsein der Menschen tiefe Spuren hinterlassen. Es wurde ein Gefühl geboren, daß sie abermals ein bloßes Objekt des geschichtlichen Schicksals sind, wogegen unser Wille bedeutungslos und völlig unwirksam ist. Wir ließen uns vom Schicksal überrollen, nicht zum ersten Mal in der modernen Geschichte. Das sind die schlimmsten und furchtbarsten Taten unserer Politik im 20. Jahrhundert, da sie die gefährlichsten Änderungen in der Psyche unseres Volkes herbeiführen." So analysierte 1972 der Reformkommunist Josef Smrkovsky.
Es war Václav Havel, der spätere Sprecher der „Charta 77", der sich schon 1975 in einem Brief an Gustav Husák gegen diese Entwicklung stemmte. „Man hat Ordnung geschaffen. Um den Preis der Abtötung des Geistes, der Abstumpfung des Herzens und der Verödung des Lebens." Weil er rechtzeitig seine Stimme erhob und alle Konsequenzen auf sich nahm, gehört

ihm heute die Liebe der Jugend. Deshalb ist er aber auch der Star der angelsächsischen und der französischen Intellektuellen, gelingt der neuen ČSR die Wiederanknüpfung an jene Traditionen, die ihr schon 1918 so sehr geholfen haben.
Gleichzeitig wandelten sich aber auch die außenpolitischen Voraussetzungen. Endlich haben die Grundgedanken der Aufklärung, die Ideen eines Montesquieu, Locke und Hume auch das Rom des Ostens, die sowjetische Hauptstadt Moskau erreicht. Ein ebenso selbstsicherer wie fröhlicher Präsident Havel konnte dort den Abzug der Besatzungstruppen vereinbaren.
Die einstige Donaumonarchie ist in der ČSR eine vielfältige, manchmal verzerrte, meist aber nur diffuse Erinnerung. Otto Habsburg hielt ohne größeres Aufsehen einen Vortrag an der Karlsuniversität. Längst erfolgte die Revision des früheren Geschichtsbildes, selbst wenn man das in Österreich – und auch bei manchen Tschechen – nicht so recht bemerkt hat. Schon beim V. Internationalen Seminar des Europahauses im Juli 1966 in Wien verwarf der Prager Dozent Dr. Jan Havranek die Formulierung vom „Völkerkerker". In der Habsburgerzeit des 19. Jahrhunderts habe es, betonte er, einen raschen kulturellen und ökonomischen Aufstieg auch der Tschechen gegeben, nur regiert habe man damals eben nur „von Fall zu Fall", und traf damit ziemlich genau den eigentlichen Sachverhalt. Inzwischen wurden solche Auffassungen zum Allgemeingut der seriösen tschechoslowakischen Geschichtsforschung.
Am erstaunlichsten ist der Wandel im offiziellen Deutschenbild: Seit der Präsident viele seiner Landsleute mit der Entschuldigung für die Verbrechen der Deutschenaustreibung schockierte, trat ein Klimaumschwung ein, den viele bis dahin für ausgeschlossen hielten. Am 51. Jahrestag des Einmarsches der Wehrmacht in Böhmen und Mähren konnte man die beiden Philosophen-Präsidenten Richard von Weizsäcker und Václav Havel Arm in Arm auf dem Hradschin sehen. „Einen Mann, der gesagt hat, daß nichts vergessen werden darf, unter anderem auch, weil das Gedächtnis der Quell des Glaubens an die Erlösung ist", einen solchen Mann begrüße er gerne, meinte der neue Herr der Burg. Massenausweisung und Grenzstreit sind keine Themen mehr. Die ČSR begrüßt das Selbstbestimmungsrecht der Deutschen und die Vereinigung ihrer beiden Staaten. Die ersten, wirklich imponierenden Worte eines tschechischen Staatsmanns seit mehr als 60 Jahren haben eine Tür aufgestoßen, wo vordem nur eine kahle Wand gewesen ist. Die einstigen

Massenpsychosen sind als solche erkannt, nun gilt es, noch breiteren Bevölkerungsschichten zum Bewußtsein zu verhelfen, wahrlich eine Sisyphusarbeit. Aber keines der historischen Wunschbilder, weder bei den Deutschen noch bei den Tschechen oder Österreichern, ist unbefleckt geblieben, die alten Ausreden haben ausgedient. In Europa gibt es keine unschuldigen Völker mehr. Auch solche Gemeinsamkeit verbindet.
Nun steht für die ČSR und die anderen Staaten des Ostblocks ein ungemein mühsamer Umbau bevor, es gilt, die Resultate einer jahrzehntelangen Selbstverstümmelung zu beseitigen. Neben der ökologischen Verwüstung muß die moralische bekämpft werden. Hier haben die Gesellschaftswissenschaftler, auch die des Westens, noch vieles zu erklären: Zu welcher Klasse „gehört" eigentlich diese Sehnsucht nach Wahrheit und Schönheit? Ist sie überhaupt eine soziologische Kategorie? Wieso war es möglich, daß sich ein Volk – oder dessen besserer, aktiver Teil – plötzlich in einem einzelnen Mann wie Havel wiedererkennt? Wieso reichte nicht mehr die alte Addition der Zyniker: Voller Magen plus Parteibuch und Polizistenknüppel? Sollte Politik tatsächlich auch die Kunst des Unmöglichen sein, wie Havel sagte?
Es sind solche und ähnliche Fragestellungen, die auch manche Österreicher mit aufkeimendem Neid nach Norden blicken lassen. Nicht nur, weil dort ein Dichter besonders gut mit dem Wort umzugehen versteht. Es ist die Summe von Phantasie, Humor und Charakter, die beeindruckt. Als Havel in seinen schlimmen Tagen daheim einmal ein Mikrophon entdeckte, ging er auf den Flohmarkt und verkaufte es. Um einen ordentlichen Paß zu bekommen, mußte sich der bis dato Vorbestrafte als Präsident selber begnadigen. Ab sofort trägt die Ehrenwache vor der Prager Burg statt Olivgrün die bunten Farben Rot und Blau, mit weißem Koppelzeug. Wenn einer etwas gegen den Präsidenten hat und einen Hungerstreik anfängt, so holt ihn Havel persönlich zum Gespräch in den Palast. Eine „Laienspieltruppe", wie sie sich selber nennt, ist an der Macht und besorgt ihre Aufgabe weitaus besser als die angeblich professionellen Vorgänger. Derartige Euphorie wird auch auf Grenzen stoßen. Mit dem normalen demokratischen Prozeß beginnt auch wieder der offene Konflikt der Interessen und die Suche nach Mehrheiten und Kompromissen, die reine Wahrheit gibt es nicht. Erst dann wird sich weisen, wie tief die Neubesinnung in Böhmen reicht. Aber nicht nur in Böhmen: Längst regt sich,

was nach dem bisherigen Verlauf der Geschichte nicht zu verwundern ist, auch wieder das Gefühl der Eigenständigkeit in Mähren und in der Slowakei. Schon sträubt der weiß-rote mährische Adler seine Federn: Zwei Bürgerbewegungen, die Moravská obcanská hnutnie und eine Gesellschaft für Mähren und Schlesien, verlangen größere Landesautonomie, schon redet man von einer „mährischen Frage“ – immerhin handelt es sich dabei um eine Gemeinschaft von vier Millionen Menschen, zählt man die einstige Markgrafschaft Mähren und Schlesien zusammen. Geopolitik meldet sich zurück, auch innerhalb der ČSR, mit ihren stark unterschiedlichen Regionen. Wie überall spielt hier Psychologisches eine Rolle – für viele Mährer und Slowaken weisen die Tschechen die gleichen Eigenschaften auf, wie sie die Tschechen den Deutschen zuschreiben: arrogant und zentralistisch, gefühlskalt, allzu tüchtig, anmaßend. Die Erinnerung an das alte Großmährische Reich richtet sich heute nicht mehr gegen die Ansprüche der Deutschen, die es ohnedies kaum mehr gibt, sondern gegen Prag, dem man systematische Vernachlässigung vorwirft. Vieles gerät hier durcheinander, die Abkehr vom Sozialismus, Verwaltungsinteressen, Folklore, Religion und Demokratisierung. Ähnliches gilt für die Slowaken: Wien liegt näher als die tschechoslowakische Hauptstadt, und auch die Einflüsse aus Ungarn sind deutlich spürbar. Unter den fünf Millionen Slowaken gibt es fast eine dreiviertel Million Magyaren, daneben 700 000 Roma, slowakische Zigeuner. Auch heute noch ist die ČSR ein kleiner Mehrvölkerstaat.
Um so wichtiger sind die Signale, die Václav Havel setzt: Seine deutlichen Hinweise auf die slowakischen Probleme oder die Wahl Preßburgs zum Tagungsort internationaler Großkonferenzen. Im Grunde muß Havel eine Rolle spielen, so wie früher einmal Georg Podiebrad – nur daß der heutige Volkskönig nicht mit einer übermächtigen, der ganzen Welt verbündeten Kirche zu ringen hat.
Gegenüber all dem verhält man sich in Österreich noch ziemlich überrascht und vorsichtig abwartend. Das ist, wenn sich Epochenwechsel vollziehen, keine unverständliche Reaktion. Doch bald werden die neuen, alten Fragen nach Rolle und Identität auftauchen. Solange die Österreicher, bei westlichem Lebensstandard, nur die Museumsverwalter einer größeren Vergangenheit zu spielen hatten, schien alles einfach zu sein. Nun geht, in rapidem Tempo, die Zeit des Sonderfalls am Eisernen Vorhang zu Ende. Was kommt danach? Noch ist der Status

einer östlichsten Mark der EG in Schwebe – und schon drängen auch Ungarn und Tschechen in diese Gemeinschaft. Kein historisches Beispiel taugt mehr zum Vergleich, aber die Chancen und Probleme von wiederbelebten Handelswegen und neuen Zuwanderungswellen sind schon da. Ein gemeinsamer Staat von 78 Millionen Deutschen formiert sich, die DDR gilt nur noch als eine „Fußnote der Geschichte". Wird da nicht abermals, so wie es immer war, die europäische Ellipse einen zweiten Brennpunkt im Osten erhalten?

Die Österreicher stehen neuerdings vor der delikaten Aufgabe eines Spiels mit verteilten Rollen – zugleich Förderer und Dämpfer deutscher Interessen im Donauraum zu sein. Oder gibt es diese Funktion gar nicht mehr? Deutsches oder auch japanisches Kapital und Know-how brauchen längst keine Vermittler mehr, um sich in der Tschechoslowakei, in Ungarn oder Slowenien niederzulassen. Deshalb sucht Österreich, zwischen „Drehscheibe", „Brücke", „Ufer" und „Herz", tastend und unsicher nach einer neuen Definition seiner selbst. Zwei Erwägungen könnten dabei zu Hilfe kommen: Auch wenn sich die politischen und ökonomischen Kräfteverhältnisse grundlegend ändern, wird die Geographie immer die gleiche bleiben. Sie begünstigt allerdings auch das westlicher gelegene Prag – ebenfalls eine alte Kaiserstadt.

Wien, die Donaumetropole, müßte sich daher erinnern, daß man hierzulande keine Angst vor einer „Verspätung" haben muß, einfach weil man es schon mit so vielen verschiedenen Nationen zu tun bekommen hat. Die Hofräte, Aristokraten und Künstler des alten Österreichs haben nationalistischen Furor schon immer als das Merkmal von Parvenus empfunden. Hier entstand eine Kulturgemeinschaft jenseits von sprachlicher Zugehörigkeit, eine Grundstimmung der Ambivalenz, der vielfachen Bindung und Bedeutung. Dies wiederzubeleben, wäre auch die Zielsetzung von heute. Kulturelle Qualität und Urbanität haben wenig mit Macht und Größe zu tun, sonst könnten Amsterdam oder Florenz nicht solche Strahlkraft haben. Offenheit ist die größte Stärke. Eine mehrsprachige Universität samt Campus für den Donauraum wäre etwa ein solches Zeichen. Je enger sich die „österreichische Nation" definiert, desto provinzieller wäre sie auch.

Die Konkurrenz ist offen. Entweder besinnt sich der Adler – oder andere Nachbarn werden die Rolle übernehmen. Der böhmische Löwe hat schon den passenden Dramatiker.

LITERATURAUSWAHL

Böhm, Wilhelm, Konservative Umbaupläne im alten Österreich, Europa-Verlag, Wien 1967

Böse, Oskar, und Eibicht, Rolf-Josef (Hrsg.), Die Sudetendeutschen, eine Volksgruppe im Herzen Europas, Sudetendeutscher Rat, München 1989

Bosl, Karl, Handbuch der böhmischen Geschichte, München o. J.

Brandes, Detlef, Die Tschechen unter deutschem Protektorat, Teil 1 und 2, R. Oldenbourg, München–Wien 1969

Braudel, Fernand, Sozialgeschichte des 12. bis 18. Jahrhunderts, Kindler, München 1985

Brousek, Karl M., Wien und seine Tschechen, Verlag für Geschichte und Politik, Wien 1980

Brügel, Johann Wolfgang, Tschechen und Deutsche 1918–1938, München 1967

Čada, Václav, Die Entstehung des modernen tschechoslowakischen Staates, Orbis, Prag 1987

Čapek, Karel, Masaryk erzählt sein Leben, Bruno Cassierer Verlag, Berlin o. J.

Chamberlain, Houston Stewart, Die Grundlagen des XIX. Jahrhunderts, II. Hälfte, Druckmann AG, München 1909

Clary-Aldringen, Alfons, Geschichten eines alten Österreichers, Ullstein, Berlin 1977

Daim, Falco, Germanen, Awaren, Slawen in Niederösterreich, Das erste Jahrtausend nach Christus, in: Katalog des Niederösterreichischen Landesmuseums, Wien 1977

Dokumente zur Austreibung der Sudetendeutschen, hrsg. von der Arbeitsgemeinschaft zur Wahrung sudetendeutscher Interessen, Aufstieg-Verlag, München 1951

Dubrovic, Milan, Veruntreute Geschichte, Zsolnay, Wien–Hamburg 1985

Ermacora, Felix, Der unbewältigte Friede, St. Germain und die Folgen, Amalthea, Wien–München 1989

Fischer-Fabian, S., Die Deutschen im Mittelalter, Droemer Knaur, München o. J.

Freytag, A., Marte, B., und Stern, Th., Geschichte und Verantwortung, Wien 1988
Friesinger, Herwig, und Vacha, Brigitte, Die vielen Väter Österreichs, Compress-Verlag, Wien 1987
Gedye, George E. R., Die Bastionen fielen, Danubia-Verlag, Wien o. J.
Glettler, Monika, Böhmisches Wien, Herold, Wien–München 1985
Grünwald, Leopold, Sudetendeutsche – Opfer und Täter, Verletzungen des Selbstbestimmungsrechtes und ihre Folgen 1918, Junius Verlag, Wien 1982
Günther, Hans, Kleine Rassenkunde, München 1924
Gutkas, Karl, Geschichte des Landes Niederösterreich, Niederösterreichisches Pressehaus, St. Pölten–Wien 1983
Hašek, Jaroslav, Die Abenteuer des braven Soldaten Schwejk, Band 1 und 2, rororo, Frankfurt am Main, Dezember 1960
Haus-, Hof- und Staatsarchiv, Wien, Amtserinnerungen über das Zusammentreffen Dollfuß' mit Beneš am 29. September 1933 in Wörgl
Haus-, Hof- und Staatsarchiv, Wien, Verhandlungen zwischen Staatskanzler Renner und Beneš in Prag, 10.–13. Jänner 1920, NPA, K 415
Haus-, Hof- und Staatsarchiv, Wien, Amtserinnerungen über die Besprechung des Bundesministers für Auswärtige Angelegenheiten mit dem tschechoslowakischen Außenminister Dr. Beneš vom 20. Mai 1935
Hebbel, Friedrich, Gesammelte Werke, 1. Band, Meyers Klassiker Ausgabe, Leipzig–Wien 1899
Herder, Johann Gottfried, Gesammelte Werke, Band 2, Hanser, München 1953
Hilf, Rudolf, Deutsche und Tschechen, Leske und Budrich, Opladen 1968
Hoffmannstal, Emil, Der deutsche und der österreichische Friedensvertrag, Strache-Verlag, Wien–Prag–Leipzig 1929
Höhne, Heinz, Der Orden unter dem Totenkopf, Die Geschichte der SS, München o. J.
Hummelberger, Walter, Protokoll des Internationalen Symposiums zur Erforschung des österreichischen Exils von 1934 bis 1945, 3.–6. Juni 1975 in Wien, Österreichischer Bundesverlag, Wien 1977
Jaworski, Rudolf, Jungtschechische Karikaturen zum Nationalitätenstreit in Österreich-Ungarn", in: Bohemia, Heft 2, Bd. 22, 1981
Jenks, William A., Austria under the Iron Ring, University Press of Virginia, 1965
Jesenska, Milena, „Alles ist Leben", Feuilletons und Reportagen 1919–1939, Verlag Neue Kritik, Frankfurt am Main 1984
Jordan, J. T. (Hrsg.), Aktenmäßiger Bericht über die Verhandlungen des ersten Slawenkongresses in Prag, Prag 1848

Kann, Robert A., Geschichte des Habsburgerreiches 1526–1918, Böhlau, Wien–Köln–Graz 1982
Kavka, František, Die Tschechoslowakei – Abriß ihrer Geschichte, Orbis, Prag 1963
Kisch, Paul, Der Kampf um die Königinhofer Handschrift, Sammlung gemeinnütziger Vorträge, hrsg. vom Deutschen Verein zur Verbreitung gemeinnütziger Kenntnisse in Prag, April–Juni 1918
Kizna, Josef, Die Geschichtsbetrachtung der Tschechen und Deutschen in den Sudetenländern, Historische Zeitschrift, Band 146, Berlin 1932
Knieschek, Johann, Der Streit um die Königinhofer und die Grüneberger Handschrift, Prag 1888
Kohn, Hans, Die Idee des Nationalismus, S. Fischer, Frankfurt am Main 1962
Kořalka, Jiří, Fünf Tendenzen einer modernen nationalen Entwicklung in Böhmen, Round-table-Gespräch vom 23. Oktober 1979, Wien
Kořalka, Jiří, und Crampton, R. J., Die Tschechen, in: Die Habsburgermonarchie 1848–1918, Band III/1, Österreichische Akademie der Wissenschaften, Wien 1980
Kraitschek, Gustav, Rassenkunde, Burgverlag, Wien 1923
Král, Václav, Die Deutschen in der Tschechoslowakei 1933–1947, Dokumentensammlung, Prag 1964
Krofta, Kamil, und Kafka, Bruno, Die Deutschen in der Tschechoslowakei, Verlag des deutschpolitischen Arbeitsamtes, Prag 1928
Künigl, K. H. Graf, Bohemia oder Gedächtnis-Beihilfe für die Liebhaber der böhmischen Geschichte, Prag 1821
Laun, Rudolf, Die tschechoslowakischen Ansprüche auf deutsches Land, Universitätsbuchhandlung Alfred Hölder, Wien 1919
Lechner, Karl, Die Babenberger, Böhlau, Wien–Köln–Graz 1976
Lemberg, Eugen, Das Bild des Deutschen im tschechischen Geschichtsbewußtsein, Vortrag anläßlich der VII. Kulturtage in Mainz, November 1960
Leser, Norbert, Religion und Kultur an Zeitenwenden, Herold, Wien–München 1984
Leser, Norbert, Zwischen Reformismus und Bolschewismus, Europa-Verlag, Wien 1968
Liehm, Antonín, Gespräch an der Moldau, Molden, Wien–München 1968
Lodgman von Auen, Rudolf, Für die Selbstbestimmung Deutsch-Böhmens, Universitätsbuchhandlung Alfred Hölder, Wien 1919
Lukács, Georg, Die Zerstörung der Vernunft, Gesammelte Werke, Band 9, Luchterhand, Neuwied 1960
Macek, Josef, Die Hussitenbewegung in Böhmen, Orbis, Prag 1965
Mamatey, Victor S., und Luža, Radomir, Geschichte der tschechoslowakischen Republik 1918–1948, Böhlau, Wien–Köln–Graz 1980

Masaryk, Thomas G., Das neue Europa, Schwetschke Verlag, Berlin 1922
Masaryk, Thomas G., Palackýs Idee des tschechischen Volkes, Stivin Verlag, Prag 1899
Mastny, Vojtech, The Czechs under Nazi Rule, Columbia University Press, New York 1971
Meimann, Helene, und Lunzer, Heinz, Protokoll des Internationalen Symposiums zur Erforschung des österreichischen Exils von 1934 bis 1945, 3.–6. Juni 1975 in Wien, Österreichischer Bundesverlag, Wien 1977
Mňačko, Ladislav, „Die Pfaffenrepublik", in: Forum, März/April 1988, Wien
Mňačko, Ladislav, Die siebente Nacht, Molden, Wien–München 1968
Moser, Johnny, Das Altersghetto, in: Totenbuch Theresienstadt, hrsg. vom Dokumentationsarchiv des österreichischen Widerstandes, Junius Verlag, Wien 1987
Mühlfenzl, Rudolf, Geflohen und vertrieben, Athenäum, Königstein im Taunus 1981
Patočka, Jan, Was sind die Tschechen? Kleiner Tatsachenbericht und Erklärungsversuch, Samisdat, Prag o. J.
Paul, Ernst, Es gibt nicht nur ein Lidice, Sudetendeutscher Rat, München 1988
Pelikan, Jiří, Ein Frühling, der nie zu Ende geht, S. Fischer, Frankfurt am Main 1976
Plaschka, Richard G., Von Palacký bis Pekař, Graz–Köln 1955
Přibram, Jan, zit. nach Ota Filip: Festwochenvortrag „Sudetendeutsche und Tschechen", Wien 1986
Prinz, Friedrich, Geschichte Böhmens 1848–1948, Langen Müller, München 1988
Raschhofer, Hermann, Die tschechoslowakischen Denkschriften für die Friedenskonferenz von Paris 1919/1920, Carl Heymann, Berlin 1937
Raschhofer, Hermann, und Kimminich, Otto, Die Sudentenfrage – Ihre völkerrechtliche Entwicklung vom Ersten Weltkrieg bis zur Gegenwart, Olzog, München 1988
Říčan, Rudolf, Die böhmischen Brüder, Union Verlag, Berlin 1962
Riedl, Franz, Die Entwicklung der Grenze zwischen Niederösterreich und Mähren, phil. Diss., Innsbruck 1951
Römer, Ruth, Sprachwissenschaft und Rassenideologie in Deutschland, Fink-Verlag, München 1985
Saint-Germain 1919, Protokoll des Symposiums am 29. und 30. Mai 1979 in Wien, Verlag für Geschichte und Politik, Wien 1989
Sassmann, Hanns, Das Reich der Träumer, Verlag für Kulturpolitik, Berlin 1932
Schlabrendorff, Fabian von, Offiziere gegen Hitler, Europa-Verlag, Zürich 1946

Scholten, Gerhard, Zwischen allen Lagern, Universitas, München 1988
Schürer, Oskar, Prag, Callwey, München 1935
Seibt, Ferdinand, Deutschland und die Tschechen, List, München 1974
Seibt, Ferdinand, König Ottokars Glück und Ende – Dichtung und Wirklichkeit, Probleme der böhmischen Geschichte, Vorträge der wissenschaftlichen Tagung des Collegium Carolinum, München 1964
Serke, Jürgen, Böhmische Dörfer, Zsolnay, Wien 1987
Starkbaum, Josef, und Reichenberger, Emanuel, Heimat der Sudetendeutschen, Selbstverlag Norbert Starkbaum, Wien 1967
Steinhauser, Walter, Slawisches im Wienerischen, Notring der Wissenschaften, Wien 1962
Stenogramme der Verhandlungen des Österreichischen Reichstages, Band I, Wien 1848
Stenographische Protokolle des Hauses der Abgeordneten, 12. Session, p. 1–1150, Wien 1897
Stifter, Adalbert, Witiko, dtv Klassik, München 1986
Štipek, Zdenek, Die Grenzstreitigkeiten zwischen der Tschechoslowakei und Österreich um die Staatsgrenze in Südmähren in den Jahren 1918–1923, Mikolov 1968
Stourzh, Gerald, Die Gleichberechtigung der Volksstämme als Verfassungsprinzip 1848–1918, in: Die Habsburgermonarchie 1848 bis 1918, Band III/2, Österreichische Akademie der Wissenschaften, Wien 1980
Sturmberger, Hans, Adam Herberstorff, Oldenbourg, München 1976
Sutter, Berthold, Die politische und rechtliche Stellung der Deutschen in Österreich von 1848 bis 1918, in: Die Habsburgermonarchie 1848–1918, Band III/1, Österreichische Akademie der Wissenschaften, Wien 1980
Tausend Jahre deutsch-tschechische Nachbarschaft, kleine Reihe des institutum Bohemicum, Kultur und Bildungswerk der Ackermann-Gemeinde, München 1988
Turek, Rudolf, Böhmen im Morgengrauen der Geschichte, Otto Harrassowitz, Wiesbaden 1974
Turek, Rudolf, Die frühmittelalterlichen Stämmegebiete in Böhmen, Prag 1957
Unser Friede! Die Kundgebung der Deutschösterreichischen Nationalversammlung in der Sitzung vom 7. Juni 1919, Universitätsbuchhandlung Alfred Hölder, Wien 1919
Urbanitsch, Peter, Die Deutschen in Österreich, in: Die Habsburgermonarchie 1848–1918, Band III/1, Österreichische Akademie der Wissenschaften, Wien 1980
Urzidil, Johannes, Bist Du es, Ronald? Erzählungen, Artemis, Zürich–Stuttgart 1968

Usznula, Ludwig, Wien und die Slawenfrage von 1848, phil. Diss., Wien 1937
Varga, Joszef (Hrsg.), Donauraum – Gestern, heute, morgen. Vorträge und Diskussionsbeiträge des V. Internationalen Seminares, Europa-Verlag, Wien 1967
Veiter, Theodor, Österreich und die sudetendeutsche Frage 1918–1933–1988, Verlag der Sudetendeutschen Landsmannschaft in Österreich, Wien 1988
Willars, Christian (Pseud. für Oswald Kostrba-Skalicky), Die böhmische Zitadelle, Molden, Wien 1965
Winkler, Wilhelm, Die Tschechen in Wien, Universitätsbuchhandlung Alfred Hölder, Wien 1919
Wolfram, Herwig, Die Geschichte Österreichs, Österreichische Akademie der Wissenschaften, Wien 1980
Wolfram, Herwig, Die Geburt Mitteleuropas, Kremayr & Scheriau, Wien 1987
Wottawa, A. (Hrsg.), Der tschechische Imperialismus und Deutsch-Österreichs Recht, Universitätsbuchhandlung Alfred Hölder, Wien 1919
Zuckerkandl, Bertha, Österreich intim, Erinnerungen 1892–1942, Ullstein, Frankfurt am Main–Berlin 1970

PERSONENREGISTER

Bildnachweis

Österreichische Nationalbibliothek, Wien: Seiten 75, 76 o., 76 u., 77 u.
Österreichisches Institut für Zeitgeschichte, Wien: Seiten 78, 82 u., 83, 84 o., 84 u., 86 u., 87 o., 87 u.
Presseagentur ČTK: Seite 86 o.
Pressefoto Votava: Seiten 82 o., 85, 88
Renner-Institut, Wien: Seite 79
Sammlung Dr. Walter Lukan: Seiten 80, 81
Verlagsarchiv: Seiten 73 o., 73 u., 74 o., 74 u., 77 o.

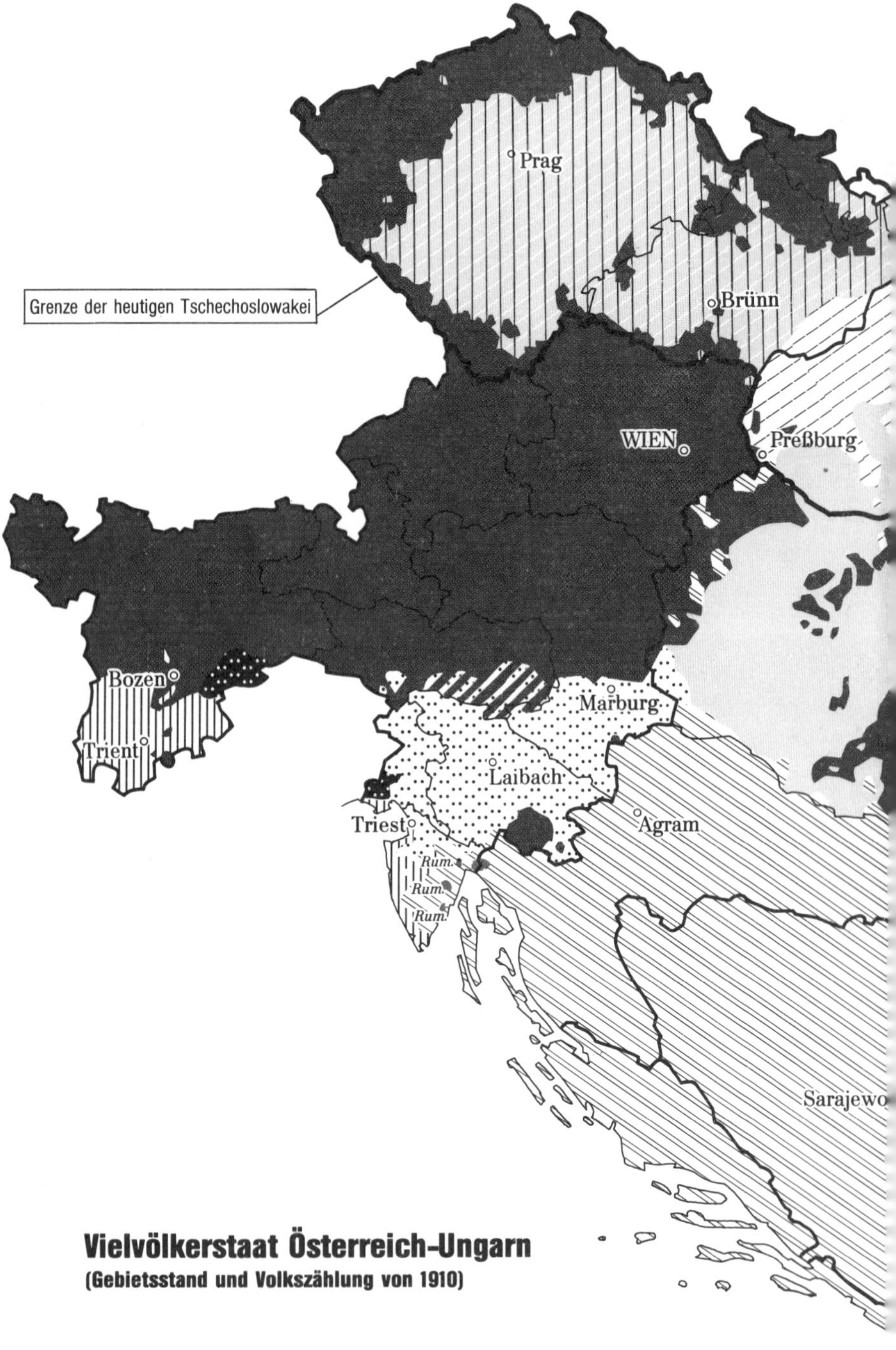

Vielvölkerstaat Österreich-Ungarn
(Gebietsstand und Volkszählung von 1910)